*Obras filosóficas y políticas*

Abû Nasr al-Fârâbî

# *Obras filosóficas y políticas*

edición y traducción de Rafael Ramón Guerrero

EDITORIAL TROTTA • LIBERTY FUND

*Esta publicación ha sido posible gracias al esfuerzo conjunto de Liberty Fund, Inc., y Editorial Trotta*

COLECCIÓN
LIBERTAD DE LOS ANTIGUOS
LIBERTAD DE LOS MODERNOS

Títulos originales:
Kitâb al siyâsa al-madaniyya; Kitâb al-milla; Fusûl [al-'ilm] al-madanî



8335 Allison Pointe Trail, Suite 300
Indianapolis, IN 46250-1684
Tel.: 00-1-317-842-0880
Fax: 00-1-317-579-6060
http://www.libertyfund.org

Diseño: Estudio Joaquín Gallego



Editorial Trotta, S.A., 2008
Ferraz, 55. 28008 Madrid
Tel.: 915 430 361
Fax: 915 431 488
e-mail: editorial@trotta.es
http://www.trotta.es

ISBN: 978-84-9879-002-3
Depósito legal: S. 1.343-2008
Impresión: Gráficas Varona, S.A.

# CONTENIDO

Introducción: *Rafael Ramón Guerrero* .................... 9

1. Islam y política ........................... 9
2. Abû Nasr al-Fârâbî ........................... 18
3. Las obras traducidas ........................... 36

LIBRO DE LA POLÍTICA

Parte primera: *De los principios de los seres* .............. 53

I. Los seis principios ........................... 53
II. De los seres ........................... 68

Parte segunda: *De la política* ........................... 94

I. De las asociaciones propias de las ciudades ........... 94
II. De la felicidad ........................... 98
III. De las diferentes clases de ciudades ................. 103

LIBRO DE LA RELIGIÓN

I. La religión ........................... 135
II. La Ciencia Política ........................... 146

Artículos de la Ciencia Política ........................... 161

*Bibliografía* ........................... 229

*Índice onomástico* ........................... 241
*Índice analítico* ........................... 245

# INTRODUCCIÓN

*Rafael Ramón Guerrero*

## 1. ISLAM Y POLÍTICA

Los acontecimientos que desde hace algún tiempo vienen agitando al mundo árabe e islámico[1] han convertido a éste en motivo de curiosidad periodística e intelectual. La reafirmación de valores religiosos con fines políticos ha motivado que muchas miradas busquen una nueva consideración del proceso de cambio social que allí se está dando. Para explicar este proceso, Occidente suele recurrir a categorías y conceptos sociales que no tienen nada que ver con la realidad de ese mundo, precisamente porque en él las creencias religiosas, que se están reafirmando sólidamente, se presentan como la única seña de identidad frente a la dominación occidental que hasta hace poco ha sufrido.

Esta influencia de la religión en la vida diaria se ha dejado sentir tanto en la actividad política como en la conducta personal, promoviendo el restablecimiento de la única ley por la que un musulmán acepta regirse: la islámica. Y es esto justamente lo que el llamado mundo occidental difícilmente puede comprender, porque al exigir de la sociedad musulmana una separación entre lo que los occidentales llaman Iglesia y Estado, está dando

1. Sobre los criterios diferenciadores de estos dos términos, «árabe» e «islámico», a veces confundidos y muchas veces identificados, cf. Rodinson (1981). Aprovecho aquí para decir que cuando en adelante hablo de filosofía «árabe», lo hago porque el vehículo principal, aunque no el único, del que se sirvieron sus representantes fue la lengua árabe.

muestras de un desconocimiento radical del islam, en el que esas dos realidades no existen como tales. Bernard Lewis lo ha denunciado claramente al afirmar que hay una reiterativa y general aversión en Occidente a conocer la naturaleza del islam como un fenómeno religioso independiente, diferente y autónomo[2]. Esta actitud hacia el islam persiste desde la época medieval y se refleja, por ejemplo, en la nomenclatura adoptada para designar a los musulmanes («moros», «turcos», «mahometanos») o en la muy frecuente interpretación que se hace del islam como un espejo del cristianismo. Sin embargo, para comprender la realidad del mundo árabe es preciso saber que en el islam los términos «religión» y «política» se hallan estrechamente unidos y poseen una significación que no pueden tener en los sistemas políticos occidentales.

Un análisis del término «política» en su sentido griego no fue posible durante la Edad Media latina, al menos antes de la segunda mitad del siglo XIII. Y, aunque se hubiera dado, ni siquiera habría sido relevante, porque se desconocía la realidad nombrada por ese término. Los latinos, antes de ese siglo, ignoraban por completo el concepto de Estado como conjunto independiente, autónomo y autosuficiente de ciudadanos que viven de sí mismos y según sus propias leyes, según la conocida definición de Walter Ullmann[3]. En rigor, no existía ni problema de Estado, ni problema político, términos ambos que sólo aparecieron después de que fuera descubierta[4] y traducida la *Política* de Aristóteles, ya bien avanzado el siglo XIII.

Y, sin embargo, en una época bastante anterior a ésta, el mundo islámico ya había desarrollado ampliamente tanto una teoría del Estado, expresada en las diversas doctrinas sobre el califato y el imamato, como, de una manera más general, una teoría política. Para entender cómo fue posible esto, es necesario retroceder a los orígenes mismos del islam y ver que éste no fue simplemente una nueva religión, surgida en el ámbito geográfico e histórico de

2. Lewis (1981: 9-29).

3. Ullmann (1983: 19). Cf. también *The Cambridge History of Medieval Political Thought*, pp. 1-8.

4. La historia del descubrimiento de la *Política* de Aristóteles ha sido narrada por Grabmann (1941).

lo que Cruz Hernández ha llamado el «mundo de la profecía»[5], sino algo mucho más complejo que dio forma a una institución política: el Estado islámico, entendido como una organización espiritual y temporal, religiosa y política a la vez, que garantizaba una actitud común ante el mundo, los hombres y Dios[6].

Desde los comienzos del islam en el siglo VII, religión y política han estado unidas e implicadas mutuamente. La misión que Muhammad, el Profeta de los musulmanes[7], recibió por medio de la «revelación»[8], estaba dirigida tanto a los árabes coetáneos suyos, según se lee en algunas aleyas coránicas: «Predica a tus parientes más próximos» (*Corán* XXVI, 214[9]), como a la universalidad de los hombres, según dicen otras: «Di: ¡Hombres! Soy el Enviado de Dios para todos vosotros» (VII, 158[10]). A todos ellos les dio a conocer, a través del *Corán*, que es la Palabra misma de Dios revelada al Profeta, que Dios es Uno y Único, Creador, Señor, Juez, a cuya voluntad ha de someterse todo hombre: *Islâm* quiere decir «sumisión» y «musulmán» es «el que se somete a la voluntad de Dios». Así, es Dios el que rige no sólo la vida y conducta de cada hombre, sino también la vida y conducta de todos los hombres en sus relaciones mutuas, esto es, la estructura social en su totalidad, a través de la ley que dio a conocer y reveló a su Profeta. Por esta razón, Mahoma fue también el encargado por Dios de instituir

5. Cruz Hernández (1970: 385). También Cruz Hernández (1981, I: 26).

6. Bouamrane y Gardet (1984: 185). La relación entre *dîn* (religión) y *mulk* (Estado) fue descrita por Algazel como la de dos hermanos gemelos que dependen el uno del otro, cf. su importante obra *Ihyâ' 'ulûm al-dîn* («Vivificación de las ciencias religiosas») (Bûlâq, 1289/1872, II: 129).

7. Sobre Mahoma y su misión, cf. entre otras muchas obras las siguientes: Gaudefroy-Demombynes (1957); Paret (1957); Rodinson (1975); Vernet (1987).

8. El gran estudioso del islam y de muchas manifestaciones de su cultura, M. Arkoun, ha expresado, a propósito de la revelación, lo siguiente: «Se puede decir que hay revelación cada vez que un lenguaje nuevo viene a modificar radicalmente la mirada sobre su condición, sobre su ser-en-el-mundo, su relación con la historia, su actividad de producción de sentido» (Arkoun [1989: 60]).

9. Versiones castellanas del *Corán*: J. Vernet, Barcelona, Planeta, [3]1973, y J. Cortés, Madrid, Editora Nacional, 1979. Sobre el *Corán*, cf. Blachère (1966); Bell y Watt (1987).

10. En VI, 19 se lee: «Me ha inspirado este Corán a fin de que os advierta con él, así como a quienes alcance».

«la mejor comunidad que se ha hecho surgir para los hombres» (*Corán* III, 110). Una comunidad que, sin embargo, era una necesidad que los árabes venían sintiendo desde la transformación económica y social que sufrió la península arábiga a lo largo del siglo VI: las luchas entre los imperios de Bizancio y Persia fueron las causantes de ello[11].

Esta comunidad es la *Umma*, término que en el *Corán* casi siempre aparece aplicado a sociedades étnicas, lingüísticas o confesionales, que son objeto del plan divino de salvación y que en la literatura posterior adquiriría una connotación completamente religiosa[12]. En muchos versículos coránicos la doble vocación del islam, la religiosa, centrada sobre Dios, y la comunitaria, vuelta hacia la vida del hombre en sociedad, estaba ya esbozada. La *Umma* se configuró entonces como una «comunidad de creyentes», como la «Ciudad musulmana», según la denominación que le aplica L. Gardet, cuyo equivalente en el mundo griego clásico podría ser la *polis*. Al estar vinculada a la historia real de los hombres, esta «teocracia igualitaria y laica»[13] exigía una *siyâsa*, una política, un régimen político en el sentido de un sistema de gobierno, donde la única ley existente, la religiosa (*šarî'a*), es a la vez la ley civil de origen divino, que rige todas las manifestaciones de la vida humana, tanto en su aspecto individual como social y político, convirtiéndose en «guía del obrar humano y de la política»[14], porque idea fundamental en el islam es la de que la revelación contiene todo aquello que permite resolver cualquier problema humano, sea cual fuere su naturaleza. La comunidad se definiría, entonces, por la universalidad de su ley y no por rasgos

11. Cf. Rodinson (1975: 58-60).

12. Cf. Watt (1968: 9-14); Massignon (1941-1946: 151-157); Denny (1975: 34-70).

13. Cf. Gardet (1976: 31-68). Esta comunidad es «teocrática» porque el poder político es detentado por Dios y administrado por el Profeta y sus sucesores, dependiendo entonces el poder temporal del espiritual; la única autoridad verdadera es Dios, a quien pertenece todo poder: «¡Oh Dios, Dueño del dominio! Tú das el dominio a quien quieres y se lo retiras a quien quieres» (*Corán* III, 26). Es igualitaria, porque «todos los hombres son hermanos» (*ibid.* XLIX, 10). Y, en fin, es laica, porque hay ulemas, doctores de la ley, pero no sacerdocio ni clero, como los hay en el cristianismo.

14. Cf. Gardet (1971: 175).

lingüísticos[15] o étnicos: los miembros integrantes de la *Umma* no se hallarían vinculados ya, como hasta ahora lo estaba cualquier grupo social, por relaciones y lazos de sangre, de nacimiento o de parentesco, sino única y exclusivamente por los vínculos de la religión. El carácter de miembro de una comunidad política fue definido entonces en términos religiosos, por lo que el punto de partida de un estudio de las ideas políticas exige la consideración de las definiciones religiosas de los miembros de ella. Por medio de esta determinada, pero rara y extraña, forma de política, de *siyâsa*, se regirían los creyentes y podrían ser gobernados para alcanzar los fines prácticos propuestos: la realización plena de la voluntad divina, el sometimiento de todos los hombres y de todos los pueblos y naciones a Dios[16].

Las bases de esta nueva institución, por la que por vez primera en su historia las distintas tribus árabes se vieron reunidas de forma permanente bajo un solo poder, quedaron asentadas en la llamada «Constitución de Medina», un documento otorgado por Mahoma para regular las actividades de la comunidad y cuyo artículo segundo establecía que los creyentes «constituyen una comunidad única, distinta a las de los otros hombres»[17]. Al afirmar esta distinción, Mahoma estaba sugiriendo la división del universo en dos grandes regiones, escisión que luego se haría efectiva en el pensamiento islámico, donde halló expresión: la *dâr al-Islâm*, región en la que la Ley de Dios es aceptada y cumplida, y la *dâr al-harb*, territorio donde esa ley no es admitida. La «Constitución» representaba, además, la superación del orden tribal sobre el que se asentaba la sociedad nómada de la Arabia preislámica.

Por otra parte, ella misma es también reflejo de la necesidad de que se cumpliera políticamente la voluntad de Dios: la fecha que

15. No hay que olvidar, sin embargo, la importancia que tiene la lengua árabe en la comunidad musulmana, precisamente porque Dios se ha manifestado en árabe, es decir, porque el *Corán*, que es la Palabra misma de Dios, está escrito en árabe.

16. Una breve pero excelente exposición general sobre el islam como religión y Estado puede verse en Viguera (1990: 325-369). Sobre el término *siyâsa* y su significado en el mundo islámico, cf. Lewis (1984: 3-14); Najjar (1984: 92-110).

17. Texto completo de la «Constitución» en Vernet (1987: 75-80).

puso fin a la época de la *Ŷâhiliyya* —el estado de «ignorancia» en que se encontraban los árabes antes de la predicación de Mahoma— y con la que comenzó la era islámica, no fue el año en que se inició la revelación divina a Muhammad, sino el momento en que éste fue reconocido como jefe político de la ciudad de Yaṯrîb (que entonces cambió su nombre y se llamó «ciudad del Profeta», *madînat an-nabî*, la Medina actual). En otras palabras, el islam no se instituyó cuando Dios dio a conocer su voluntad, ni siquiera cuando hubo algunos fieles que la siguieron, sino sólo en el momento en que existió una constitución política por medio de la cual se podía acatar esa voluntad divina. La realización total y plena del islam exigía, pues, una institución política en la que la comunidad de creyentes, a través de su común fe en Dios, prestara obediencia y sumisión a la voluntad divina cumpliendo los preceptos establecidos en la revelación. De ahí la radical unidad que constituyen religión y política en todo Estado que se precie de islámico.

Para poder establecer los medios por los que se pudiera dar cumplimiento a los fines de la *Umma*, hubo necesidad de una reflexión, centrada en la cuestión del poder y la autoridad, que tuvo como conclusión la elaboración de una teoría política. El estudio de la *iŷmâʿ* o «principio de autoridad»[18] y de la legitimidad del poder político[19], obligó a los primeros musulmanes a una gran tarea. Y este inicial quehacer al que se entregaron los primeros pensadores fue el de integrar los diversos aspectos de la vida de los pueblos —fundamentalmente, los aspectos religioso, político y social— en la única ley por la que ellos se gobernaban y que debía contemplar no sólo las relaciones de los hombres con Dios, sino también las de los hombres consigo mismos y las de unos hombres con otros. Estas relaciones quedaron reguladas, por un lado, en las *ʿibâdât* (relaciones con Dios: prácticas de tipo cultual), fundadas en datos coránicos sobre los principios dogmáticos, sobre la piedad y el culto, que no deben sufrir ningún cam-

18. Cf. Mansour (1975).

19. Cf. Lambton (1981). No hay que olvidar que una de las primeras cuestiones teóricas que debatieron los musulmanes fue la de si el califa Muʿawiya detentaba legítimamente el poder o no, lo que a su vez implicó la controversia sobre la cuestión de la fe y de las obras y sobre la libertad humana (cf. Ramón Guerrero [1982-1983: 28]).

bio a lo largo de los tiempos, y, por otro, en las *mu'âmalât* (las relaciones jurídicas y político-sociales), sobre las cuales hay pocas referencias coránicas, y éstas reducidas a algunos principios de tipo general. Ahora bien, como todas estas relaciones entre los hombres dependían de las diversas épocas y de los distintos lugares, es decir, como la ley (la *šarî'a*) debía ser elaborada por juristas más preocupados por agradar a la autoridad o sin contar, a veces, con las realidades de la vida social, estas circunstancias debían ser tenidas en cuenta, estaban sometidas a las exigencias de la propia historia, haciendo posible entonces la existencia de un principio evolutivo en el Derecho, que le dio uno de sus rasgos más distintivos en su primera etapa: el carácter de mutabilidad, que contrastó con la inmutabilidad que luego parecieron otorgarle las diversas escuelas jurídicas. Fruto de este trabajo de recapacitación fue la aparición de una primitiva teoría constitucional, que fue un reflejo de la situación política inicial del mundo musulmán[20], luego ampliada y desarrollada por la reflexión de los numerosos tratadistas sobre los problemas del Estado, una vez que su estructura se consolidó a la muerte del Profeta.

Como ha puesto de relieve María Jesús Viguera en la obra antes indicada, la reflexión política islámica se llevó a cabo en cinco niveles distintos: el teológico, el jurídico, el de la literatura moral, el filosófico y el histórico. En la tradición de este pensamiento, que poco a poco se fue constituyendo a través de una elaboración consciente de la reflexión política en los tres primeros niveles —que ya habían alcanzado importantes logros literarios a fines del siglo II de la hégira (siglo VIII e.c.)—, se integró el procedente de la filosofía griega, que ya disponía de teorías políticas muy elaboradas. Para los musulmanes, el pensamiento filosófico griego, distinto de lo que se ha llamado su «cultura de base»[21], se les presentó como una sabiduría auténtica y verdadera, como una ciencia establecida por medio de la razón, que tiende a un fin práctico en la vida del hombre, como un saber que condiciona la acción; es decir, como un pensamiento de significación ética y

20. Así lo ha puesto de manifiesto Erwin Rosenthal (1967: 44). Sobre el Derecho musulmán (*Fiqh*), cf. Schacht (1950).

21. Jadaane (1973: 10).

de aplicación política. Para entender por qué fructificó esta integración de una tradición en otra, hay que tener en cuenta que el islam ha ido sufriendo cambios de adaptación a lo largo de los tiempos, y hay que saber que una de las maneras por las que estos cambios se han ido produciendo estuvo motivada por las actividades de los intelectuales del islam[22], especialmente por la asimilación del pensamiento griego.

Los filósofos árabes hallaron en la filosofía griega elementos de que carecían las teorías jurídicas forjadas por los primeros musulmanes, y los acomodaron a las exigencias de la comunidad política islámica. Bajo la influencia de las doctrinas de Platón y de Aristóteles, expuestas en *República* y *Leyes* y en la *Ética a Nicómaco* y en la *Política*[23] respectivamente, y conocidas directa o indirectamente en el mundo árabe, los filósofos del islam supieron proponer una nueva teoría política, cuyos fundamentos no se encontraban ya en las prácticas diversas y divergentes de la realidad política musulmana, sino en la creencia de que los principios rectores del mejor régimen político habrían de proceder única y exclusivamente de la razón humana[24]. No creyeron que la razón hubiera de limitarse a cuestiones puramente teóricas, sino que, aplicada también a problemas prácticos, podía expresarse en exigencias ético-políticas que estuvieran en consonancia con los resultados teóricos adquiridos. Precisamente por ello, es decir, por estar influidos por un pensamiento ajeno al islam mismo, la teoría política que ellos propusieron no refleja de la mejor manera posible los rasgos distintivos del pensamiento político propiamente «islámico»[25], como lo prueba la escasa influencia que tuvieron en el ámbito de la teoría política musulmana.

Los filósofos pensaron que la Política era la ciencia que constituía el supremo saber humano, aquel que se alcanzaba tras una

22. Cf. Watt (1968: 123-127).

23. Aunque no existe testimonio de que la *Política* fuese traducida al árabe, sin embargo, pudo ser conocida a partir del siglo X, como lo prueban las huellas que de algunos pasajes suyos se hallan tanto en al-Fârâbî como en al-'Amirî. Cf. Pines (1975: 150-160).

24. Sobre el valor de la razón en la filosofía árabe, cf. Ramón Guerrero (1982-1983: 22-63).

25. Cf. Watt (1968: 103-104).

ardua y ordenada meditación sobre la realidad humana, erigiéndose en ciencia arquitectónica, como ya la calificara Aristóteles[26], porque es la ciencia de lo primero, en tanto que es ciencia que estudia el fin al que tiende el hombre, puesto que ya en *De partibus animalium* (I, 5, 645a 5-23) había indicado el carácter arquitectónico de la naturaleza teleológica, como también recuerda en la *Metafísica*: «La más digna de mandar entre las ciencias, y superior a la subordinada, es la que conoce el fin por el que debe hacerse cada cosa. Y este fin es el bien de cada una, y, en definitiva, el bien supremo en la naturaleza toda»[27]. Y los filósofos árabes vieron que el conocimiento o saber teórico no era otra cosa que un camino que tenía como fin la acción práctica individual y social, esto es, que su meta era ética y política a la vez. En consecuencia, el saber político se presentaba como la culminación de una tarea que comenzaba con el estudio de los instrumentos de que dispone el hombre para el recto decir y el recto pensar, a saber, la gramática y la lógica, y continuaba con las restantes ciencias aristotélicas, hasta alcanzar la última de ellas, la Política, tal como se deduce de las distintas clasificaciones de las ciencias que propusieron algunos de los más ilustres filósofos, como al-Kindî (m. *ca.* 870), el propio al-Fârâbî y Avicena (m. 1037).

De aquí que la filosofía que se *hizo*[28] en el mundo islámico, siguiendo las líneas establecidas por el pensar griego, no fue una mera actividad de tipo teórico, sino que apuntó a un fin primordialmente práctico, que proyectaba la consumación plena de la sabiduría en el sentido antes indicado. Fue, en definitiva, la aplicación del pensamiento filosófico griego a la realidad histórica, concreta y actual, en que vivían los musulmanes del período clásico del islam. El primero y más importante exponente de estas ideas en el Oriente musulmán fue al-Fârâbî, uno de los primeros pensadores en componer obras de teoría política en el mundo islámico[29], pero también, frente a la tradición anterior que veía

26. *Et. Nic.*, I, 1, 1094a 27.

27. *Met.*, I, 2, 982b 4-7.

28. Sobre el sentido que en el mundo árabe tuvo el hacer filosofía, cf. Mahdi (1986, I: 101-113).

29. Sobre la filosofía árabe en general, además del ya citado libro de Cruz Hernández (1981), puede verse Ramón Guerrero (1985a) y Lomba (1986).

en Platón a un místico o a un metafísico, el primero en reconocer el carácter político de los diálogos de Platón, en los que, según él, éste trata de instruir a los ciudadanos en las opiniones correctas.

## 2. ABÛ NASR AL-FÂRÂBÎ

Al-Kindî, el primer filósofo reconocido como tal en el mundo árabe, fue también el primero que comprendió la necesidad de poner en relación la filosofía griega con otras opciones culturales de su entorno y de integrarla, por ser portadora de la verdad, en el pensamiento formado en el islam[30]. Se presentó como mero intérprete de los logros filosóficos y científicos griegos para «las gentes de nuestra propia lengua (*ahl lisâni-nâ*)»[31], abriendo el camino para la formación y desarrollo de la filosofía en el mundo islámico. Y fue esta actitud suya, mucho más que algunas de las soluciones que propuso ante determinados problemas, la que le valió el sobrenombre de «Filósofo de los árabes» con el que le designan los biógrafos, porque sus doctrinas filosóficas no son todavía cuidadosas elaboraciones, sino que se encuentran en estado embrionario, no llevando hasta sus últimas consecuencias las ideas que aprendió y adoptó de los distintos sistemas filosóficos que conoció. Su pensamiento, que se movió del ámbito religioso al filosófico, estuvo todavía a medio camino entre la razón en los límites del *Corán* y la razón filosófica universal[32]. Esto no quiere decir, como se ha afirmado, que al-Kindî fuera un teólogo mu'tazilí, sino que, como ha puesto de relieve M. Mahdi[33], su espíritu, su intención y lo esencial de su pensamiento son bastante diferentes de los de la Mu'tazila. Por otra parte, aunque según las informaciones de algunos biógrafos pudo ocuparse de la filosofía política, porque citan obras suyas que por su título parece que

30. Véase lo que, parafraseando un texto de la *Metafísica* de Aristóteles, expone en su obra *Fî l-falsafa al-ûlà* («Sobre la Filosofía Primera»); texto en Ramón Guerrero y Tornero (1986: 47-48).
31. Cf. Rosenthal (1956, I: 444-445).
32. Cf. Allard (1970: 453-465); Tornero (1981: 89-128).
33. Mahdi (1981: 5).

tienen que ver con esta parte de la filosofía[34], sin embargo en ninguno de los escritos que de él se nos han conservado trata expresamente de ella. Sólo disponemos de su afirmación de que los libros de ética y política escritos por Aristóteles son fruto de un profundo conocimiento de la *Metafísica*[35]. No obstante, cuando se refiere a la política —y esto se ve más claro al leer esos títulos a que antes he aludido—, parece estar pensando más en la ética, por lo que se puede deducir que al-Kindî no preparó, en este ámbito, al pensamiento islámico para la aparición y desarrollo de la filosofía política, como sí hizo en otros campos filosóficos.

Por ello, se puede decir que fue al-Fârâbî, conocido en la literatura árabe por el nombre de *al-mu'allim al-ṯânî* («el Maestro segundo») —porque, naturalmente, el «Maestro primero» era Aristóteles—, el verdadero fundador del sistema filosófico árabe, en quien se hallan planteadas y desarrolladas las principales cuestiones que caracterizaron a la *Falsafa*, ese movimiento filosófico de origen griego que floreció y maduró en el mundo islámico, y que para mí se distingue claramente de otros movimientos de pensamiento aparecidos en el mismo universo cultural. Pero es que, además, fue considerado por los antiguos biógrafos como uno de los más ilustres representantes de la filosofía en el islam: «Al-Fârâbî, el conocido filósofo, fue autor de tratados sobre lógica, música y otras ciencias; fue el más grande de los filósofos musulmanes, sin que nadie entre ellos haya alcanzado su categoría científica, pues incluso el *ra'îs* Abû 'Alî ibn Sînâ, del que ya hemos hablado, se instruyó con sus libros y se sirvió de sus tratados»[36].

Poco conocido hasta la segunda mitad del siglo XIX, en que primero M. Steinschneider y luego F. Dieterici lo dieron a conocer de una manera suficientemente amplia[37], la filosofía de al-Fârâbî ha tenido «la desgracia de ser vecina de los grandes siste-

34. Cf. la lista de sus escritos «políticos» en Atiyeh (1966: 195-196).

35. Cf. su obrita titulada *Sobre los libros de Aristóteles*; traducción en Ramón Guerrero y Tornero (1986: 27).

36. Ibn Jallikân (1972, V: 153).

37. El primero, mediante su informe, basado en fuentes árabes, hebraicas y latinas, presentado en la Academia Imperial de Ciencias de San Petersburgo (Steinschneider [1966]). El segundo, dando a conocer diversos tratados en su original árabe y en versión alemana (Fârâbî [1890] y Dieterici [1892]).

mas árabes, cuya aparición preparó ella misma»[38]. Es decir, fue precursor de las obras y el pensamiento de Avicena y de Averroes, lo que ha provocado un falseamiento que ha desvirtuado su verdadera perspectiva histórica. Por otra parte, las pocas obras que hasta hace muy poco de él se conocían han llevado a muchos historiadores a considerarlo como un autor de segunda fila, citado sólo como precursor de Avicena. Y, sin embargo, ¡cuán amplia y profunda fue la influencia que su obra y pensamiento dejó impresa en el Oriente y el Occidente musulmán y judío!

## *Su vida y sus obras*

Aunque los más importantes biógrafos árabes se han ocupado de nuestro autor[39], sin embargo no son muchas las noticias que sobre él nos transmiten. Y, además, los más explícitos son bastante posteriores a la época en que vivió. Así, por ejemplo, Ibn al-Nadîm, que fue uno de los pocos en escribir poco después de la muerte de nuestro filósofo, apenas nos dice nada: que nació en tierras del Jurâsân y que destacó por su conocimiento de la lógica y de las ciencias antiguas[40].

Abû Nasr al-Fârâbî nació en la Transoxiana en una fecha que no es citada por ninguna fuente, pero que pudo ser en torno al año 260/871, puesto que Ibn Jalliqân nos indica que murió cuando tenía unos ochenta años de edad y todos los biógrafos coinciden en señalar que su muerte tuvo lugar en el mes de *raŷab* del año 339, esto es, a fines del año 950. Nada sabemos tampoco de su primera formación. Que su lengua materna fuera el turco y que luego aprendiera el árabe es lo más probable, como después veremos.

38. Son palabras de Gilson (1965: 326).

39. Entre los que más han escrito acerca de él, destacan Sa'id al-Andalusî (1985: 137-140; trad. francesa de Blachère 1935: 107-109); Ibn al-Qiftî (1903: 277-280); Ibn Abî Usaybi'a (1299/1872, II: 134-140); Ibn Jallikân (1972, V: 153-157). Y, entre las modernas biografías, hay que señalar las de Walzer (1965: 797-800); Badawi (1972, II: 478-483); Fakhry (1983: 107-128). También se puede consultar Gómez Nogales (1980: 7-11), si bien en esta obra se deslizan numerosos errores, cf. Butterworth (1988: 66).

40. Ibn al-Nadîm (1348: 368).

Se traslada a Bagdad en fecha que desconocemos. Entró en contacto con los más importantes maestros que allí enseñaban, entre ellos el lógico y médico nestoriano Yûhannà b. Haylân, con quien estudió hasta el final del *Libro de la Demostración* (*Anal. Post.*), según testimonio del mismo al-Fârâbî[41]. Es probable que hubiera entrado en contacto con Yûhannà b. Haylân en la ciudad de Marw, antes de que este maestro se estableciera en Bagdad durante el califato de al-Muqtadir (295/908-320/932). El otro personaje importante que también tuvo que ver con al-Fârâbî, bien como discípulo o como condiscípulo suyo, fue el famoso traductor y lógico, igualmente nestoriano, Abû Bišr Mattà b. Yûnus, muerto en 328/940. Es importante realzar estos contactos entre otras cosas, porque, como ha puesto de manifiesto R. Arnaldez, la fórmula trinitaria usada por los nestorianos se encuentra, despojada de su significación cristiana, en la concepción farabiana del Ser primero como Intelecto: el que ama es idéntico a lo amado e idéntico al amor, y el que entiende es idéntico a lo entendido e idéntico al intelecto[42]. Y sabemos que al-Fârâbî estudió también medicina, que nunca llegó a practicar, matemáticas y música, disciplina ésta de la que fue uno de los primeros y más importantes teóricos medievales.

Son, sin embargo, dos detalles biográficos los que juzgo de gran interés para comprender el sentido y la significación del pensamiento filosófico de Abû Nasr al-Fârâbî. En primer lugar, el hecho de que en Bagdad estudiara la gramática árabe con Abû Bakr al-Sarrâŷ, uno de los más afamados maestros de ese arte en

41. En una narración transmitida por Ibn Abî Usaybi'a (1299/1872: 134:30-135:24), que, según algunos estudiosos, formaba parte de un libro del filósofo titulado *La aparición de la filosofía*, hoy perdido. Es un texto importante porque en él al-Fârâbî pone en relación la enseñanza filosófica de la escuela de Alejandría con la de Bagdad, a través de Antioquía y Marw, mostrando la continuidad del programa filosófico bagdadí. Y no hay que olvidar que el pensamiento farabiano está muy impregnado de la interpretación de la filosofía griega dada por los últimos alejandrinos. Sobre este texto, cf. el clásico estudio de Meyerhof (1930).

42. Sobre la identificación, cf. Plotino, *Enéadas* VI, 8, 15; Arnaldez (1989: 14). Ya Quadri (1960: 73) había indicado, al citar a estos dos personajes como maestro y condiscípulo respectivamente de al-Fârâbî, que las especulaciones de los cristianos sobre la substancia de Dios no le habían sido ajenas.

la llamada escuela de Bagdad, a la vez que éste aprendía lógica de al-Fârâbî. Por un lado, este hecho podría confirmar el dato, al que he aludido anteriormente, de que su lengua materna no debió de ser el árabe sino el turco. Sin embargo, lo más valioso de esta información es que nos permite adivinar la importancia que Abû Nasr concedió a las relaciones entre pensamiento y lenguaje, preocupación constante en su reflexión filosófica, como lo prueban las numerosas páginas que a ello dedica en distintas obras: lógica y gramática están en íntima relación; pero la gramática, que es una ciencia particular, propia de cada pueblo, frente al carácter de arte universal que tiene la lógica, no es instrumento idóneo para la búsqueda de la verdad[43].

El otro detalle biográfico tiene que ver con su presunta relación con el movimiento *šî'í*. Varios estudiosos han señalado la afinidad de pensamiento existente entre la filosofía de al-Fârâbî y la especulación intelectual de los diversos grupos šî'íes[44]. Dos biógrafos, Ibn Jallikân e Ibn Abî Usaybi'a, nos indican que hacia el año 330/942 al-Fârâbî abandonó Bagdad y se trasladó a Siria, a la corte del soberano hamdaní Sayf al-Dawla, conocido en la historia por su filiación šî'í, y en cuyos salones se respiraba un ambiente cultural, elegante y refinado, donde se daban cita hombres de ciencia, poetas y filólogos renombrados. Su estancia aquí se prolongó hasta la fecha de su muerte, el ya citado mes de *rayab* del año 339/950, salvo un breve viaje que realizó a Egipto

43. Cf. Vajda (1970: 247-260); Arnaldez (1977: 57-65); Langhade (1983: 129-141). Como ya sostuve (Ramón Guerrero 1983), no me cabe la menor duda de que al-Fârâbî, al exponer sus ideas sobre las relaciones entre lógica y gramática, tiene en mente la célebre disputa que tuvo lugar en Bagdad en el año 320/932 entre el lógico Abû Bišr Mattà y el gramático al-Sîrâfî sobre las excelencias de sus respectivas artes. Para M. Mahdi, en la introducción a su edición de *K. al-hurûf*, esto no es más que una hipótesis. Cf. también Gómez Nogales (1986: 317-320).

44. Así, por ejemplo, Karam (1939: 104) mantiene que la «ciudad ideal» del filósofo apunta a una organización religiosa de la tierra, revelándose en ello, de manera más exacta, la doctrina ismaelí del Imâm. Gibb (1962: 20) sostiene que entre los partidarios o simpatizantes del movimiento fâtimí se encontraba nuestro filósofo. Por su parte, Najjar (1961: 62) expresa que su doctrina política parece una justificación teórica del movimiento šî'í. Otros autores que sostienen parecidas ideas son Watt, Walzer y Gardet. Sobre estas afirmaciones, cf. Ramón Guerrero (1985: 463-477).

—establecido aquí ya el imperio fâtimí, también vinculado a los šî'íes—, donde, según Ibn Abî Usaybi'a, compuso unos *fusûl*, secciones o capítulos, para su más conocida obra el *Kitâb al-madîna al-fâdila*[45], y donde, según Ibn Jallikân, acabó de componer su *Kitâb al-siyâsa al-madaniyya*. ¿Qué sentido pudo tener la estancia de al-Fârâbî en lugares regidos por soberanos šî'íes?

Nada sabemos sobre este traslado, cuando abandona la ciudad de Bagdad, donde la filosofía había adquirido una gran tradición y donde estaba asentada una importante escuela aristotélica, vinculada de alguna manera a al-Fârâbî. No me parece que fuera ni por motivos económicos ni de lujo, atraído por el esplendor de Alepo, puesto que los biógrafos nos lo presentan como un hombre que se contentaba con lo indispensable para la vida, no preocupado ni por su alojamiento ni por obtener favor o provecho, destacando también por su sobriedad en el vestir y en el comer. ¿Se debió, entonces, a un cierto tipo de afinidad ideológica con los gobernantes de Alepo y Egipto? En una de las obras cuya traducción ofrecemos, los *Fusûl al-madanî*, hallamos una referencia que podría ser significativa: «Al hombre virtuoso le está prohibido permanecer en los gobiernos políticos inmorales, debiendo emigrar a las ciudades virtuosas si es que existen de hecho en su época. Si no existieran, el virtuoso será entonces un extraño en este mundo y su vida será un mal, y le será preferible antes morir que seguir viviendo»[46]. ¿Estaba aludiendo aquí a los problemas por los que pasaba el califato sunní de Bagdad, viéndolo como un ejemplo de mal gobierno y decidiendo «emigrar» (*hiŷra*) a una *madîna fâdila*, a un «gobierno virtuoso», que para él sería sin duda el de Sayf al-Dawla?

Las principales obras de al-Fârâbî, algunas de ellas compuestas en este último período de su vida, según las noticias de los biógrafos, son de carácter fundamentalmente político. En ellas propone una nueva consideración de la realidad, especialmente de la realidad política, que ha de tomar como base y punto de

45. Traducción castellana de estos capítulos en Ramón Guerrero (1987a: 19-26).

46. *Fusûl*, p. 95. Cf. Dunlop (1961: 164). También en *Milla*, p. 56, hay un pasaje similar.

partida las normas dimanadas de la razón humana. Parece, entonces, que su intención fue la de proponer una reforma de Estado islámico. Y una tal reforma sólo podía ser entendida desde un no compartir la ideología oficial. Y esto, en el ámbito sunní, sólo podría provenir de quien estuviera próximo a los planteamientos šî'íes, movimiento que en el siglo X se había caracterizado por una intensa actividad política y misionera. Entonces, se podría pensar —lo que realmente parecen indicarnos estos datos biográficos— que la posición farabiana habría sido la propia de un intelectual šî'í.

Es cierto que hay paralelismos, similitudes, semejanzas y referencias bastante explícitas entre el sistema farabiano y el de los pensadores šî'íes. Ello abonaría la tesis de su militancia en este grupo. Pero un análisis profundo de la filosofía de al-Fârâbî nos muestra que son mayores las diferencias que se pueden encontrar, especialmente en dos cuestiones de gran relevancia para el pensamiento šî'í: la elaboración intelectual de la teoría de la profecía, por un lado, y la doctrina del conocimiento, por otro. En estos dos aspectos las divergencias doctrinales son tan enormes que difícilmente se podría ver en al-Fârâbî a un exponente de la «filosofía» šî'í[47]. Y, si hay coincidencias, ellas se deben más a la fuente común —la filosofía griega— de la que se nutren ambos sistemas que a afinidades ideológicas e intelectuales.

La filosofía de al-Fârâbî me parece que está por encima de los intereses partidistas de cualquier grupo. Siguiendo el camino que había iniciado al-Kindî, al-Fârâbî presintió que la filosofía griega era una nueva vía de acceso a la verdad, distinta a la que había indicado la revelación. La senda que al-Fârâbî ponía de manifiesto, podía, además, ofrecer soluciones a los problemas que se planteaban en el mundo islámico de sus días, especialmente a

47. Más detalles sobre las afinidades y diferencias entre las dos formas de pensamiento en Ramón Guerrero (1985). Por otra parte, quien más ha insistido en el carácter estrictamente «filosófico» que posee el pensamiento šî'í ha sido Corbin (1964), donde se hallará un resumen de su visión del pensamiento de este movimiento político-religioso. Por otra parte, quiero advertir aquí que en el islam, y en virtud de lo que ya he dicho anteriormente, es una redundancia decir «grupo político-religioso», porque todo grupo político es tal en virtud de una determinada opción religiosa, y viceversa (cf. Cahen [1961: 5-6]).

las dificultades políticas que él veía en el Estado islámico. Era un camino que proporcionaba condiciones universales para establecer la estructura de un nuevo modelo de Estado, válido para todos los hombres, incluidos los musulmanes. Al-Fârâbî, por tanto, sólo pretendía un compromiso político con su época, en tanto que buscaba y ofrecía las soluciones que él creía las mejores. De sus obras no se deduce ningún indicio que nos permita confirmar que militara en alguna secta o grupo. Y si acudió a centros dominados por destacados miembros de la comunidad šî'í, pudo hacerlo sólo porque allí encontró un ambiente más favorable para su proyecto, que no en Bagdad, donde al parecer se había producido una reacción de tipo ortodoxo tradicional[48] —y ya se sabe lo que esto ha significado para la filosofía allí donde históricamente se ha producido—. Que su propuesta de Estado no pasara de ser una utopía, no impide que deje de ser visto en este contexto. En otras palabras, aun reconociendo que no era más que un planteamiento utópico lo que él formulaba, ello no implicaba que su pensamiento no estuviera en conexión con el momento histórico en que le tocó vivir.

Por lo que se refiere a sus escritos, las listas de títulos que nos transmiten sus biógrafos oscilan en torno a los cien epígrafes, pero ni todos ellos nos han llegado, ni tampoco todas las obras que se han conservado, son auténticas[49]. No me parece éste el lugar oportuno para hacer un estudio detallado de estas listas y de los títulos que ofrecen, por lo que sólo me voy a limitar a señalar las más importantes de ellas[50]. Siguiendo la clasificación que Richard Walzer establece en su artículo de la *Encyclopédie de l'Islam*, estas obras se pueden distribuir en tres grandes grupos. En primer lugar, sus *Comentarios*, en especial a obras de Platón, Aristóte-

48. Cf. Najjar (1961: 62).

49. Cf. Georr (1941-1946: 31-39); Puig (1988: 287-321).

50. El primer estudio sobre la obra de al-Fârâbî lo realizó Steinschneider (1966) ocupando el *Abschnitt II*: *Die Schriften Farabi's* desde la p. 11 hasta la 141. Han seguido después los elencos bibliográficos de Ates (1951); Rescher (1962); Cunbur (1973); Mahfuz (1975). Véanse también las listas ofrecidas por Badawi (1972: 484-495) y Cruz Hernández (1981, I: 178-182). Una puesta al día sobre la bibliografía farabiana hasta 1987 se hallará en el utilísimo artículo de Butterworth (1988: 55-140, al-Fârâbî en pp. 61-67 y 119-122).

les, Porfirio, Alejandro de Afrodisia. En segundo lugar, un cierto número de pequeños escritos o monografías, que versan sobre distintos temas filosóficos, como lógica, física, psicología, metafísica, ética y política y cuestiones diversas, como, por ejemplo, los editados por Dieterici en la obra que ya he citado, o las refutaciones, hoy publicadas, contra Galeno y Juan Filopono. Finalmente, sus obras más importantes, como *Ihsâ' al-'ulûm* («La clasificación de las ciencias»); la trilogía compuesta por *Tahsîl al-sa'ada* («La obtención de la felicidad»), *Falsafat Aflâtûn* («La filosofía de Platón») y *Falsafat Aristûtâlîs* («La filosofía de Aristóteles»); su más célebre obra, *Mabâdi' ârâ ahl al-madîna al-fâdila* («Principios de las opiniones de los habitantes de la ciudad virtuosa»); su importante *Kitâb al-hurûf* («Libro de las letras»), del que se ha dicho, auque no me lo parece, que es un comentario a la *Metafísica* de Aristóteles. O, en fin, las tres obras cuya versión castellana ofrezco en este libro: *Kitâb al-siyâsa al-madiniyya* («Política»), *Kitâb al-milla* («Libro de la religión») y *Fusûl al-madanî* («Artículos de la [Ciencia] Política»).

### *Su pensamiento filosófico*

La filosofía farabiana parece ser el resultado de una reflexión realizada a partir de la filosofía griega, que tiene la intención de ser aplicada a la realidad vivida. Su pensamiento se nos muestra como un intento de introducir una consideración racional de la realidad en una sociedad estrictamente religiosa como la musulmana. Y es esta nueva apreciación de la realidad la que podría proporcionar nuevas normas sobre las que se fundara un orden social perfecto, el ideal o virtuoso (*fâdila*), en el que el hombre, definido como un ser social por naturaleza, podría alcanzar su perfección última y su felicidad.

Es así como la filosofía farabiana tiene un carácter esencialmente político, puesto que su objetivo final me parece que no es otro que el de modificar los fundamentos mismos de la comunidad musulmana, con el fin de integrarlos en otros distintos, cuya fuente ya no sería sólo la ley divina, sino una ley procedente de la razón humana, aunque en el fondo coincidieran ambas, porque no serían sino dos expresiones de una y la misma ley o Verdad. Porque no hay que olvidar que al-Fârâbî se mueve dentro de la tradición platónica que se inició con el medio-platonismo de Albino y Numenio y continuó con el neoplatonismo de Plotino, Porfirio y Simplicio, entre otros nombres. Quiero decir que se inspiró y vivió en un ambiente dominado por la concepción de la existencia de una coincidencia de ideas, de concordancia o armonización de las doctrinas de Platón y de Aristóteles, como lo prueba su obra *Concordia entre el divino Platón y el sabio Aristóteles*[51], con la diferencia de que mientras que los últimos griegos que expusieron esta cuestión pretendían ofrecer una compilación doctrinal entre los dos, sin preocuparse de su coherencia doctrinal, el filósofo árabe trata de probar, además, la identidad de ambos sistemas precisamente porque la filosofía y la religión son dos expresiones de una sola y misma verdad, conclusión a la que ha llegado por su gran conocimiento de la filosofía griega.

Son justamente los dos rasgos que he destacado en la biografía de al-Fârâbî, el interés por la lógica y por el pensamiento político, los que constituyen el núcleo de su filosofía, que tiene como fundamento esencial una síntesis platónico-aristotélica[52], si bien el propio al-Fârâbî ya fue plenamente consciente de cuáles eran las doctrinas platónicas y cuáles las enseñanzas aristotélicas[53].

En una de esas pequeñas obras que dejó escritas, la que lleva por título *Risâla fî-mâ yanbagî an yuqaddam qabl ta'allum al-falsafa* («Sobre lo que debe preceder al estudio de la filosofía»), nuestro autor establece una especie de declaración de principios de su pensamiento: «En cuanto a los libros en que [Aristóteles] estudia la aplicación de la filosofía, unos versan sobre la reforma de las costumbres <Ética>, otros sobre el gobierno de las ciudades <Política> y otros sobre el gobierno de las casas <Economía>»[54]. Aunque en este texto se esté refiriendo a la división aris-

51. Traducción castellana en Alonso (1969). Cf. también Cabanelas (1950) y Fakhry (1965).

52. Cf. Gómez Nogales (1986).

53. Como ya tuve ocasión de señalar (Ramón Guerrero [1983]). Cf. Druart (1987).

54. Ed. en Fârâbî (1890: 51:19-21; trad. alemana Dieterici [1892: 86]; trad. castellana Ramón Guerrero [1984: 11]).

totélica de la filosofía práctica, las palabras con las que la describe —«estudia la aplicación de la filosofía»— son las que nos dan la pauta de cómo concibe al-Fârâbî el saber filosófico y su división: la filosofía práctica no es sino la culminación y realización efectiva, actual y dinámica de la filosofía teórica. El texto continúa así un poco más adelante: «El camino que debe seguir quien desee estudiar la filosofía es dirigirse hacia las acciones y alcanzar el fin. Dirigirse hacia las acciones es algo que se realiza por medio de la ciencia, porque la perfección de la ciencia es la acción. Alcanzar el fin en la ciencia se realiza por el conocimiento de las cosas naturales, porque están más próximas a nuestra comprensión, y después por la geometría. Y alcanzar el fin en la ciencia se realiza también, en primer lugar, por la reforma de sí mismo y, luego, por la reforma de los demás, los que están en la misma casa y los que están en la misma ciudad»[55]. Así, el fin del filósofo consiste, primeramente, en el conocimiento, y, después, en la acción, porque la perfección de la ciencia y del conocimiento está en la acción. Y esta acción es tanto ética (reforma de sí mismo) como política (reforma de los demás). La filosofía, de esta manera, es entendida por al-Fârâbî como un saber teórico y práctico a la vez; tiene, como en al-Kindî, la doble vertiente de ser una actividad especulativa y práctica.

¿Por qué se encuentra en al-Fârâbî esta concepción de la filosofía? Porque como estudioso y seguidor de las filosofías de Platón y de Aristóteles, está de acuerdo con ellos en que el fin de la vida humana es la adquisición de la felicidad. Y, en lugar de plantear esta cuestión desde el punto de vista de la religión que profesa —el islam—, lo hace desde la creencia de que la filosofía es superior a la religión, porque mientras aquélla procede de la facultad racional, que es la facultad superior del hombre, ésta sólo es expresión de la imaginación, y por ello se sirve de un método distinto e inferior al de la filosofía. Porque, como indica en *Madîna*[56], los resultados de la investigación filosófica pueden alcanzarse de dos maneras: o porque se impriman en la mente de los hombres

55. Fârâbî (1890: 53:17-22); Dieterici (1892: 89); Ramón Guerrero (1984: 12-13).

56. *Madîna*, p. 278. Alonso (1985: 110).

tal como son, o porque sean representados analógicamente mediante símbolos que imitan y reproducen la verdad abstracta. Y en *Siyâsa* reconoce la incapacidad de todos los hombres para acceder a esta verdad: «La mayoría de los hombres, por disposición natural o por costumbre, no tiene capacidad para comprender y concebir estas cosas. Son aquellos a los que hay que representarles en imagen, por medio de cosas que los imitan, cómo son los principios de los seres y sus grados... La religión consiste en las impresiones de estas cosas o en las impresiones de sus imágenes en sus almas»[57]. Es decir, hay una verdad, a la que sólo los filósofos tienen acceso directo, pero que puede ser conocida por todos los hombres por otros métodos distintos del filosófico.

Es aquí donde cobra sentido su gran interés y empeño por la lógica, ese arte a cuyo estudio dedicó gran parte de su vida y de su obra, como he apuntado. La lógica es el «arte que contiene aquellas cosas que dirigen de manera correcta a la facultad racional en aquello en donde pueda haber error y que dan a conocer todo lo que previene contra el error», nos dice en su *Epístola de introducción al arte de la lógica*[58]; es la que da las reglas para rectificar la mente y dirigir al hombre por el recto camino hacia la verdad. Pero entiende que la lógica no es sólo arte del pensamiento, sino arte que guía también la expresión de ese pensamiento, es arte del bien pensar y del bien decir: «El arte de la lógica es un instrumento por medio del cual, cuando es empleado en las partes de la filosofía, se alcanza el conocimiento cierto de todo lo que contienen las artes teóricas y prácticas, no existiendo medio alguno de obtener la certeza en aquello que se busca sin el arte de la lógica. Su nombre procede del término «logos» (*nutq*), que según los antiguos indica tres cosas: 1) la facultad por la que el hombre entiende las ideas, se adquieren las ciencias y las artes, y se disciernen las buenas de las malas acciones; 2) las ideas que son producidas por la reflexión del hombre en sí mismo, llamándose entonces *logos* interno; 3) la expresión por medio del lenguaje de

57. *Siyâsa*, pp. 85-86.

58. *Al-Tawti'a aw al-Risâlat allatî sudira bi-hâ al-mantiq*, editada en Dunlop (1956-1957: 224-235); nueva edición en *Mantiq*, I: 55-62. Trad. castellana Ramón Guerrero (1987: 448).

aquello que está en el pensamiento, llamándose entonces *logos* externo»[59].

Es así como la lógica está en relación con el lenguaje y la gramática: mientras que ésta se ocupa de las leyes del lenguaje, que es diverso en cada pueblo, la lógica se refiere a las leyes del pensamiento humano, que es el mismo para todos los hombres[60]. Esta relación entre lógica y lenguaje está fundada en los textos de Aristóteles y en la misma tradición aristotélica, que sistematizó lógicamente las categorías del lenguaje usual. Esta tradición que él recibió se vio reforzada en el mundo árabe por el carácter de la revelación divina: Dios habla una lengua, el árabe. Y esto confirmó —pues ya lo estaban— la necesidad de incluir *Retórica* y *Poética* como partes del *Organon*, porque ambas artes silogísticas, como las denomina al-Fârâbî, proporcionan los discursos adecuados para las necesidades de expresión de la revelación, el discurso retórico y el poético.

En cuanto es ciencia o arte del pensar humano, la lógica nos señala los cinco métodos de razonamiento o argumentación: el demostrativo, que es el que conduce a la certeza; el dialéctico, que se basa en argumentos probables y que se emplea para la disputa y la polémica; el sofístico, por el que se induce al error; el retórico, por el que se persuade al hombre sobre cualquier opinión, sin alcanzar certeza; y el poético, que busca representar y sugerir en la imaginación una cualidad por medio de la palabra.

La religión sigue estos dos últimos métodos, es decir, el retórico y el poético, pues «las vías retóricas son utilizadas en el conjunto de las artes, para enseñar a las gentes muchas cosas especulativas... y para los discursos que se utilizan en las relaciones (*al-mu'âmalât*) políticas... Ella no ha sido instituida más que para convencer, no para ser utilizada en la reflexión ni para que por medio de ella se descubra aquello sobre lo que ella persuade»[61]. Sin embargo, la filosofía es identificada por al-Fârâbî con el arte de la demostración, única que lleva a la certeza[62], y dividida en

59. *Ibid.*; trad. p. 451.
60. Cf. también *Ihsâ'*, pp. 21-54 del texto árabe, pp. 13-37 de la trad. castellana.
61. *Jitâba*, pp. 57-59.
62. «El discurso filosófico se llama demostrativo; aspira a enseñar y hacer

cuatro partes: Matemática, Física, Teología y Política, donde hay que destacar la consideración de la Política, según he señalado antes, como ciencia que culmina la filosofía, en tanto es la ciencia que se ocupa «del estudio de la felicidad que es verdadera felicidad, de la que es felicidad aparente y no verdadera, y de aquellas cosas que, al ser utilizadas en las ciudades, permiten a sus habitantes alcanzar la felicidad, dando a conocer también las cosas que, al ser utilizadas, permiten a sus habitantes apartarse de la felicidad»[63].

Al-Fârâbî inicia así una tradición, que se continuará en la segunda mitad del siglo X, de obras escritas por diversos autores, que presentan todas ellas como carácter común la tendencia a definir las condiciones racionales por las que el hombre pueda alcanzar la felicidad. Al-Fârâbî reconoce explícitamente el deseo vehemente que todo hombre siente por adquirir la felicidad: «La felicidad es un fin que todo hombre desea. Todo aquel que se dirige con su esfuerzo hacia ella, tiende a ella sólo en tanto que es una cierta perfección. Y esto es algo que no necesita ser explicado por medio de razón alguna, porque es sumamente conocido: toda perfección es un fin que el hombre desea»[64]. Y en *Siyâsa* insiste en que la felicidad es el fin último al que tiende todo hombre: «Puesto que el objetivo de la existencia del hombre está en alcanzar la felicidad última, es necesario que para alcanzarla conozca qué es la felicidad, que establezca su fin y que éste sea objeto de su atención; después, necesita conocer las cosas que le capacitan para alcanzar la felicidad y luego ha de hacerlas»[65]. Texto éste en el que se ve de nuevo la implicación existente para al-Fârâbî entre conocimiento y acción, entre saber teórico y saber práctico, puesto que en él pone de manifiesto cómo el hombre debe conocer primeramente aquellas cosas por las que se consigue la felicidad y después realizarlas.

clara la verdad en aquellas cosas cuya naturaleza consiste en llegar al conocimiento cierto» (Ramón Guerrero [1987: 449]). La teoría de la demostración farabiana ha sido estudiada por Galston (1981: 23-34).

63. Ramón Guerrero (1987: 451).

64. *Tanbîh*, p. 1. De esta obra existe versión latina medieval, publicada por Salman (1940). Traducción francesa de Mallet (1987-1988).

65. *Siyâsa*, p. 78.

Al ser la felicidad el fin de la perfección humana, puesto que es lo que se elige por sí mismo y no por razón de otra cosa, el que quiere alcanzarla ha de seguir un camino, señalado en *Tahsîl*: «Las cosas humanas por medio de las cuales, cuando se dan en acto en las naciones y en los ciudadanos, ellos consiguen la felicidad terrena en esta vida y la felicidad última en la otra vida, son de cuatro clases: las virtudes teóricas, las virtudes deliberativas, las virtudes morales y las artes prácticas»[66]. Y las primeras no son otras que la filosofía propiamente dicha. De ahí que la felicidad sólo se alcanza a través de la filosofía[67].

En este pasaje de *Tahsîl* hay un detalle que merece ser destacado: se trata de que no hace referencia al hombre individual como sujeto primero de la felicidad, sino que utiliza los términos *al-umam wa-ahl al-madan*, las naciones y los habitantes de las ciudades. Y es que al-Fârâbî, fiel tanto a la comunidad en que vive, la *Umma*, como a la tradición platónica y aristotélica, piensa que la felicidad o perfección suprema y última del hombre no es cosa del individuo aislado y solitario, sino que sólo puede ser alcanzada en una sociedad, con la ayuda de alguien que le conduzca y encamine hacia ella: «En razón de lo que se ha dicho acerca de la diferencia existente en las disposiciones naturales de los hombres individuales, no todo hombre puede conocer por sí mismo la felicidad, ni aquellas cosas que debe hacer, sino que para ello precisa de un maestro y de un guía»[68]. Y, siguiendo a Platón, afirma que este maestro o guía no es otro que el filósofo, que, en cuanto tal, ha de convertirse en el gobernante de la ciudad perfecta o virtuosa, única en la que el hombre puede alcanzar la que es verdaderamente felicidad.

Para al-Fârâbî es el filósofo-gobernante[69] el que ha de poseer de manera perfecta la ciencia política, porque es ella la única por la que se puede adquirir esta felicidad: «La ciencia política se ocupa primariamente de la felicidad... También se ocupa de las acciones, modos de vivir, cualidades morales, costumbres y hábi-

66. *Tahsîl*, p. 2. Mahdi (1969: 13).
67. *Tanbîh*, p. 21; trad. latina, p. 45.
68. *Siyâsa*, p. 78.
69. Cf. Daiber (1986a).

tos voluntarios», señala en *Milla*[70]. Y todavía en *Tahsîl* leemos: «La ciencia política consiste en el conocimiento de las cosas por medio de las cuales los habitantes de las ciudades alcanzan la felicidad a través de la asociación política»[71]. La Política, en consecuencia, se convierte en una ciencia necesaria para el fin al que tiende todo hombre: alcanzar la felicidad. Por mediación de ella, el filósofo-gobernante ha de fundar la ciudad virtuosa, perfecta, ideal (*al-madîna al-fâdila*), en la que los ciudadanos puedan encontrar las mejores condiciones posibles para que cada uno de ellos, en la medida de sus capacidades, obtenga su perfección última. Ese Estado, entonces, ha de regirse por las leyes y normas que disponga el filósofo, en virtud de los conocimientos teóricos que posee: el saber sobre los primeros principios de los seres y del universo, porque hay una perfecta correspondencia entre universo y ciudad, entre las partes de aquél, ordenadas y regidas por el Divino Creador, y las partes de ésta, ordenadas y regidas por el filósofo-gobernante[72].

Surge así la exigencia de que el filósofo adquiera un completo conocimiento del universo y de su Creador, con el fin de que su actividad —la aplicación de su saber político— pueda ser una imitación de las acciones de Dios, que es el fin supremo de toda filosofía, en máxima que al-Fârâbî toma del *Teeteto* platónico[73]. Porque, en efecto, de la misma manera que Dios, como Intelecto o Razón Primera y Suprema, es creador y organizador del universo, así el filósofo ha de ser, en virtud de su propia razón —lo divino que hay en el hombre—, principio de orden y organización del nuevo Estado, como manifiesta claramente en los siguientes textos: «El fin al que se tiende al estudiar la filosofía es conocer al Creador Altísimo: que es Uno, Inmóvil, Causa eficiente de todas las cosas y Organizador de este mundo por su bondad, su sabiduría y su justicia. Las acciones que debe realizar el filósofo han de consistir en imitar al Creador en la medida de lo posible al hombre»[74]. «Por su conocimiento teórico le será

70. *Milla*, pp. 52-53.
71. *Tahsîl*, p. 16.
72. Cf. *Milla*, p. 65.
73. Cf. Berman (1961).
74. Fârâbî (1890: 52). Ramón Guerrero (1984: 12).

evidente al filósofo que la asociación política y la totalidad que resulta de la asociación de los ciudadanos en las ciudades corresponde a la asociación de los cuerpos que constituyen la totalidad del universo... Por ello, la ciudad ha de incluir aquellas mismas cosas que están presentes en el universo entero»[75]. «En resumen, <la ciencia política muestra> que <el filósofo> debe imitar a Dios y seguir las huellas de la dirección del que rige el universo cuando da a las diferentes clases de seres los dones naturales, naturaleza y disposiciones propias que les ha establecido y en las que se asientan... <El filósofo> ha de establecer en las ciudades y naciones cosas similares a éstas, pertenecientes a las artes, disposiciones y hábitos voluntarios, a fin de que se realicen completamente los bienes voluntarios en cada una de las ciudades y naciones según su grado y merecimiento, para que por razón de ello las comunidades de las naciones y ciudades lleguen a la felicidad en esta vida y en la vida futura. Por razón de esto se sigue necesariamente también que el gobernante primero de la ciudad virtuosa ha de conocer la filosofía teórica de manera completa, porque sólo desde ella puede ocuparse de aquella organización que Dios Altísimo ha establecido en el universo, de manera que pueda imitarlo»[76].

El conocimiento es necesario al filósofo para poder aplicar su saber político, por el que se consigue la felicidad. Y como la mayoría de los hombres se muestran incapaces de alcanzarla por sí mismos, el gobierno de la filosofía en el nuevo Estado es la única garantía para ello. De esta manera, al-Fârâbî establecía cómo el Estado en el que pensaba —trasunto fiel de la República platónica— ha de regirse por las normas que proceden de la razón, en virtud, como ya he afirmado, del conocimiento que el filósofo adquiere, a través de su facultad intelectual, del universo entero. Cualquier otra comunidad que no esté gobernada por esas leyes racionales será un Estado imperfecto.

Abû Nasr al-Fârâbî proponía, de este modo, la total integración de la filosofía griega en el mundo islámico en que vivía, con la pretensión, quizás, de proponer una reforma del Estado real

75. *Tahsîl*, p. 19.
76. *Milla*, pp. 65-66.

de su época. Es cierto, como ha señalado Ch. Genequand[77], que la concepción farabiana está en las antípodas del realismo político del islam y que no hay en ella elementos para una reforma concreta del califato. Pero no puedo estar de acuerdo con su afirmación de que carece de relación directa con las realidades de su tiempo y de que no es más que un eco nostálgico. La difícil situación por la que atravesaba ya el imperio islámico exigía una reflexión teórica sobre su propia realidad. Al-Fârâbî encontró una posible solución en el pensamiento griego, que él supo adecuar perfectamente a la realidad islámica, identificando al filósofo-gobernante de Platón con el Profeta y sugiriendo que la sociedad, como he dicho antes, se rigiera por leyes racionales y no por las vigentes en el Estado islámico: las fundadas en la tradición de una revelación. Quizá explique esto el porqué de su utilización de la política platónica y no de la aristotélica. Recordemos que Platón había manifestado lo siguiente: «Me vi obligado a declarar, en honor de la verdadera filosofía, que sólo desde ella es posible reconocer lo justo en el terreno político y en el privado, y que el género humano no cesará en sus males antes de que la raza de los que son verdadera y rectamente filósofos llegue a las magistraturas públicas, o bien los que ejercen el poder en las ciudades lleguen a ser verdaderamente filósofos»[78].

Pero, para que tal idea pudiera ser aceptable a ojos de sus conciudadanos musulmanes, era menester que se mostrara que la filosofía podía también ser capaz de proporcionar las mismas respuestas a aquellas cuestiones que la religión islámica respondía satisfactoriamente para ellos. De aquí que al-Fârâbî hubiera de entregarse a la tarea de hacer ver la coincidencia de religión y filosofía como caminos convergentes y no divergentes. ¿Por qué, si no, habla al-Fârâbî de la necesidad de la religión en la sociedad? ¿Por qué se ve obligado a proporcionar una justificación racional del mundo de la profecía? ¿No será porque él necesitaba evitar las susceptibilidades que pudiera originar en la comunidad musulmana su propuesta de reforma radical del Estado? Sin rechazar la comunidad en que vivía, al-Fârâbî proyectaba un nuevo mode-

77. Genequand (1984: 38).
78. *Carta VII*, 326 a-b.

lo de Estado, cuya realización actual debió de creer posible —al igual que Platón en Siracusa— en la corte del príncipe hamdaní Sayf al-Dawla. Como ya dije antes, su planteamiento utópico no significa desconocimiento ni desinterés por la realidad histórica que vivió.

## 3. LAS OBRAS TRADUCIDAS

Tres son las obras farabianas cuya traducción española ofrezco a continuación. Las tres pertenecen al grupo de escritos que podríamos llamar «obras filosófico-políticas», en las que el problema central que al-Fârâbî debate es el de la asociación política y el de la mejor forma de comunidad. Bajo la inspiración platónica a que ya he aludido, pero tomando muchos elementos aristotélicos, el filósofo árabe establece que el fin del hombre es la vida virtuosa o feliz, y que esto sólo puede alcanzarlo bajo un gobernante que sea capaz de proporcionar a los ciudadanos todo cuanto precisan para lograr esa felicidad. Hay en estas obras, además, una elaborada estructura filosófico-teórica, que constituye, como ya he dicho, el mundo de conocimientos necesario para alcanzar aquel fin.

Los tres escritos que traduzco reflejan perfectamente cuanto he puesto de manifiesto sobre el pensamiento farabiano, además de proporcionar una exposición completa de su concepción filosófica. La importancia de estas obras filosófico-políticas de al-Fârâbî ya fue puesta de relieve por R. Arnaldez al señalar que para los ojos miopes de los historiadores de la filosofía el sistema de Abû Nasr parece estar compuesto sólo de piezas y trozos, no viendo en él la personalidad de un auténtico pensador al no atender a su aspecto más importante: su doctrina política, que constituye el centro privilegiado desde el que estudiar la unidad original de su pensamiento filosófico[79].

Por todo esto, me parece oportuno comenzar a estudiar a nuestro autor tomando como punto de partida aquellas obras políticas que nos permiten adentrarnos en su sistema filosófico. Y las tres cuya versión presento tienen en común esto: abordan el

79. Arnaldez (1951: 157).

pensamiento filosófico desde la perspectiva política, completándose mutuamente. De ahí el interés que ofrece la lectura conjunta de las tres. Porque, proporcionándonos la primera de ellas el esqueleto o armazón en que se articula el pensamiento farabiano, las otras vienen a llenar, a completar, a aclarar o a hacer más explícito lo expuesto en *Siyâsa*, facilitándonos así la comprensión de ésta y de *Madîna*. Veamos un ejemplo de esto.

Acabo de indicar que el habitante de la ciudad virtuosa está obligado a adquirir unos conocimientos, bajo la dirección del gobernante-filósofo, para poder alcanzar la felicidad, el fin último al que todo hombre aspira. Ésta es la enseñanza que al-Fârâbî expone tanto en *Madîna* como en *Siyâsa*. Las razones de esta exigencia no parecen estar claras en estas dos obras. Pues bien, los fundamentos de ese requerimiento están explicitados en *Fusûl*, allí donde dice lo siguiente: «Las partes de la ciudad y los grados de sus partes están unidos y vinculados unos con otros por la amistad[80], mientras que permanecen sujetos y protegidos por la justicia y los actos de justicia. La amistad puede ser natural, como el amor de los padres por los hijos, y puede ser voluntaria, en tanto que su inicio sean cosas voluntarias a las que sigue la amistad. La voluntaria es triple: por participar en la [misma] virtud, por razón de interés y por razón de placer. La justicia es la que sigue a la amistad. En esta ciudad virtuosa la amistad se da primeramente por participar en la [misma] virtud, y esto se adquiere por participar en las opiniones y en las acciones. Las opiniones que deben ser compartidas son tres: sobre el comienzo, sobre el final y sobre lo que media entre ellos. La conformidad de opinión respecto del comienzo consiste en la conformidad de sus opiniones sobre Dios Altísimo, los seres espirituales, los hombres piadosos que fueron el modelo, sobre cómo comenzó el universo y sus partes, sobre cómo llegó a ser el hombre, los grados de las partes del universo y la relación de unas con otras, su situación respecto de Dios Altísimo y respecto de los seres espirituales, y luego la situación del hombre respecto de Dios y de los seres espirituales. Éste es el comienzo. El final es la felicidad. Lo que media entre ellos son las

80. Sobre mi traducción de *mahabba* por «amistad» en lugar de «amor», véase la nota 95 correspondiente en la traducción de *Fusûl*.

acciones por las que se obtiene la felicidad. Si las opiniones de los ciudadanos coinciden en estas cosas y luego se perfecciona esto por las acciones con que mutuamente se obtiene la felicidad, entonces de esto se sigue necesariamente la amistad mutua. Y, puesto que ellos son vecinos en una sola morada y necesitan unos de otros y unos prestan beneficio a otros, entonces también de esto se sigue la amistad que es por razón de interés. Luego, por razón de participar ellos en las [mismas] virtudes y porque unos prestan beneficio a otros y unos producen placer a otros, se sigue de eso también la amistad que es por razón del placer. Por este motivo se unen y se ponen en relación mutua»[81].

A primera vista podría parecer que era exigencia demasiado desorbitada el requerir un conocimiento filosófico a los ciudadanos. En este texto que acabo de citar, sin embargo, la necesidad de esos conocimientos se pone de manifiesto: se precisan para alcanzar la mutua amistad, porque sólo de este amor puede surgir la verdadera ayuda y colaboración entre los habitantes de la ciudad para obtener el fin al que todos tienden. Y un texto muy semejante hallamos al final de *Milla*.

## *La* Política

Conocida ya en castellano su más famosa obra, las *Opiniones de los habitantes de la ciudad virtuosa*[82], le sigue en importancia la intitulada *Kitâb al siyâsa al-madaniyya*, que podría traducirse como *Libro del gobierno político*, o más brevemente por *Política*, puesto que los términos *siyâsa al-madaniyya* corresponden al griego *Politeia*[83], entendida no como ciencia, sino como «arte o actividad de gobernar un país», tal como la define en el *Kitâb al-milla*[84], esto es, como «régimen político» o «sistema de

81. *Fusûl*, pp. 70-71, § 61.

82. Aunque la versión de Alonso, que tituló *La ciudad ideal*, es correcta, sin embargo está realizada sobre una edición egipcia aparecida en El Cairo en 1906. De ahí que la obra sea merecedora de una nueva traducción a la luz de la excelente edición realizada por R. Walzer, publicada póstumamente en 1985.

83. Cf. Dieterici y Brönnle (1904), *Einleitung*, p. xxvii. Cf. también Rosenthal (1967: 77).

84. *Milla*, p. 54:14-15.

gobierno», según ya he dicho al principio. Se trata de una obra que ofrece muchos paralelos con *Madîna*, hasta el punto de que se podría suponer que *Madîna* y *Siyâsa* fueran dos redacciones diferentes de un mismo escrito. Porque, como *Madîna*, la obra que aquí traduzco es un escrito en que su autor trata de subrayar las implicaciones sociales y políticas del modo de vida filosófico griego, como ha manifestado Walzer[85], tratando de convencer a sus lectores de que la filosofía puede modificar la vida del individuo en tanto que musulmán, así como la estructura de la *dâr al-Islâm*, para lo cual al-Fârâbî tiene que ocuparse de cuestiones de física, biología, psicología, cosmología, metafísica y ética. Sin embargo, hay también entre las dos obras numerosas diferencias no accidentales, como señala el editor árabe F. M. Najjar en la introducción árabe[86].

Según Ibn Abî Usaybi'a[87], *Siyâsa* es conocida también por otro título: *Mabâdi' al-mawŷûdât*, esto es, *Los principios de los seres*, epígrafe por el que, además de Averroes, la menciona Maimónides en su carta a Samuel b. Tibbon en un célebre texto[88]. La explicación de esta otra denominación puede encontrarse en las siguientes palabras de Sâ'id al-Andalusî: «Después de esto tiene dos libros incomparables sobre metafísica (*al-'ilm al-ilâhî*) y sobre política (*al-'ilm al-madanî*): uno es el conocido por *al-Siyâsa al-madaniyya* y el otro es el conocido por *al-Sîra al-fâdila*[89]; en ellos

85. En su comentario a *Madîna*, p. 381.

86. *Siyâsa*, p. 13.

87. Ibn Abî Usaybi'a (1299/1882, II: 139:14). Este nuevo título, como apunta Druart (1987: 38), recuerda el comienzo de *Metafísica*, VI, 1, 1025b 3: «Buscamos los principios y las causas de los seres».

88. Dio a conocer este pasaje de la carta de Maimónides en que se cita este título Munk (1988: 344). El texto en Maimónides (1988: 122). El mismo Munk señala en la nota 2 de la p. 344 que la obra de al-Fârâbî se conserva en una versión hebrea, realizada precisamente por el hijo de Samuel, Moisés ibn Tibbon, en tres mss. de la Biblioteca Nacional de París.

89. Sin querer dilucidar a qué obra se puede referir con este título, que vendría a significar *La conducta virtuosa*, diré que unos han sostenido que es un escrito que no se ha encontrado y otros que se podría indentificar con el *Kitâb al-milla*; en este último caso hay que tener en cuenta lo que diremos más adelante, a propósito del *Kitâb al-milla* y de la mención por Ibn Tufayl de una obra con este mismo título. Por razones internas, entonces, me parece correcto

da a conocer las más importantes ideas de la metafísica, según la doctrina de Aristóteles, acerca de los seis principios espirituales y cómo de ellos proceden las substancias corpóreas, según el orden en que derivan, y cómo alcanzar la sabiduría; da a conocer también los grados del hombre y las facultades del alma; distingue entre la revelación y la filosofía; describe las clases de ciudades, la virtuosa y las no virtuosas, y muestra la necesidad para las ciudades del oficio real y de leyes proféticas»[90].

Quiere esto decir que la obra farabiana es un tratado completo de filosofía, cuyas partes más importantes son Metafísica y Política, adoptando una estructura semejante a la que presenta *Madîna*: comienza por una descripción del Ser Primero o Causa Primera del universo; continúa con una descripción del universo; sigue la descripción del hombre y del alma humana, con sus facultades, y concluye analizando la ciudad o Estado, distinguiendo la virtuosa de las no virtuosas[91]. Y ello porque para al-Fârâbî, como ya he dicho, la Metafísica tiene que ver con la Política, estando incluida aquélla dentro de ésta, porque tiene relación directa con el hombre político y con la felicidad a que aspira: esta felicidad sólo se alcanza por el conocimiento teórico del universo y por actuar de acuerdo con ese conocimiento de la estructura del universo que se ha adquirido.

Claramente está expresado esto en las dos partes de que consta el libro de al-Fârâbî: una primera que versa sobre «Los principios de los seres», metafísica por consiguiente[92], y una segunda política[93], que se emplea en describir la felicidad y las distintas clases de ciudades o Estados en que puede agruparse el hombre. Todo ello apunta a alcanzar la perfección suprema del hombre, que sólo se consigue, repito, a través de la perfección teórica.

aceptar la lectura del texto de Sâ'id que propone R. Blachère en su versión francesa, p. 109: *K. al-madîna al-fâdila*, porque esta obra sí que responde al contenido del que habla el cadí toledano.

90. Sa'id al-Andalusî (1985; 139-140; trad. francesa Blachère [1935: 109]).

91. Cf. Mahdi (1981: 18-19).

92. Una descripción bastante completa de esta primera parte se hallará en Druart (1987: 38-42).

93. De esta segunda parte existe versión inglesa de F. M. Najjar en Lerner y Mahdi (1963: 32-57).

Esta obra fue dada a conocer por vez primera, en la versión hebrea de Moisés b. Tibbon, por M. Philippowski: «Sefer hatehillôṯ hannimsâ'ôṯ», en *Sefer hâ'âsîf*, almanaque hebreo para el año 5610 (= 1849-1850), publicado en Londres, 1849, en edición muy poco conocida y de la que muy pocos han podido hacer uso, según testimonio de F. M. Najjar[94]. Después, en 1904, P. Brönnle publicó la versión alemana que F. Dieterici había realizado a partir de los dos únicos mss., defectuosos, que de ella se conocían, el del British Museum y el de Leiden, en una edición que tampoco tuvo mucha fortuna, a juzgar por el escaso número de ejemplares existente[95]. La necesidad de conocer el texto árabe fue cubierta por la Dâ'irat al-ma'ârif al-'Uṯmaniyya de Haydarabad, en la India, que en 1927 realizaba la *editio princeps* de la obra, aunque en edición muy defectuosa, de difícil lectura en muchos pasajes, lo que probablemente haya motivado que hasta la fecha no se haya publicado ninguna otra versión en lengua occidental de este importante libro farabiano.

La versión que presento aquí es, pues, la segunda en lengua occidental, y la primera realizada a partir de la cuidada edición que en 1964 nos ofrecía Fauzi Mitri Najjar tomando como base tres nuevos mss. descubiertos por M. Mahdi en 1961 en Estambul, especialmente el Fâyz Allâh, n.º 1279, el más completo y correcto de todos.

### *El* Libro de la religión

Tanto en *Siyâsa* como en *Madîna* al-Fârâbî ha definido las condiciones de la ciudad virtuosa. Ha establecido también que su gobernante ha de ser el filósofo, porque ella debe estar regida por la filosofía y por las normas que de ésta se establezcan. Pero, como ya he dicho, esto no es más que una utopía. Consciente de ello, al-Fârâbî reconoce la necesidad de la religión en esta ciudad,

94. En el prefacio inglés a su edición árabe, *Siyâsa*, p. 10. Véase una cita extraída de esta edición en Wolfson (1935: 95; reimpresión en Wolfson [1973: 276]), donde se da como lugar de edición Leipzig.

95. Dieterici y Brönnle (1904). La obra contiene, a modo de introducción, un breve estudio, realizado también por Dieterici antes de morir, sobre la naturaleza de la filosofía árabe.

porque la religión tiene su propia función que cumplir en ella: es la única garantía que tienen los ciudadanos para alcanzar la felicidad. Quizá sea ésta la razón por la que al-Fârâbî compuso esta obra, el *Kitâb al-milla*, en donde se ocupa de definir la naturaleza y características de la religión (*milla*), que por ser la propia de la ciudad virtuosa también ha de ser virtuosa: *al-milla al-fâdila*. En este nuevo escrito hallamos una descripción de los principios y de las reglas generales que subyacen a la estructura de aquellas otras dos obras.

Porque, en efecto, en *Siyâsa* y en *Madîna* al-Fârâbî ha establecido las doctrinas y las acciones por medio de las cuales se puede instituir una comunidad virtuosa; es decir, establece en ellas el modelo que ha de seguir quien se constituya en «gobernante primero» de una ciudad virtuosa, definiendo detalladamente la mejor de ellas en sus contenidos doctrinales y actos de culto. En cambio, en *Milla* presenta y expone los principios que deben conocer el legislador de la ciudad virtuosa y sus sucesores para establecerla, es decir, da a conocer una especie de teoría filosófica de la religión virtuosa en general. Pero, entiéndase bien que, cuando al-Fârâbî habla aquí de «religión», no se está refiriendo a la religión individual, aquella que responde al sentimiento más íntimo, profundo y personal de muchos individuos humanos, sino a la religión como comunidad. Por eso la define al comienzo de la obra como una especie de sistema de doctrinas, ideas y creencias por las que se rige una ciudad o nación, acompañado de un conjunto de prácticas de tipo cultual.

Dos partes bien diferenciadas se pueden descubrir en la obra. La primera versa sobre la *milla* y su relación con la filosofía, determinando qué es la *milla*, quién es y qué características ha de tener el «gobernante primero» (*al-ra'îs al-awwal*) y sus sucesores, y cómo ella y éstos necesitan del Derecho (*Fiqh*) y de la Teología (*Kalâm*)[96] como dos artes por medio de las que se pueden deducir y extraer decretos, normas y leyes que el gobernante primero no determinó; señala, además, cómo esta «religión virtuosa» se asemeja a la filosofía: ambas constan de parte teórica y de parte práctica, pudiendo sólo el hombre ejercitar esta parte si antes ha

96. Cf. Mahdi (1975: 137-140).

desarrollado aquélla. Y la religión se asemeja a la filosofía porque es la única posibilidad que tienen los habitantes para adquirir las doctrinas y opiniones que constituyen el sistema filosófico de la verdad, por medio de manifestaciones retóricas y poéticas, que son «representaciones de la verdad», al ser inaccesibles a ellos los argumentos demostrativos, como antes puse de manifiesto.

La segunda parte se ocupa ampliamente de la Ciencia Política, que es parte de la filosofía[97], dando a conocer qué ha de estudiar esta ciencia —las doctrinas u opiniones que han de conocer los habitantes de la ciudad o religión virtuosa— y explicando todo esto de una manera muy general.

La obra representa, entonces, en palabras de Erwin I. J. Rosenthal[98], el continuo proceso de adaptación entre la religión revelada y la soberana razón humana, entre aquella comunidad religiosa basada en una doctrina inspirada por Dios y codificada en una ley, la *šarî'a*, y la que ha de fundarse en las normas dimanadas de la razón. Un proceso que tiene como base, por una parte, el conocimiento que ha de poseer el gobernante para desempeñar el «oficio o arte real», aquel que se adquiere por medio de la Ciencia Política (*al-'ilm al-madanî*), puesto que el buen gobierno sólo podrá tener lugar por el perfecto conocimiento de aquellas acciones y disposiciones que llevan a obtener la felicidad[99]; y, por otra, la propia experiencia política, tal como sucede en el caso de la medicina, que no basta el conocimiento del arte o ciencia para ser un buen médico, sino que se precisa de la experiencia que obtiene el médico al dedicarse largo tiempo a la curación de los enfermos: «Pero, para realizar aquellas acciones, no le basta con tener en profundidad el conocimiento de las cosas universales y la capacidad de conocerlas, sino que además ha de disponer de otra capacidad, adquirida por la larga experiencia y la observación, por la que pueda determinar las acciones respecto a su cantidad, a su cualidad, a su momento y a las restantes cosas por las que se pueden determinar las acciones, e imponer reglas propias,

97. Un penetrante análisis de la relación entre Ciencia Política y Filosofía, tal como la plantea al-Fârâbî en ésta y en otras obras, se hallará en Mahdi (1975).

98. Rosenthal (1974: 65).

99. Cf. Brewster (1973-1974: 25-26).

sea atendiendo a cada ciudad, a cada nación o a cada individuo, o sea atendiendo a una situación que se presenta momentáneamente o a lo que puede suceder en cada momento. Pues las acciones del oficio real sólo se dan en las ciudades particulares, es decir, en esta o en aquella ciudad, en esta o en aquella nación, en este o en aquel hombre. La facultad por la que el hombre puede descubrir las condiciones por las que él determina las acciones, atendiendo a lo que observa en cada comunidad, ciudad, grupo o individuo y atendiendo a cada suceso que tiene lugar en una ciudad, nación o individuo, es llamada por los antiguos 'prudencia'. Esta facultad no se adquiere por el conocimiento de las generalidades de la ciencia ni por el cumplimiento de todas ellas, sino por una larga experiencia en los individuos»[100]. Así, tres cosas exige el perfecto cumplimiento de la tarea del arte u oficio real: conocimiento de las generalidades de la ciencia política, conocimiento de la filosofía teórica y la prudencia, que surge de la experiencia.

Esta obra no debe confundirse —a pesar de que, como señala su editor M. Mahdi en la introducción árabe[101], los autores modernos se empeñan en darle ese título— con aquella que Ibn Tufayl denomina *Kitâb al-milla al-fâdila* en el prólogo de su *Hayy b. Yaqzân*, porque expresamente afirma el andalusí que al-Fârâbî sostenía en la obra así intitulada que las almas perversas perviven eternamente después de la muerte con sufrimientos eternos[102], afirmación que desde luego no se encuentra en el escrito hoy conocido, al menos tal como se nos ha conservado. En cambio, sí habla en *Madîna* y en *Siyâsa* del destino de estas almas[103].

M. Mahdi realizó su edición tomando como base el ms. Cod. Or. 1002 de Leiden, fols. 51v-60v, único en que se halla completa la obra, y tras colacionarlo con el extracto —aunque conserva el texto en su casi totalidad— contenido en el ms. Ajlaq 290 de la Taymûriyya de la Dâr al-kutub egipcia. De esta obra se ha publicado una versión francesa por D. Mallet[104]. La traducción está

100. *Milla*, pp. 58-59.
101. *Milla*, p. 13.
102. Ibn Tufayl (1948: 53).
103. *Madîna*, pp. 268-272; Alonso (1985: 105-107). *Siyâsa*, p. 83.
104. Mallet (1989). En esta obra se traducen al francés *Concordia entre las opiniones del divino Platón y Aristóteles* y *Libro de la religión*.

elaborada a partir de la edición de Mahdi, de la que he suprimido la división en parágrafos, proponiendo otra más acorde, según me parece, con el sentido del texto y con las dos grandes partes en que éste se divide.

*Los* Artículos de la <Ciencia> Política

Como tercera obra, ésta no es más que una colección de «artículos» (*fusûl*) en los que se exponen con más o menos detalle aquellas doctrinas, ideas o conocimientos en general de los que ha de ocuparse la Ciencia Política según lo que al-Fârâbî ha declarado en el *Kitâb al-milla*. Porque, como aquí podemos leer, la Ciencia Política se ocupa de la felicidad; se ocupa de los actos, cualidades, hábitos voluntarios, costumbres, por los que se alcanza la felicidad; se ocupa de establecer estos actos, cualidades y costumbres en las ciudades y naciones; se ocupa del gobernante primero y de sus sucesores, así como de las cualidades que todos ellos han de poseer; es decir, versa sobre todo aquello que Aristóteles incluyó en los libros de Ética y de Política. Pero, para al-Fârâbî, la Ciencia Política también se ocupa, como ya he dicho anteriormente, de los grados de los seres que hay en el universo. El pasaje más claro en donde realiza tal afirmación se halla en el *Tahsîl*, donde se puede leer el siguiente texto que no deja lugar a dudas sobre el objeto de la Ciencia Política: «Por eso se llama animal social y animal político. De aquí procede otra ciencia y otra teoría que estudia estos principios intelectuales, las acciones y los hábitos por los que el hombre se aplica hacia esta perfección. De aquí procede la ciencia humana y la ciencia política (*al-'ilm al-madanî*): ella comienza considerando los seres metafísicos[105], siguiendo el mismo método que sigue con los físicos»[106]. Se trata, como ya he dicho antes, de la gran vinculación que hay en al-Fârâbî entre metafísica y política.

Pues bien, todas estas cuestiones las encontramos esbozadas, explicitadas, detalladas o simplemente aludidas en los *Fusûl*. Porque, en efecto, hallamos ideas sobre la definición de la felicidad,

105. Literalmente dice: «los seres existentes que están después de los físicos».

106. *Tahsîl*, 14:14-18. Mahdi (1969: 23).

sus objetivos, las características de las ciudades virtuosas y no virtuosas, sus gobernantes, las distintas clases de virtudes, la composición del hombre, el hombre como ser social, junto a ideas sobre el ser, las categorías metafísicas, la Causa Primera, la estructura metafísica del universo, etc. Y todo ello en una mezcla que carece de orden y de organización, lo que explica el título más exacto de la obra, aquel con el que F. Najjar lo ha editado: *Fusûl muntaza'a* («Artículos extractados»). Por supuesto, según el mismo al-Fârâbî, la fuente originaria de la que se extractan estos artículos o apartados son los libros de los antiguos filósofos, como leemos en el *incipit* de la obra. Veamos con más detalle este aspecto referente al título.

La *editio princeps*, realizada por D. M. Dunlop en 1961, presentaba el siguiente encabezamiento: *Fusûl al-madanî (Aphorisms of the Statesman)*. El editor escogía el título que se encuentra en uno solo de los diversos mss. que contienen la obra, el de la Bodleiana de Oxford, Or. 307, fols. 91v-109r, lo que le facilitó traducirlo al inglés como *Aforismos del hombre de Estado*. Sin embargo, como el mismo Dunlop señala en nota a su edición (p. 9) dicho epígrafe no es el que se encuentra en otros mss., ni tampoco en las listas de obras de al-Fârâbî. F. M. Najjar, en su nueva edición —que incluye cien *fusûl* en lugar de los noventa y cinco de la edición de Dunlop—, elige el título de *Fusûl muntaza'ah (Selected Aphorisms)*, «a falta de pruebas más concretas sobre el título y a la espera de que nuevas fuentes permitan determinar su verdadero título» (p. 13 de la introducción árabe). ¿Con cuál de los dos nos quedamos?

Al describir Ibn Abi Usaybi'a la lista de obras de al-Fârâbî, tras citar el *Kitâb al-madîna al-fâdila* dice lo siguiente: «Comenzó a componer este libro en Bagdad y lo llevó a Siria a fines del año 330; en Damasco lo terminó de redactar en el año 331. Luego, después de haberlo compuesto, revisó la copia y anotó en ella los capítulos (*al-abwâb*). Más tarde, alguien le pidió que lo dispusiera en secciones (*fusûl*) que indicaran la división de sus ideas principales. Redactó estas secciones en Egipto en el año 337 y son seis las secciones»[107]. Citando este mismo pasaje, Dunlop se pregunta

107. Ibn Abî Usaybi'a (1299/1882, II: 138-139). Véase Ramón Guerrero (1987a: 9-11).

si estos *Fusûl* de los que habla Usaybi'a constituyen la obra que él edita y traduce y, aunque inicialmente establece la afirmativa, después reconoce la dificultad planteada por el número de *fusûl* de los que habla el bibliógrafo árabe, seis, mientras que él edita exactamente noventa y cinco. Y aunque los *abwâb* de los que habla Usaybi'a eran conocidos desde la edición príncipe del *Kitâb al-madîna* en 1895 por Dieterici, puesto que ya los incluyó allí —no así la bastante posterior traducción española de Alonso—, sin embargo los *fusûl* que menciona no han sido conocidos hasta que en 1968 M. Mahdi los editaba junto con el texto de *Kitâb al-milla*, a partir del único ms. conocido en que se conservan, el de la colección Kiliç Ali Pasha, n.° 684, fols. 1v-6r, de la Biblioteca Sulaymaniyya de Estambul[108]. Y estos *Fusûl* no son sino un resumen del contenido de *Madîna*, dividido este libro en seis secciones o apartados, que indican los seis grandes temas sobre los que versa *Madîna*: el Ser Primero y Causa Primera; los seres inmateriales del mundo supralunar, que emanan del Primero; la relación de los cuerpos celestes con los cuerpos materiales y de cómo su organización remonta hasta el Ser Primero; el hombre como ser individual; el hombre como ser social, cuya perfección y felicidad sólo logra en la ciudad virtuosa; y, en fin, las ciudades opuestas a la ciudad virtuosa y las opiniones o doctrinas de que proceden ellas.

Dentro de las secciones primera y cuarta, al-Fârâbî alude a unos «añadidos» o «adiciones» (*ziyâdât*), en donde expondrá asuntos que han de completar lo manifestado en *Madîna*. Nada sabemos de estos *ziyâdât*, pero Mahdi[109] observa que probablemente con este término se esté refiriendo a los *Fusûl muntaza'a*. Es cierto que el uso de un término común a ambos escritos, *fusûl*, podría sugerirnos que los *Fusûl muntaza'a* no son sino «secciones» *añadidas* a las otras seis. Pero no me parece correcta esta suposición por doble motivo. Primero, porque las «seis» secciones del escrito mencionado por Usaybi'a constituyen un todo completo, al abarcar el contenido íntegro de *Madîna*[110], no necesitando de

108. Trad. castellana en Ramón Guerrero (1987a: 19-26).
109. *Milla*, introducción árabe, pp. 30-31.
110. De hecho, la edición de *Madîna* que uso, la de Walzer, ya distribuye la obra en las seis secciones y en los diecinueve capítulos de al-Fârâbî, no en los

más «adiciones». Segundo, porque nada se encuentra en *Fusûl muntaza'a* que sea una «adición» a aquello que manifiesta en los seis *fusûl* dejar para después. Al contrario, lo que en la obra hallamos son descripciones y exposiciones más amplias de algunos temas tratados brevemente en *Madîna* y en *Siyâsa*, esto es, muchas «cosas sueltas», «asuntos separados», «apartados», en una palabra, «artículos» —y no tanto «capítulos», lo que implicaría una cierta estructuración, organización, disposición y orden—, pertenecientes a la Ciencia Política. De aquí que yo prefiera traducir el título por *Artículos de la <Ciencia> Política*, dando predilección así al título del ms. de la Bodleiana, adoptado por Dunlop, de *Fusûl al-madanî*, y supliendo en él el término *al-'ilm*, frente al elegido por Najjar, el de *Fusûl muntaza'a*, que es la mención que se halla en Usaybi'a y en al-Qiftî, además del *incipit* —que no el título— de dos mss., el de la ciudad turca de Diyarbakir, n.º 1970, el más completo de todos y el que sirve de base para la edición de Najjar, y el de la Biblioteca Chester Beatty de Dublin, n.º 3714. Elijo, pues, el título dado por Dunlop, a falta de «pruebas más concretas», como decía Najjar. Y me baso para ello en que el íncipit de los dos mss. de Tehran habla de *'ilm al-ajlâq*, esto es, la «Ciencia de la Ética», mención que no está nada desencaminada, porque la obra farabiana está inspirada en gran parte en la *Ética a Nicómaco*, como cualquier lector avisado podrá fácilmente advertir.

Me queda aún por decir una palabra sobre la traducción inglesa que del título han dado los dos editores. Ambos, en efecto, vierten el término *fusûl* por «Aphorisms». Dunlop, y Najjar parece seguirlo, lo justifica diciendo que el mundo árabe ha tenido una tradición literaria en forma de *fusûl*, anterior y posterior a al-Fârâbî, cuyo origen está en los *Aforismos* de Hipócrates, traducidos al árabe precisamente con el título de *Fusûl*. Después escribirían *Fusûl* sobre medicina Ibn Mâsawayh (m. 857), al-Râzî (m. 925) y Maimónides (m. 1204) entre otros, aludiendo precisamente éste en sus *Fusûl* a al-Fârâbî. Es cierto que el término árabe puede tener este sentido. Pero la palabra española «aforismo» tie-

arbitrarios y sin sentido treinta y siete de la edición de Dieterici, seguidos por Alonso en su traducción española.

ne el sentido, según el diccionario de María Moliner, de «máxima que se da como guía en una ciencia o arte». Como quiera que usar tal vocablo en la traducción podría engañar al lector, pensando éste que se trata de una obra en que se contienen sentencias breves y doctrinales, máximas o apotegmas, y no siendo éste el caso, como ha de ver el mismo lector, he preferido prescindir de dicha versión y utilizar el más acorde con el originario de la raíz árabe a la que *fasl*, singular de *fusûl*, pertenece: «artículo», entendido éste como parte que divide o separa una cosa de otra. Porque lo que hallamos en la obra son partes independientes unas de otras, precisamente por ser «textos» seleccionados o extractados de obras de los antiguos.

La traducción que sigue está realizada a partir de la edición de F. Najjar, basada, como ya he dicho, en el ms. de Diyarbakir, el más completo de todas las versiones que de esta obra se han conservado. Mantengo, aquí sí, cada uno de los *fasl* en que aparece dividida la obra. De suprimirlos, carecería de sentido el título, como ya ha podido adivinar el lector.

En mis traducciones he conservado entre corchetes las páginas de las ediciones señaladas, las de Najjar, Mahdi y Najjar respectivamente, para facilitar las referencias y la búsqueda de textos. Añado al final una bibliografía lo suficientemente extensa para quien desee ampliar cuanto he expuesto en las líneas que anteceden y en las notas que acompañan a la traducción de los tres textos.

# LIBRO DE LA POLÍTICA

también llamado

# DE LOS PRINCIPIOS DE LOS SERES

cuyo título en árabe es

# KITÂB AL-SIYÂSA AL-MADANIYYA

## PARTE PRIMERA

## *DE LOS PRINCIPIOS DE LOS SERES*

### [I. *Los seis principios*]

[31] Dijo Abû Nasr:

Los principios por los que se constituyen[1] los cuerpos y sus accidentes son de seis clases; tienen seis grados máximos y cada grado corresponde a una clase. La Causa Primera está en el grado primero; las causas segundas, en el grado segundo; el intelecto agente, en el tercero; el alma, en el cuarto; la forma, en el quinto; y la materia, en el sexto[2]. Lo que está en el grado primero no puede ser múltiple, sino uno y único solamente. Lo que está en cada uno de los restantes grados es múltiple.

1. Literalmente «por los que se da la constitución o subsistencia (*qiwân*)». Sobre el sentido de *qiwâm*, cf. Goichon (1938, n.º 599: 324-325). Cf. Alonso (1957).

2. Como señala Druart (1987: 38), este abrupto comienzo sólo puede explicarse si se supone que el autor ha realizado previamente una investigación sobre estos principios. Y en efecto, la ha llevado a cabo en *Falsafat Aristûtâlîs*, p. 97:9-13, Mahdi (1969: 103), donde presenta los principios establecidos por Aristóteles: la forma y la materia, como principios del cambio; el alma, como principio del ser animado; el intelecto agente, como principio de actividad del intelecto humano; los motores inmateriales de los cuerpos celestes o intelectos segundos; y, finalmente, el primer principio, un cierto ser (*mawŷûd mâ*) que da el movimiento circular a los cuerpos celestes y cuya investigación ha de realizarse fuera del ámbito de la teoría natural (*tabî'î*). También en *Fî l-'aql*, pp. 24-36, trad. Ramón Guerrero (1981: 439-463), ofrece una explicación de estos tres últimos principios.

Tres de ellos no son cuerpos ni están en cuerpos: la Causa Primera, las causas segundas y el intelecto agente; y tres están en cuerpos, pero en sí mismos no son cuerpos: el alma, la forma y la materia[3]. Los cuerpos son de seis clases: el cuerpo celeste, el animal racional, el animal irracional, las plantas, los minerales y los cuatro elementos. El conjunto formado por estas seis clases de cuerpos constituye el universo.

[1. La Causa Primera]

El Primero es aquel del que se debe creer que es Dios y la causa próxima de la existencia[4] de las causas segundas y del intelecto agente.

[2. Las Causas segundas]

Las causas segundas son causas de la existencia de los cuerpos celestes, pues de ellas [32] proceden las substancias de estos cuerpos. De cada una de las causas segundas se sigue necesariamente la existencia de cada uno de los cuerpos celestes. La más elevada de las causas segundas es aquel grado del que se sigue la existencia del cielo primero; de la más inferior de ellas se sigue la existencia de la esfera en la que está la luna; de cada una de las intermedias entre éstas se sigue la existencia de cada una de las esferas que hay entre aquellas dos esferas. Así, el número de las causas segundas es igual al de los cuerpos celestes[5]. Las causas segundas son aque-

3. Los tres primeros principios de la enumeración farabiana son objeto de la teología aristotélica, cf. *Met.*, VI, 1, 1026a 8-32. Los tres últimos son los principios de la ciencia natural, cuya investigación se realiza en la *Física* y en el *De anima*. Al-Fârâbî, en *Ihsâ'*, pp. 87-89 árabe, pp. 63-64 trad. española, señala que la metafísica tiene también, como uno de sus objetos, la investigación de los principios de las otras ciencias.

4. Traduzco el término *wuŷûd* por «existencia», en lugar de por «entidad» como hace M. Alonso (1985: 3, n. 1) en su versión de *Madîna*, por ser el sentido más general que tiene el término árabe. También Walzer en *Madîna* lo traduce por «existencia», *passim*. Cf. Goichon (1937: 16-17); Goichon (1938, n.º 748: 418-419). También Anawati (1979) y Shehadi (1982: 47-51).

5. Aunque aquí no establece el número de causas segundas y esferas celestes, sabemos por *Madîna*, pp. 100-105 (Alonso [1985: 28-30]), que ese número

llas de las que debe decirse que son los «seres espirituales», los «ángeles» y otros términos semejantes[6].

[3. El intelecto agente]

La función propia del intelecto agente es ocuparse del animal racional y procurar que alcance el más elevado grado de perfección que le cabe lograr al hombre: la felicidad suprema; es decir, hacer que el hombre llegue al grado del intelecto agente. Esto se realiza cuando se separa de los cuerpos y entonces no necesita para subsistir nada de lo que está bajo él, como cuerpo, materia o un accidente cualquiera, y cuando permanece siempre en esa perfección. La esencia del intelecto agente es una, aunque su grado contiene también aquellos animales racionales que se han purificado y han conseguido la felicidad. El intelecto agente es aquel del que debe decirse que es el «Espíritu Fiel», el «Espíritu Santo» y otros nombres semejantes; a su rango se le llama «Reino» y otros nombres como éste[7].

es de nueve, incluyendo aquí, entre las causas segundas, al intelecto agente, considerado como el décimo ser inmaterial supralunar. Si en *Siyâsa* lo estudia como principio aparte es por la necesidad que el intelecto agente tiene de los cuerpos celestes para realizar su operación propia, cf. Druart (1987: 40). Los nueve cuerpos celestes son: la esfera del primer cielo, la de las estrellas fijas, la de Saturno, la de Júpiter, la de Marte, la del Sol, la de Venus, la de Mercurio y la de la Luna. Cf. comentario de Walzer en *Madîna*, pp. 364-365. Sobre el sistema astronómico adoptado por los filósofos árabes, que es el que subyace en esta concepción farabiana, cf. Nallino (1944) y Rosenthal (1956).

6. Llamadas más usualmente «intelectos». La equivalencia entre estas causas segundas y los seres espirituales y ángeles de la tradición islámica parece confirmar la manera en que al-Fârâbî comprende los términos religiosos como símbolos de la verdad filosófica, según apunta Walzer en su comentario a *Madîna*, p. 363. Cf. también Gardet (1967: 178-179). Por otra parte, como los musulmanes tradujeron por «ángeles» el término griego de «dioses», todas las veces que en los textos se mencionaba a éstos, cf. Walzer (1962: 166-167), al-Fârâbî transforma la escala de seres divinos de la metafísica griega en los ángeles coránicos, como luego harán los teólogos cristianos continuando una tradición iniciada por Filón de Alejandría, quien ya había identificado las *ideai* platónicas y los *lógoi* estoicos con los ángeles. Cf. dentro de esta tradición a Dante: *Conv*. II, 5, donde dice: «Por lo cual es razonable creer que los motores del cielo de la Luna sean del orden de los ángeles...». Sobre la angelología musulmana, cf. Corbin (1954: 53-143).

7. De nuevo encontramos aquí la aplicación de términos religiosos a conceptos filosóficos. Al hablar de Espíritu Santo, no se trata, como es evidente,

## [4. Las almas]

Los principios que están en el grado del alma son múltiples. Unos son las almas de los cuerpos celestes; otros, las almas del animal racional; otros, las almas de los animales irracionales. Las que son propias del animal racional son la facultad racional, la apetitiva, la imaginativa y la sensible.

La facultad racional es aquella [33] por la que el hombre adquiere las ciencias y las artes, distingue los hábitos y acciones buenos de los malos, reflexiona sobre lo que se debe hacer o no hacer, y además percibe lo útil, lo nocivo, lo agradable y lo dañino. Esta facultad es teórica y práctica[8].

La práctica puede ser o técnica[9] o reflexiva. La teórica es aquella por la que el hombre adquiere el conocimiento de todo aquello cuya naturaleza no consiste en ser hecho por el hombre. La práctica es aquella por la que conoce todo aquello cuya naturaleza consiste en ser hecho por el hombre voluntariamente[10]; la

de la doctrina cristiana referente a la Trinidad, sino de un equivalente islámico del término *'aql*, «intelecto». La denominación de Espíritu Fiel (*al-rûh al-amîn*) se encuentra en *Corán* XXVI, 193, mientras que la de Espíritu Santo (*rûh al-qudus*) aparece varias veces en el mismo libro sagrado: II, 81/87; II, 254/253; V, 109/110; XVI, 104/102. Como señala J. Vernet en nota a su traducción del texto coránico, los comentaristas de éste identifican estos nombres con el ángel de la Revelación, Gabriel. Por otra parte, el nombre de «Reino» (*malakût*) se encuentra en VI, 75 y VI, 184/185, aplicado al reino de los cielos y de la tierra. De aquí que, como dice Walzer en *Madîna*, p. 406, para al-Fârâbî conocer el verdadero significado del intelecto agente es esencial para una adecuada comprensión de uno de los principios fundamentales del islam, el principio de la transmisión de la verdad eterna a la humanidad a través de un profeta, legislador y filósofo, términos todos ellos sinónimos para nuestro filósofo, según se lee en *Tahsîl*, 42:11-43:4-18 Mahdi (1969: 46-47). Todo este pasaje se encuentra copiado literalmente en una obra, al parecer de Averroes, cuyo original árabe no se conserva, titulada en su versión latina *Tractatus de animae beatitudinis*, ed. Venetiis apud Junctas, 1562, vol. IX, cap. 5.

8. Véase la misma divisón en *Fusûl*, p. 29, *fasl* n.º 7.

9. Traduzco por «técnica» el término *mihniyya*, refiriéndose a aquella facultad por la que se adquiere destreza o habilidad para adquirir un arte u oficio. El término *mihna* traduce algunas veces, aunque raramente, el griego *techné*. En al-Fârâbî lo encontramos en *Falsafat Aflâtûn*, p. 13:8-9 (Mahdi [1969: 60]) y en *Taljîs nawâmis*, p. 39:21, cf. Walzer, comentario a *Madîna*, p. 407, n. 462.

10. Para entender esta distinción conviene leer el comienzo del capítulo IV

técnica es aquella por la que se adquieren las artes y los oficios, mientras que la reflexiva es aquella por la que se considera y medita acerca de lo que se debe hacer o no hacer en cada asunto[11].

La facultad apetitiva es aquella por la que existen las inclinaciones humanas; en virtud de ella se tiende hacia algo o se huye de ello, se desea vivamente algo o se aborrece, se prefiere algo o se rechaza; por ella hay odio y amor, amistad y enemistad, temor y seguridad, ira y satisfacción, pasión y compasión, así como las restantes afecciones del alma[12].

La facultad imaginativa es aquella que conserva las impresiones sensibles en ausencia de la sensación, y durante la vigilia y el sueño mezcla unas impresiones con otras y separa unas de otras; algunas de estas composiciones y separaciones son verdaderas y otras son falsas[13]. Además de esto percibe lo útil y lo pernicioso, lo agradable y lo dañino, pero no percibe las acciones y hábitos buenos y malos.

Lo que compete a la facultad sensible está claro: percibir los objetos sensibles por los cinco sentidos conocidos por todos[14]. También percibe lo placentero y lo doloroso, pero no distingue lo pernicioso y lo útil, ni lo hermoso y lo feo.

Hay algunos animales irracionales que poseen las tres facultades que están por debajo de la racional y en ellos la imaginativa realiza la misma función que la facultad racional en el hombre. Otros, en cambio, sólo poseen la facultad sensible y la apetitiva.

Las almas de los cuerpos celestes son diferentes de estas almas en la especie, [34] se apartan de ellas en sus substancias, por ellas se constituye la substancia[15] de los cuerpos celestes y desde ellas

de *Ihsâ'*, donde establece la diferencia entre natural y artifical: «De los cuerpos físicos unos son artificiales (*sinâ'iyya*) y otros naturales (*tabî'iyya*). Artificales son, por ejemplo, el cristal, la espada, la cama, la tela y, en general, todo aquello que existe por el arte y por voluntad (*bi-l-sinâ'a wa-bi-irâda*) del hombre; naturales son aquellos cuya existencia no se debe ni al arte ni a la voluntad del hombre» (texto árabe, p. 77; trad. castellana, p. 55).

11. Este párrafo, más desarrollado, se halla en *Fusûl*, pp. 29:5-30:2.
12. *Ibid.*, 28:15-29:5.
13. *Ibid.*, 28:12-15.
14. *Ibid.*, 28:11.
15. Traduzco así el verbo *taŷawhara*, formado sobre el substantivo *ŷawhar*,

se mueven circularmente[16]. Son más nobles, perfectas y excelentes en cuanto al ser que las almas de las especies de los animales que vemos; y esto es así porque no están absolutamente en potencia en ningún momento, sino que siempre están en acto por el hecho de que sus inteligibles no cesan de realizarse en ellas desde el principio, y porque lo que entienden lo entienden siempre. En cambio, nuestras almas están primero en potencia y luego pasan al acto; es decir, son primeramente disposiciones aptas y preparadas para entender los inteligibles y después de eso se realizan en ellas los inteligibles y entonces pasan al acto. En los cuerpos celestes no hay alma sensible ni imaginativa, sino que sólo tienen el alma que entiende, siendo por ello afines en cierta manera al alma racional[17]. Aquello que las almas celestes entienden son los

«substancia». Cf. Arnaldez (1976: 59). Sobre el sentido que en al-Fârâbî tiene *ŷawhar*, cf. Druart (1987a).

16. La teoría de las almas de los cuerpos celestes se inicia en el *Epinomis* y en las *Leyes* de Platón y de ella se ocupa también Aristóteles en sus primeros escritos. Cf. Jaeger (1946: 166-168). Posteriormente, Aristóteles también admitió que el universo entero está animado: *De coelo*, II, 2, 285a 29.

17. Interviene aquí al-Fârâbî en una polémica mantenida por la filosofía griega en su último periodo sobre si las almas de los cuerpos celestes son sensibles, imaginativas y racionales, o sólo racionales. Ya al-Kindî, influido por Proclo, había tomado partido, al reconocer sensación en los cuerpos celestes, como seres vivos que son, cf. su *Epístola sobre la prosternación del cuerpo extremo* (Al-Kindî [1950: 238-261], trad. Ramón Guerrero y Tornero [1986: 117-127]). Al-Fârâbî, más aristotélico que su predecesor, sólo reconoce el carácter intelectual del alma de las esferas. Luego Avicena seguiría con una opinión más próxima a la de al-Kindî, asignándole la facultad de la imaginación, según se lee en su *Metafísica* (Avicena [1960: 401:2-3]), donde dice: «Cada esfera celeste tiene un alma motriz que entiende el bien y que, a causa de su cuerpo, está dotada de imaginación (*tajayyul*), es decir, representaciones de las cosas particulares». Averroes vuelve a exponer la opinión farabiana, cf. Walzer (1962: 202-204). Que las almas de los cuerpos celestes sólo sean racionales implica que ellas deben ser consideradas como intelectos que están en los cuerpos celestes, independientes y diferentes de los intelectos separados o causas segundas, tal como se deduce del pasaje de *Madîna*, p. 122 (Alonso [1985: 39]), donde dice: «por tanto, la forma de cada uno de estos [cuerpos] es un intelecto en acto (*'aql bi-l-fi'l*) y por medio de él entiende la esencia del (intelecto) separado del que deriva la existencia de ese cuerpo». Es lo que al-Fârâbî dice en la frase siguiente del texto que traduzco. Y, en tanto que en ellos hay una parte que no es intelecto, sino su sujeto o substrato (*mawdû'*) o materia, no se identifican con los intelectos separados.

inteligibles mismos, y éstos son las substancias separadas de la materia. Cada una de estas almas entiende al Primero, se entiende a sí misma y entiende de las causas segundas aquello que les da su substancia.

La mayor parte de los inteligibles que entiende el hombre, pertenecientes a aquellas cosas que están en las materias, no son entendidos por las almas celestes, porque ellas son más excelsas en rango por sus substancias, estando lejos de entender los inteligibles que están bajo ellas.

El Primero entiende su esencia, aunque su esencia en cierta manera es todos los existentes: cuando entiende su esencia, entiende en cierta manera todos los existentes, porque cada uno de los restantes existentes solamente adquiere la existencia del ser del Primero. Cada una de las causas segundas entiende su propia esencia y entiende al Primero. El intelecto agente entiende al Primero, a todas las causas segundas y se entiende a sí mismo; también hace inteligibles aquellas cosas que no lo son por sí mismas.

Los inteligibles por sí son las cosas separadas de los cuerpos, cuya subsistencia no está en materia alguna; éstas son los inteligibles mismos. Las substancias de éstos solamente entienden y son entendidas: son entendidas en tanto que entienden, pues lo entendido de ellas es aquello mismo que entiende[18]. En cambio, los demás inteligibles no son así; por ejemplo, la piedra y la planta son entendidas, [35] pero lo que es entendido de ellas no es aquello mismo que entiende; aquellas cosas que son cuerpos o que están en cuerpos no son entendidas por sí mismas, pues nada de ellas en el grado de su substancia es intelecto en acto, sino que el intelecto agente es quien las convierte en inteligibles en acto y a algunas de ellas las convierte también en intelecto en acto, y las eleva desde la naturaleza que poseen respecto del ser a un grado de ser más elevado que el que les corresponde por naturaleza[19].

18. Aristóteles: *De anima*, III, 4, 430a 3-4: «Tratándose de los seres inmateriales, lo que entiende y lo entendido son idénticos».

19. Cf. *Madîna*, pp. 196-198; Alonso (1985: 68-69). *Fî l-'aql*, p. 16; Ramón Guerrero (1981: 423). Hay un substrato ontológico platónico en esta afirmación de que el ser de los inteligibles pensados es diferente de su ser en las materias, cf. Jolivet (1977: 254).

Entre ellas está la facultad racional, por la que el hombre es hombre, que no es en sí misma intelecto en acto, pues no le corresponde por naturaleza ser intelecto en acto, sino que el intelecto agente la convierte en intelecto en acto y hace que las demás cosas sean inteligibles en acto para la facultad racional. Cuando ésta se convierte en intelecto en acto, ese intelecto, que ahora ya está en acto, se asemeja también a las cosas separadas, se entiende a sí mismo como intelecto en acto y lo entendido de él se convierte en aquello mismo que entiende. Entonces es una substancia que se entiende, porque es inteligible en tanto que entiende. Y, en consecuencia, en él el inteligente, el inteligible y el intelecto son una sola y la misma cosa. Alcanza así el grado del intelecto agente y, cuando el hombre llega a este grado, su felicidad deviene perfecta[20].

La situación del intelecto agente respecto del hombre es como la situación del sol respecto de la vista. Pues, así como el sol da a la vista la luz, y la vista, por la luz que adquiere del sol, se convierte en vista en acto después de haber sido vista en potencia, —y por eso la luz hace visible al sol mismo, que es la causa de que se vea en acto, y también por la luz los colores que son visibles en potencia se convierten en visibles en acto y la vista que está en potencia se convierte en vista en acto—; así, de la misma manera, el intelecto agente da al hombre algo que se imprime en su facultad racional, y la situación de ese algo respecto del alma racional es como la situación de la luz respecto de la vista. Por ese algo el alma racional entiende [36] al intelecto agente, y por él las cosas que eran inteligibles en potencia se convierten en inteligibles en acto. Por él el hombre, que es intelecto en potencia, se convierte en intelecto en acto; alcanza la perfección al llegar a la proximidad del grado del intelecto agente, pues se convierte en intelecto mismo, después de no haberlo sido, y en inteligible mismo, después de no haberlo sido; se hace divino, después de haber sido material. Tal es la función del intelecto agente y por esto se llama intelecto agente[21].

20. Cf. *Fî l-'aql*, pp. 17-24; Ramón Guerrero (1981: 425-439). Cf. Jolivet (1977: 254-255); Lucchetta (1974: 38-50).

21. Cf. *Madîna*, pp. 200-202; Alonso (1985: 69-70). *Fî l-'aql*, pp. 24-32; Ramón Guerrero (1981: 439-455).

## [5. Forma y materia]

En toda substancia corporal la forma es como la configuración de la cama en la cama y la materia es como la madera de la cama. La forma es aquello por lo que la substancia corpórea se convierte en substancia en acto; la materia es aquello por lo que es substancia en potencia. La cama es cama en potencia en tanto que es madera, pero se convierte en cama en acto cuando su configuración se realiza en la madera. La subsistencia de la forma está en la materia, mientras que la materia es substrato que sustenta las formas. Las formas no tienen subsistencia por sí mismas, pues tienen necesidad de existir en un substrato y éste es la materia. La materia sólo existe por razón de la forma.

Como el fin primordial es sólo la existencia de las formas[22] y como ellas no tienen subsistencia si no es en un cierto substrato, la materia ha sido establecida como substrato para sustentar las formas. Por eso, cuando no existen las formas, la existencia de la materia es vana. Y en los seres naturales no hay nada en vano[23]. Por eso, la materia primera no puede existir independientemente de una cierta forma. Así, la materia es principio y causa, pero sólo a la manera de substrato para sustentar la forma; en cambio, no es agente ni fin[24], ni tiene existencia por sí sola sin una forma. Materia y forma, cada una de ellas, son llamadas [37] «naturaleza», pero, en rigor, la que merece ser llamada por este nombre es la forma. Un ejemplo de esto es la vista: ella es substancia; el cuerpo del ojo es su materia y la facultad por la que ve es su

22. En *Fis.*, II, 8, 199a 31-32, Aristóteles sostiene que la forma es un fin tal, que las demás cosas existen en orden a este fin. Al resumir el pensamiento de Aristóteles, Averroes (1983: 25:4) manifiesta que el fin primero en la generación es la forma.

23. Fórmula que Aristóteles repite con algunas variantes: *De coelo*, I, 4, 271a 33; II, 11, 219b 13. *De anima*, III, 9, 432b 21-22; 12, 434a 31. *De partibus animalium*, II, 13, 658a 8; III, 1, 661b 23; IV, 11, 691b 4; 12, 694a 15; 13, 695b 19. *De generatione animalium*, II, 4, 739b 19; 5, 741b 4; 6, 744a 36; V, 8, 788b 21. *Política*, I, 2, 1253a 9; 8, 1256b 20. La fórmula aparece también en los florilegios medievales aristotélicos, cf. Hamesse (1974: 120). Averroes (1983: 25:6), entre otros textos, pone en boca de Aristóteles esta misma frase.

24. Cf. *Fis.*, II, 7, 198a 24, donde Aristóteles dice que forma, motor y fin confluyen en una sola causa.

forma; por la conjunción de ambos la vista es vista en acto. Así ocurre en los restantes cuerpos naturales[25].

Mientras las almas no se perfeccionan y realizan sus operaciones propias, sólo son facultades y disposiciones preparadas para recibir las impresiones de las cosas. Ejemplos de ello son la vista antes de ver y antes de que se impresionen los objetos visibles en ella, la imaginación antes de que se impresionen en ella los fantasmas[26] y la facultad racional antes de que se impresionen en ella los objetos inteligibles, pues son formas. Cuando se realizan en ellas las impresiones en acto, es decir, las impresiones de los sensibles en la facultad sensible, los fantasmas en la imaginación y los inteligibles en la facultad racional, entonces las formas son diferentes, pues, aunque estas impresiones que se realizan en las disposiciones precedentes se asemejan a las formas en las materias, no pueden ser llamadas formas sino en sentido metafórico. Las más alejadas de las formas son las impresiones de los objetos inteligibles que se actualizan en la facultad racional, pues llegan a estar casi separadas de la materia y su modo de ser en la facultad racional está muy lejos del modo de existir la forma en la materia[27].

Cuando el intelecto se realiza en acto asemejándose al intelecto agente, entonces el intelecto no es forma ni cuasi-forma[28], a pesar de que la gente llama también formas a todas las substancias incorpóreas, por la homonimia del nombre, y considera que algunas formas están separadas de la materia, sin necesitarla, y exentas de ella, y que otras no están [38] separadas de la mate-

25. *Madîna*, pp. 108-109; Alonso (1985: 33-34).

26. Traduzco así el término *mutajayyalât*, como Alonso (1985: 67), mientras que Walzer (*Madîna*, p. 197) lo traduce por «representations».

27. Cf. antes, p. 35 del texto árabe, donde se habla del ser de los inteligibles pensados como distintos de su ser en las materias.

28. ¿En qué sentido dice que el intelecto no es forma ni cuasi-forma (*lâ sabîhan bi-l-sûra*)? En *Fî l-ʿaql*, p. 22 (Ramón Guerrero [1981: 435]), dice que cada intelecto es forma del que le sigue, mientras que es cuasi-materia del que le precede. En *Madîna*, p. 244 (Alonso [1985: 90]), afirma que el intelecto adquirido es materia para el intelecto agente (*al-mustafâd mâddatun li-ʿaql al-faʿʿâl*). Lucchetta (1974: 126, n. 166) avanza la hipótesis de que está aludiendo a una relación de conocimiento: el intelecto adquirido, al conocer los seres separados, los recibe como formas suyas haciendo él de sujeto cognoscitivo.

ria, aquéllas que acabamos de citar. Tal división es la del nombre homónimo.

Las formas que tienen necesidad de la materia son según diversos grados. El más inferior es el de las formas de los cuatro elementos[29]; son cuatro formas en cuatro materias, pero las cuatro materias constituyen una única y misma clase: la que es materia del fuego es la misma que puede considerarse también como materia del agua y de los otros elementos. Las restantes formas son las formas de los cuerpos que comienzan a ser[30] a partir de la mezcla y combinación de los elementos. Unas son superiores a otras: las formas de los minerales son superiores en grado a las formas de los elementos; las formas de las plantas por su prioridad[31] son superiores en grado a las formas de los minerales; las formas de las diversas clases de animales irracionales por su prioridad son superiores a las formas de las plantas; y, en fin, las formas del animal racional, que son las disposiciones naturales que tiene y por lo que es racional, son superiores a las formas de los animales irracionales[32].

La forma y la materia primera son los más imperfectos de estos principios en cuanto al ser; esto es así porque cada una de ellas tiene falta de la otra para existir y subsistir. La forma no puede subsistir a no ser en la materia y la materia por sí misma y por su naturaleza existe por razón de la forma y su ser[33] consiste en

29. *Ustuqusât* es el término que usaron los árabes para adaptar el griego *stoicheion*, designando el elemento que forma parte de los elementos compuestos, cf. Goichon (1938, n.º 15: 5-6).

30. El término árabe *hâdit*, que vierto aquí por «que comienza a ser», procede de la raíz que traduce el griego *gignesthai*.

31. Traduzco así la expresión *'alà tafâduli-hà*, puesto que *tafâdala* significa «rivalizar en mérito», «pugnar por la prioridad», mientras que el sentido fundamental de la raíz original es el de «ser excelente», «ser mejor», «ser virtuoso». Y precisamente para Aristóteles uno de los sentidos de «anterior» (*próteron*) es «lo mejor y más estimable» (*timióteron*), cf. Cat., 12, 14b 4-5. El mismo al-Fârâbî recoge este sentido cuando señala que una de las cinco maneras por las que se dice de una cosa que es anterior a otra es por excelencia (*fadl*), nobleza (*šarf*) o perfección (*kamâl*), cf. Dunlop (1955: 268); Ramón Guerrero (1986-1988: 148).

32. Cf. *Madîna*, p. 112; Alonso (1985: 35).

33. El término usado aquí es *anniyya*, que según Thillet (1971), pp. 301-302, corresponde a los griegos *ón, einai, ekeinos* y *autós*. Su sentido más general es el

sustentar la forma. Cuando las formas no existen, tampoco existe la materia, puesto que esta materia realmente no tiene forma alguna en sí misma; por esto su existir independientemente de la forma es un existir vano, y en las cosas naturales no puede existir nada en vano en modo alguno. Así, cuando no existe la materia, [39] no existe la forma, en tanto que la forma necesita de un substrato para subsistir.

Cada una de ellas tiene una imperfección y una perfección propias que no tiene la otra. Pues por la forma se da la más perfecta de las dos entidades[34] que constituyen el cuerpo, ya que por ella su ser está en acto; por la materia se da la más imperfecta de las dos entidades del cuerpo, pues por ella su ser está en potencia. La forma no existe para que la materia exista por ella, ni tampoco ha sido hecha por causa de la materia; en cambio, la materia existe por razón de la forma, es decir, para que la forma subsista por ella. Por esto la forma es más excelente que la materia. Pero la materia aventaja a la forma en el hecho de que no necesita estar en un substrato para existir, mientras que la forma sí lo precisa. Además, la materia no tiene contrario ni privación[35] que la reciba, mientras que la forma tiene privación o contrario y lo que tiene privación o contrario no puede existir siempre. Las formas se asemejan a los accidentes, puesto que las formas subsisten en un substrato y los accidentes también subsisten en un substrato; pero las formas se distinguen de los accidentes en que los substratos de los accidentes no han sido establecidos por razón de la existencia de los accidentes ni para sustentarlos. Los substratos de las formas son las materias y solamente han sido establecidas para sustentar las formas. La materia es substrato de formas contrarias, pues recibe la forma y el contrario de esa forma o su privación.

de «ser» o «existencia» de lo individual, por oposición a *mâhiyya* o naturaleza intrínseca, con lo que sería sinónimo de *wuŷûd*, cf. *EI*², I, 529, art. S. Van den Bergh. Sin embargo, Goichon (1938, n.º 27: 9-12) señala que el término significa «hecceidad», lo individual considerado en cuanto a su esencia.

34. Traduzco el dual *wuŷûdayn* como Alonso (1985: 36 y n. 1). Walzer, *Madîna*, p. 111, lo traduce como «the two ways of a thing's existence».

35. *'Adam* traduce la *stéresis* griega, con el usual sentido aristotélico de «privación». También puede significar el no-ser absoluto, la nada, cf. Goichon (1938, n.º 415: 213-215); *EI*², I, 183, art. S. Van den Bergh; cf. también Wolfson (1976: 355-372).

La materia pasa de una forma a otra siempre y sin mengua, y no recibe a una forma antes que a su contraria, sino que las recibe a todas por igual por ser contrarias[36].

## [6. Substancias incorpóreas y substancias materiales]

A las substancias incorpóreas no les es inherente ninguna de las imperfecciones que son propias de la forma y de la materia. Ninguna de ellas subsiste en un substrato, ni existe por razón de otro, ni a la manera de la materia, ni como instrumento de otro ni al servicio de otro; no tienen necesidad de más ser, que adquieran posteriormente por su acción en otro o por la acción de otro en él; tampoco ninguna de ellas tiene contrario ni privación que se le oponga[37]. Por ello, éstas son más dignas de ser substancias que [40] la forma y la materia.

Las causas segundas y el intelecto agente están bajo el Primero. Aunque no les son inherentes estos tipos de imperfección, sin embargo no carecen de otros tipos de imperfección: sus substancias han sido adquiridas de otro, su ser depende del ser de otro y sus substancias no han llegado a tal grado de perfección que sean suficientes por sí mismas para adquirir el ser desde otro, sino que su ser les emana[38] de aquello que es más perfecto en ser que ellos. Y esto es una imperfección que es común a todo ser salvo al Primero.

Además, ninguna de las causas segundas ni el intelecto agente tienen suficiencia para conferirse la hermosura y esplendor del ser, ni la dicha, el placer y la belleza, porque se limitan a entender solamente su esencia; pero para ello, además de su esencia, necesitan entender la esencia de otro ser más perfecto y más hermoso que ellos[39]. Bajo este aspecto, en la esencia de cada uno de ellos hay cierta multiplicidad, puesto que la esencia de aquello que

36. Cf. *Madîna*, pp. 110 y 145-146; Alonso (1985: 34 y 49-50).
37. *Ibid.*, p. 120: 15-16; Alonso (1985: 39).
38. *Fâ'id*, «el que emana». El término *fayd* suele designar la emanación, siendo usado con bastante frecuencia por al-Fârâbî en *Madîna*, cf. comentario de Walzer, *Madîna*, pp. 354-355. Sobre el sentido del emanacionismo farabiano, cf. Galston (1977) y Druart (1987).
39. Cf. *Madîna*, p. 116: 12-15; Alonso (1985: 37).

entiende una cierta cosa en cierta manera se convierte en esa cosa, aunque tenga además una esencia que le es propia. La excelencia de su esencia no se perfecciona si no es por la cooperación de una cierta multiplicidad; por eso, en aquello por lo que una cosa se convierte en substancia, la multiplicidad es una imperfección en el ser de esa cosa. Sin embargo, no pertenece a la naturaleza[40] de éstos tener la hermosura, belleza y esplendor del ser, porque entienden lo que está bajo ellos en el ser, lo que existe desde cada uno de ellos o lo que sigue a la existencia de cada uno de los seres. Nada se une a éstos o se disuelve en ellos. Tampoco su esencia necesita, para que otro exista desde ellos, ningún instrumento u [41] otra disposición, sino su esencia y su substancia; al contrario, su esencia es suficiente por sí sola, pues para hacer existir a otro se sirve de un instrumento o disposición que no es distinto de su substancia.

Las almas de los cuerpos celestes están exentas de las clases de imperfección que hay en la forma y en la materia. Pero como ellas están en unos substratos, son cuasi-formas bajo este aspecto, pero sus substratos no son materias, sino que, al contrario, cada una de ellas se distingue por un substrato que no puede ser substrato de otra cosa distinta; también se distingue de la forma bajo este aspecto. Tienen todas aquellas mismas clases de imperfección que tienen las causas segundas, pero además superan a éstas en imperfección, pues la multiplicidad por la que se convierten en substancia es mayor que aquella por la que se convierten en substancia las causas segundas. Sólo se les realiza la belleza y la dicha por el hecho de entenderse a sí mismas, entender las causas segundas y entender al Primero[41]. Además, su ser, por el que se convierten en substancia, depende de que existan otros seres fuera de sus substancias. Tampoco son suficientes para que de ellas emane un ser para otro distinto sin que haya un instrumento y otra disposición: necesitan, para ambas cosas a la vez, de otras cosas que están fuera de sus esencias; y por «ambas cosas» entiendo su subsistir y dar el ser a otro.

40. Utiliza aquí al-Fârâbî un término poco frecuente para significar la naturaleza: *tibâ'*, cf. Goichon (1938, n.º 395: 201).

41. Cf. *Madîna*, p. 122; Alonso (1985: 39).

Las causas segundas, en cambio, se ven libres de todo lo que está fuera de la esencia de aquéllas y eso en ambas cosas a la vez[42]. Sin embargo, no adquieren la belleza y hermosura por el hecho de entender los seres que están bajo ellas ni por el hecho de que su ser esté limitado a ellas solas sin que de él emane un ser para otra cosa.

[42] Por lo que se refiere a las almas que están en el animal, cuando sus facultades sensible e imaginativa se perfeccionan por las impresiones sensibles y los fantasmas que se realizan en ellas, se produce en ellas una semejanza con las cosas separadas, si bien esta semejanza no las aparta de la naturaleza del ser material ni de la naturaleza de las formas.

Por lo que se refiere a la parte racional del alma, cuando ella se perfecciona y se hace intelecto en acto, entonces está próxima a ser semejante a las cosas separadas[43]; sin embargo, la perfección de su ser, su llegar a ser en acto, su hermosura, esplendor y belleza sólo las adquiere por entender no sólo las cosas que están por encima de ella en grado, sino también por entender las cosas que están bajo ella en grado; y entonces la multiplicidad aumenta mucho en aquello por lo que se convierte en substancia. Su ser también está limitado a ella sola, sin emanar a los otros en el momento en que llega a estar separada de manera completa de todas las otras partes del alma. Cuando está separada de las facultades apetitiva, imaginativa y sensible, da a otro el ser, y parece que lo que desde ella llega a otro sólo es un aumento: lo que obtiene por esa acción suya es un ser más perfecto. Cuando el instrumento se ha separado de ella, no puede proceder de ella una acción para otro y permanece limitada a su ser, porque parece que no pertenece a su substancia el que desde ella emane un ser para otro distinto, sino que le basta, respecto del ser, permanecer en sí misma conservando siempre el ser, y respecto de las causas es causa a la manera de final, pero no a la manera de agente.

42. Es decir, las causas segundas son subsistentes por sí y pueden dar el ser a otro.

43. En *Fî l-'aql*, p. 31:5 (Ramón Guerrero [1981: 453]), al-Fârâbî dice que cuando el intelecto adquirido se ha realizado en el hombre se convierte en la cosa más próxima (*aqrab*) al intelecto agente.

## [II. *De los seres*]

### [1. Del Primero]

En el Primero no hay imperfección alguna bajo ningún aspecto, ni puede haber ser más perfecto y excelente que su ser, ni puede haber ser anterior a él, ni siquiera en tal grado [43] de ser que él no tuviera ya. Por esto su ser no puede haber derivado de otra cosa anterior a él y menos aún haber derivado de lo que es más imperfecto que él[44]. Además, por eso también es completamente diferente en su substancia de toda otra cosa y es imposible que el ser que tiene pertenezca a más de uno, porque entonces entre el ser que tuviera ese ser y el que tiene él mismo no podría haber diferencia alguna. Porque, si entre ambos hubiera diferencia, aquello en lo que se distinguen sería otra cosa distinta de aquello en lo que convienen, y aquello en lo que cada uno de ellos se diferencian sería parte constitutiva del ser de cada uno de ellos; entonces, el ser de cada uno de ellos podría dividirse en la definición[45] y cada una de sus dos partes sería causa de la subsistencia de su esencia. En tal caso no sería Primero, sino que habría un ser anterior a él, al que debería su subsistencia. Esto es absurdo[46], puesto que él es Primero. En aquellas dos cosas en las que no hay diferencia alguna, no puede haber multiplicidad, pues no son dos ni más de dos.

Además, si pudiera haber otra cosa distinta que tuviese su mismo ser, sería un ser fuera del ser que ya tuviera y de su mismo grado de ser. Pero entonces su ser estaría bajo el ser de aquello en lo que coinciden a la vez los dos seres, por lo que su ser sería entonces un ser en el que hay imperfección, porque perfecto es aquello fuera de lo cual no existe otra cosa que pueda tenerlo. Entonces, su ser no puede pertenecer en modo alguno a ninguna

44. Cf. *Madîna*, pp. 56-58; comentario de Walzer, p. 339. Alonso (1985: 3-4).

45. Traduzco la expresión *bi-l-qawl* igual que Alonso (1985: 5, nota 1). El término *qawl*, que propiamente significa «palabra», «discurso», «enunciado», también tiene a veces el sentido de «razonamiento», aunque aquí no parece ser el apropiado. Walzer, *Madîna*, p. 61, lo traduce por «thought».

46. *Madîna*, pp. 58-60; Alonso (1985: 5-6).

otra cosa fuera de su esencia. Por esto no puede tener contrario alguno, pues el ser del contrario de una cosa está en el mismo grado de ser. No puede haber en su mismo grado ser alguno que él no tuviera ya, pues en caso contrario su ser sería imperfecto[47].

[44] Además, la perfección del ser de todo aquello que tiene contrario implica la no existencia de su contrario. Es decir, el ser de una cosa que tiene contrario sólo existe junto con el ser de su contrario, por el hecho de que se conserva por cosas de fuera y por cosas aparte de su esencia y de su substancia. En la substancia de uno de los dos contrarios no hay lo suficiente para conservar su esencia a partir de su contrario[48]. En consecuencia, se seguiría necesariamente de esto que el Primero tendría otra cierta causa por la que existiría su ser. Por esto no puede haber nada en su mismo grado, sino que es uno y único. Es uno bajo este aspecto[49].

Además, es indivisible en sí mismo por definición; quiero decir que no se divide en cosas por las que se constituya en substancia. Es a saber, que cada una de las partes de la definición que explica su esencia no puede designar una parte de aquello por lo que se constituye en substancia. Si fuera así, entonces las partes que constituirían su substancia serían causas de su ser, de la misma manera que los conceptos[50] a los que las partes de la definición se refieren son causas del ser de la cosa definida, y de la misma manera que la materia y la forma son causas del ser de aquello que está constituido por ellas. Pero esto es imposible en él, puesto que es Primero. Y si no es divisible así, menos aún lo es por la división de la cantidad y por las restantes clases de división. Bajo este otro aspecto también es uno[51].

Por esto su ser, por el que se distingue de los demás existentes, no puede ser otra cosa que aquello por lo que existe en sí mismo.

47. *Ibid.*, pp. 60-62; Alonso (1985: 6-7).
48. *Ibid.*, pp. 62-64; Alonso (1985: 8-9).
49. *Ibid.*, p. 66; Alonso (1985: 9).
50. El término *ma'nâ*, usado aquí en plural, *ma'ânî*, es uno de los que mayor dificultad ofrece para ser traducido. Sobre sus distintos significados, cf. Goichon (1938, n.° 469: 253-255). Cf. también Horten (1910: 391-396); Wolfson (1976: 115, notas 11 y 12); Cruz Hernández (1949: 61-67). En latín fue traducido por «intentio». Walzer en *Madîna*, p. 67, lo traduce por «meanings». Lo traduzco por «concepto», siguiendo a Alonso (1985: 10).
51. *Madîna*, pp. 66-68; Alonso (1985: 10).

De ahí que lo que le distingue de los demás seres no sea otra cosa que la unidad que es su esencia. Uno de los significados del término «unidad» [45] es el de el ser propio[52] por el que cada existente se distingue de los demás; es aquello por lo que de cada existente se dice que es uno en tanto que el ser que le es propio existe; y entre sus significados, este significado (de uno) coincide con el de ser. También bajo este aspecto el Primero es uno y el que merece, más que todos los restantes unos, este nombre y este significado de «uno».

Puesto que no tiene materia bajo ningún aspecto, entonces por sí mismo es intelecto[53], porque lo que impide a algo ser intelecto y entender en acto es la materia. También es inteligible en tanto que intelecto, pues aquello que de él es intelecto es inteligible por aquello mismo que de él es intelecto[54]. Para ser inteligible no necesita de otra esencia fuera de la suya que lo entienda, sino que él mismo entiende su propia esencia; por entender su propia esencia, se hace inteligente, y por ser entendida su esencia se hace inteligible. Para ser intelecto e inteligible no necesita de ninguna otra esencia ni de ninguna otra cosa que adquiera de fuera, sino que es intelecto e inteligente por entender su propia esencia. La esencia que entiende es la misma que la que es entendida.

Ocurre lo mismo en lo que se refiere a que es cognoscente: para conocer no necesita de otra esencia distinta de la suya por cuyo conocimiento adquiriera de fuera excelencia, ni para ser co-

52. Cf. Alonso (1985: 6, nota 2).

53. Para al-Fârâbî, el Ser Primero y Uno es también Intelecto, mientras que para al-Kindî, en su *Sobre la Filosofía Primera*, Al-Kindî (1950: 160:8; Ramón-Tornero [1986: 85]), el Uno Verdadero ni siquiera es intelecto. Queda así patente la mezcla de metafísicas aristotélica y neoplatónica que hace al-Fârâbî, quien en *Fî l-'aql*, pp. 35-36 (Ramón Guerrero [1981: 461-463]), sostiene que el Ser Primero es el Intelecto del que Aristóteles habla en *Met.*, XII, 7-9.

54. En las diversas ediciones de *Madîna*, esta frase presenta una lectura diferente de la que aparece en la edición de Walzer. En la de A. Nader (Beirut, Imprimerie Catholique, 1959, p. 30), que corresponde al texto de la traducción de Alonso (1985: 13), se puede leer lo siguiente: «el ser cuya individualidad es ser entendimiento, no necesita...», mientras que en la edición de Walzer el texto es más similar a la lectura de *Siyâsa*, que estamos traduciendo, aunque en *Madîna* se mantiene la palabra *huwiyya*, y toda la frase es traducida por Walzer de la siguiente manera: «The One whose identity is intellect is intelligible by the One whose identity is intellect».

nocido tampoco necesita de otra esencia que lo conociera, sino que es suficiente por sí mismo para conocer y ser conocido. Su conocimiento no es por sí mismo distinto de su substancia. El hecho de que conozca, de que sea conocido y de que sea conocimiento constituyen una sola esencia y una sola substancia.

Y lo mismo ocurre en lo que se refiere a que es sabio. La sabiduría consiste en entender las cosas más excelentes por medio de un excelente conocimiento. [46] Por entender y conocer su esencia, conoce la más excelente de las cosas por medio del más excelente conocimiento. El conocimiento más excelente es el conocimiento perfecto e incesante de aquello que es eterno e incesante. Por eso es sabio no por una sabiduría adquirida por el conocimiento de otra cosa fuera de su esencia, sino que en su esencia hay lo suficiente para convertirse en sabio por el hecho de conocerla[55].

La belleza, hermosura y esplendor en cada existente consisten en que su ser exista de la manera más excelente y en que alcance su última perfección. Puesto que el ser del Primero es el más excelente, entonces su belleza supera la belleza de todo lo que está dotado de belleza. Así, tiene su esplendor, hermosura y belleza en su substancia y esencia, y eso por sí mismo y por entender su esencia.

El placer, alegría, gozo y felicidad sólo se producen y se realizan en la mayoría de los casos por el hecho de percibir lo más bello con la más perfecta percepción. Puesto que el Primero es lo más bello, hermoso y esplendoroso de manera absoluta, y puesto que su percepción de sí mismo es la más perfecta y es el más excelente conocimiento, entonces el placer que experimenta el Primero es un placer cuya naturaleza no podemos comprender ni cuya intensidad podemos saber a no ser por analogía y por relación al escaso placer que sentimos cuando creemos haber percibido de manera perfecta lo que es más bello y hermoso para nosotros, sea por la sensación, por la imaginación o por el conocimiento intelectual. Cuando nos encontramos en esta situación, el placer que experimentamos es tal que creemos que supera en intensidad a todo placer y nos sentimos tan felices que nos parece haber

55. *Madîna*, pp. 68-74; Alonso (1985: 12-14).

llegado al colmo de la felicidad. Comparar el conocimiento y la percepción que el Primero tiene de lo más excelente y bello, con nuestro conocimiento y percepción de lo más bello y hermoso es como comparar su gozo, [47] placer y felicidad en sí mismo con el placer, gozo y felicidad que alcanzamos nosotros mismos. Puesto que no hay relación entre nuestra percepción y la suya, ni entre el objeto que conocemos y el que él conoce, y, de haberla, sería muy exigua, entonces ninguna relación hay entre nuestro placer, gozo y felicidad y los del Primero, y, de haberla, sería muy exigua. Pues ¿cómo habrá relación entre lo que es una parte muy pequeña y lo que es de grandeza infinita en el tiempo, y entre lo que es sumamente imperfecto y lo que está en la cima de la perfección?

Puesto que cuanto mayores sean el placer y el gozo, y cuanto más intensa sea la felicidad que se tengan de sí, tanto más se amará y se deseará a sí mismo, está claro, entonces, que la relación entre el Primero, que se desea necesariamente, se ama y se maravilla con deseo y admiración, y nuestro deseo, por el que nos regocijamos de la excelencia de nuestra esencia, es como la relación entre la excelencia y perfección de su esencia y nuestra excelencia y perfección que admiramos en nosotros mismos. En él lo que ama es lo amado mismo y lo que admira es lo admirado mismo; es el amado primero y el querido primero[56].

Como el Primero tiene el ser que le es propio, se sigue necesariamente que de él existen los restantes seres naturales que no se deben al libre arbitrio del hombre, procediendo cada uno de ellos según su modo de ser. Unos son observados por los sentidos y otros son conocidos por demostración. El ser de lo que existe desde él se produce a modo de emanación de su propio ser, dando lugar al ser de otra cosa, de manera que el ser del otro emana de su propio ser.

El ser de lo que existe desde él [48] no es causa suya bajo ningún aspecto, ni es el fin de su ser, ni le proporciona perfección alguna, tal como sí sucede en la mayor parte de las cosas que de nosotros proceden: estamos destinados a que de nosotros

56. *Ibid.*, pp. 82-88; Alonso (1985: 18-20). Sobre la identificación como amante, amado y amor, cf. Plotino: *Enn.*, VI, 8, 15. Cf. Booth (1983: 97-99).

procedan muchas de esas cosas; y estas cosas son los fines por razón de los cuales existe nuestro ser, pues muchos de esos fines nos proporcionan una perfección que no tenemos. La finalidad del ser del Primero no es la existencia de las demás cosas, pues ellas serían fines de su existencia y entonces su ser tendría otra causa fuera de sí mismo. Al darles el ser tampoco obtiene otra perfección fuera de la que ya tiene, ni perfección alguna, como la obtiene quien da riquezas u otra cosa, y por lo que da adquiere placer, honor, autoridad o algún otro bien y perfección, y así el ser de otro es causa de un bien que le adviene y de un ser que no tenía. Pero es absurdo que todas estas cosas se den en el Primero, porque su primacía se anularía y sería preciso que le precediera otro ser anterior a él, que sería causa de su ser. Antes al contrario, él existe por razón de su esencia y es inherente a su substancia y se sigue necesariamente de ella que otro exista a partir de él[57].

De aquí que el ser del Primero, del que emana el ser de otro distinto, consiste en su substancia y su ser, por el que se constituye en substancia en sí, es aquel mismo ser del que procede el ser de otro distinto. Por tanto, no se divide en dos cosas, una de las cuales sea aquella por la que su esencia se constituye en substancia, y otra aquella de la que procede otra cosa. Para que de su ser emane el ser de otra cosa no necesita de una cosa distinta de su esencia y de su substancia, tal como lo necesitamos nosotros y muchos de aquellos seres que son agentes. El ser del Primero, en tanto que de él emana el ser de otro, no es más perfecto que su ser por el que se constituye en substancia[58]. Por ello, el ser de lo que existe a partir de él no sólo le es posterior en el tiempo, sino también por las restantes clases de posteridad[59].

[49] Los nombres con que debe ser llamado son aquellos mismos que significan la perfección y excelencia del ser respecto de los seres que hay junto a nosotros, sin que ninguno de esos

57. El necesitarismo implícito en el sistema emanacionista de al-Fârâbî no implica que el universo añada perfección al Ser primero, ni que lo determine teleológicamente, puesto que, en caso contrario, sería el universo el que se constituiría en causa del Ser Primero.

58. *Madîna*, pp. 88-94; Alonso (1985: 21-23).

59. Cf. Aristóteles: *Met.*, V, 11, 1018b 11-1019a 14. *Cat.*, 12, 14a 26-14b 23. Cf. Dunlop (1955; 268-269); trad. Ramón Guerrero (1986-1988: 148-149).

nombres signifique la perfección y excelencia que se acostumbran a aplicar a los seres que están junto a nosotros, sino la perfección que es propia de la substancia del Primero. Además, las clases de perfecciones que suelen ser designadas con múltiples nombres son múltiples; pero no se debe pensar que las clases de perfecciones del Primero designadas con múltiples nombres sean múltiples clases en que pueda dividirse y de cuya totalidad él se constituye en substancia, sino que con esos múltiples nombres se designa una sola substancia y un solo ser indivisible. Además, cuando con uno de esos nombres se designa, en lo que hay junto a nosotros, una excelencia y perfección fuera de su substancia, entonces se debe establecer que lo que ese nombre designa en el Primero es una perfección y una excelencia en su substancia; por ejemplo, la belleza con la que se designa en muchos seres una perfección en un aspecto, en una figura o en una postura, no en la substancia de esa cosa.

De los nombres que designan la perfección y la excelencia en las cosas que hay ante nosotros, unos designan lo que él tiene en virtud de sí mismo, no en tanto que está referido a otra cosa, como, por ejemplo, «existente», «uno» y otras cosas semejantes. Otros, en cambio, designan lo que tiene por relación a otra cosa fuera de sí mismo, como, por ejemplo, «justo» y «generoso». En las cosas que hay ante nosotros, estos nombres designan una excelencia y una perfección que son parte de su esencia[60], que es la relación que tiene a otra cosa fuera de sí mismo, de manera que esa relación es parte del conjunto [50] que ese nombre designa, por el hecho mismo de que esa excelencia y esa perfección consisten en ser algo relativo a otra cosa. Cuando nombres como éstos son aplicados traslaticiamente y con ellos se denomina al Primero, se pretende designar con ellos la relación que tiene hacia otras cosas en virtud del ser que de él emana. No se debe tomar esa relación como una parte de su perfección designada por ese nombre, ni tampoco significa que esa perfección se constituye por esa relación, sino que ese nombre debe tomarse como algo que designa su substancia y su perfección mismas y se ha de establecer que la relación sigue necesaria y consecuentemente a

60. En *Madîna*, p. 98; Alonso (1985: 27), se lee «parte de su perfección».

esa perfección; significa, pues, que la subsistencia de esa relación se debe a su substancia y a la perfección que tiene, y se ha de establecer, entonces, que la relación sigue necesaria y consecuentemente a aquello cuya substancia es esa substancia que se ha mencionado[61].

De los nombres que el Primero comparte con otros, unos son comunes a todos los existentes y otros sólo son comunes a algunos de ellos. Muchos de los nombres que él comparte con otro ponen de manifiesto que ese nombre designa primeramente su perfección y, en segundo lugar, designa a otro según su grado en el ser respecto del Primero; por ejemplo, los nombres de «existente» y «uno», que solamente designan primeramente aquello por lo que el Primero se constituye en substancia y en segundo lugar designan las restantes cosas en tanto que se han constituido en substancias a partir del Primero y en tanto que lo han tomado y adquirido a partir del Primero. En cambio, otros muchos de los nombres comunes que designan la substancia y el ser del Primero, cuando designan [51] a otro, sólo designan aquella semejanza con el ser del Primero que uno se imagina en él, sea mucha o poca la semejanza. Estos nombres se predican del Primero de la manera más anterior y verdadera, mientras que del otro se predican de una manera posterior. Puede, sin embargo, que nuestro denominar al Primero con estos nombres sea posterior en el tiempo respecto de nuestro denominar con ellos a otro. Está claro que con muchos de ellos denominamos al Primero de manera traslaticia a partir de otro, después de haber denominado con ellos a otro en un determinado momento, porque lo anterior por naturaleza y en el ser puede ser posterior en el tiempo; pero a eso más anterior no le es inherente imperfección alguna.

Puesto que disponemos de muchos nombres que designan perfecciones reconocidas en nosotros y de muchos de ellos nos servimos sólo para designar esas perfecciones en tanto que son perfecciones, no en tanto que son esas clases de perfecciones, es evidente que la más excelente de las perfecciones que pueda haber será necesariamente primera por ese nombre. Siempre que

61. *Madîna*, pp. 96-100; Alonso (1985: 26-27). Sobre estos textos de al-Fârâbî referentes a los atributos divinos, cf. Wolfson (1973, I: 143-158).

percibimos en los existentes una perfección más completa, la consideramos como la más digna de ese nombre, hasta que nos elevamos por el conocimiento hasta aquel que es la cima de la perfección; establecemos entonces que el Primero ha de ser llamado con ese nombre por naturaleza; a continuación consideramos que el modo de ser[62] de los demás existentes respecto de ese nombre responde a los modos de ser de sus grados respecto del Primero; así sucede, por ejemplo, con «existente» y «uno». Algunos designan una clase de perfección inferior a otra clase. Entre estas clases aquello que está en la substancia del Primero de la manera más excelente que tiene esa clase ha de elevarse en la imaginación hasta la más eminente de los tipos de perfección de esa clase, de manera que no quede allí ninguno de los modos de imperfección en absoluto. Así, por ejemplo, la ciencia, el intelecto [52] y la sabiduría. En casos similares a estos se sigue necesariamente que es lo primero y lo más digno del nombre de esa clase. Respecto de aquellas clases de perfecciones que están unidas con imperfección y vileza en el ser, separarse de aquello con lo que está unido implica apartar a su substancia de la perfección, y entonces no debe ser llamado con el nombre de esa clase de perfección. Y, puesto que esto es así, menos aún debe ser llamado con los nombres que designan vileza en el ser.

## [2. De las causas segundas y de los cuerpos celestes]

Además del Primero existen las causas segundas y el intelecto agente. Las causas segundas tienen grados en el ser, pero cada una de ellas también tiene un cierto ser por el que se constituye en substancia en sí misma: su ser que le es propio es tal que de él emana el ser de otra cosa. Para que desde ellas exista otro y para que desde su ser emane el ser de otro no necesitan de nada fuera de sí mismas, pues todas ellas han adquirido del Primero el ser. Cada una de ellas entiende al Primero y se entiende a sí misma, pero

62. El término que aquí traduzco por «modo de ser» es *hâl*, plural *ahwâl*, usado por los teólogos en el problema de los atributos divinos. Cf. Wolfson (1976: 167, n. 1 y 193-197). Averroes (1978): *Tahâfut*, trad. inglesa, vol. II, p. 4, nota 3.6, donde Van den Bergh sostiene que el término árabe parece traducir el griego *diathésis*, «disposición».

ninguna de ellas es suficiente para ser dichosa en su esencia por sí misma, sino que sólo es dichosa en sí por el hecho de entender al Primero al entenderse a sí misma. Cuanto mayor es la superioridad del Primero sobre la excelencia de su esencia, tanto mayor es la superioridad de su dicha por entender al Primero sobre su dicha por entenderse a sí misma. Así también se puede comparar su placer por entender al Primero con su placer por entenderse a sí misma, lo que coincide con la supremacía de la excelencia del Primero sobre la excelencia de su esencia. Así también es su admiración y su amor por sí misma: lo que primero ama y admira es lo que entiende del Primero y en segundo lugar lo que entiende de sí misma. Por consiguiente, en relación a éstas el Primero es también lo amado primero y lo querido primero[63].

[53] En consecuencia, en todas ellas hay división. La perfección y la imperfección que hay en cada una de ellas y aquello por lo que cada una debe ser llamada se hace fácil según estos ejemplos: por tomarlo nosotros para ellas de aquello que se dice del Primero.

Desde el principio[64] el ser que tiene cada una de estas causas segundas está completo totalmente y no les queda ser alguno que pudiera advenirles en el futuro, de manera que ellas pudieran tender hacia otra cosa distinta de lo que se les ha dado desde el principio. Por esta razón estas causas carecen de movimiento y no tienden hacia cosa alguna, aunque del ser de cada una de ellas emane el ser de cada uno de los cielos. De la primera de ellas se sigue necesariamente el ser del cielo primero, y así hasta llegar al último cielo en el que está la luna. La substancia de cada uno de los cielos está compuesta de dos cosas: de un substrato y de un alma. El alma que hay en cada uno de ellos existe en un substrato que además es aquella parte del alma que es un intelecto en acto, por el hecho de que se entiende a sí misma, entiende a la causa segunda de la que procede su ser y entiende al Primero.

Las substancias de los cuerpos celestes, en tanto que son substancias, se dividen en múltiples cosas, pues ellos pertenecen a los

63. *Madîna*, pp. 116-118; Alonso (1985: 37).
64. La expresión *min awwal al-amr* es muy frecuente para significar «desde que comienzan a ser».

grados de seres que están al comienzo de los grados de imperfección, por razón de que aquello por lo que se constituyen en substancia en acto necesita de un cierto substrato. Por ello se asemejan a las substancias compuestas de materia y forma. Además, no son suficientes por sí mismos para que de ellos proceda otra cosa distinta; desde su perfección y excelencia no pueden hacer que de ellos emane una acción para otro sin que los actualice otro ser fuera de su substancia y fuera de las cosas por las que se constituyen en substancias. Lo que está fuera de aquello por lo que algo de los seres se constituye en substancia es la cantidad, la cualidad [54] u otra cualquiera de las categorías. Por esta razón cada una de estas substancias se convierte en esencia de magnitudes definidas y de figuras definidas y en esencia de otras cualidades definidas y de las restantes categorías que siguen necesariamente a éstas. Pero de todo esto tienen lo más excelente. De eso se sigue que el lugar que tienen es el más excelente de los lugares, puesto que se sigue necesariamente que cada cuerpo definido está en un lugar definido. Y también, estas substancias completan a la mayoría de sus seres de manera perfecta, aunque de ellos queda una pequeña parte a cuya naturaleza no pertenece el que los complete de una vez desde el principio, sino que existirá para ellos gradualmente en el futuro siempre. Por esto ellos tienden hacia ella para obtenerla y sólo la obtienen por un movimiento continuo[65]. Por tal motivo se mueven siempre con movimiento incesante, y sólo se mueven y tienden hacia lo más hermoso de su ser. En cuanto a lo más noble de sus seres y lo que está más próximo de lo más noble, lo tienen completo desde el principio. El substrato de cada uno de ellos no puede recibir otra forma distinta de la forma que tienen desde el principio. Además, sus substancias no tienen contrarios.

65. Literalmente: «por la continuidad del movimiento» (*bi-dawâm al-haraka*). Como para Aristóteles el movimiento del universo es eterno, no puede ser rectilíneo sino circular, puesto que aquél tiene un límite inicial y un límite final, cf. *Fis.*, VIII, 9, 265a 29-b 1 y *Met.*, XII, 7, 1072a 21-22. Por ello también la substancia de los cuerpos celestes ha de ser distinta de aquella que está constituida por los cuatro elementos, cuyo movimiento sí es rectilíneo; esa substancia incorruptible y en movimiento continuo es el éter, cf. Moreau (1965: 120-123), y sobre la primacía del movimiento circular en Platón, pp. 73-75. Cf. Walzer, comentario a *Madîna*, p. 370.

Los seres que están bajo los cuerpos celestes, están en el límite de la imperfección en cuanto al ser; a saber, no reciben desde el principio todo aquello por lo que se constituyen en substancia de manera completa, sino que sólo reciben las substancias que tienen en potencia remota, pero no en acto, porque sólo han recibido su materia primera. Por esta razón siempre tienden hacia aquella forma por la que se constituyen en substancia.

La materia primera es en potencia la totalidad de las substancias que hay bajo el cielo; en tanto que son substancias en potencia, se mueven para convertirse en substancias en acto. Llega a sucederles que desde su ser posteriores[66], su ir detrás[67] y desde la bajeza de su ser no pueden dirigirse y tender espontáneamente a su perfección a no ser por un motor externo. Su motor externo es el cuerpo [55] celeste y sus partes, y luego el intelecto agente. Ambos conjuntamente perfeccionan la existencia de las cosas que hay bajo el cuerpo celeste. De la substancia, naturaleza y operación del cuerpo celeste se sigue necesariamente y en primer lugar el ser de la materia primera. Después de eso, da a la materia primera todo aquello en cuya naturaleza, posibilidad y disposición consiste recibir de las formas el ser[68] de lo que es engendrado.

## [3. Del intelecto agente]

El intelecto agente está destinado por su naturaleza y substancia a velar por todo lo que le prepara y le da el cuerpo celeste. Cualquier cosa procedente de él que pueda recibir de cualquier manera la liberación y separación de la materia, el intelecto tiende a liberarla de la materia y de la privación, y ella llega a estar en un grado más cercano al suyo. Así, los inteligibles que están en potencia se convierten en inteligibles en acto; y lo mismo, el intelecto que está en potencia se realiza como intelecto en acto.

66. Son posteriores a los cuerpos celestes no sólo por suceder después en el tiempo, sino también por ser menos excelentes, nobles y perfectos que ellos.

67. Traduzco así el *masdar* de la forma V de la raíz *j-l-f*, cuyo sentido originario es «ir detrás», «suceder a alguien o a algo». Recuérdese que la palabra califa, perteneciente a esta raíz, significa «sucesor».

68. Traduzco aquí por «ser» no el usual *wuŷûd*, sino *kâ'ina*, es decir, el «ser que es engendrado», el «ser que deviene», cf. Goichon (1938, n.º 638: 359).

Ninguna otra cosa, excepto el hombre, puede ser así; ésta es la felicidad última, que es la perfección más excelente que puede alcanzar el hombre[69].

A partir de estos dos (cuerpo celeste e intelecto agente) se perfecciona el ser de las cosas que permanecen posteriormente y que necesitan ser llevadas a la existencia por aquel modo cuya naturaleza consiste en que por él sean llevadas a la existencia, y por aquel otro modo cuya naturaleza consiste en que por él permanezca su existencia.

[4. De los cuerpos celestes]

Los cuerpos celestes son muchos y se mueven circularmente en torno a la tierra con diversas clases de movimientos. A todos ellos les es inherente la potencia del cielo primero, que es una sola; por eso todos ellos se mueven por el movimiento del cielo primero y tienen además otras potencias por las que se distinguen y diferencian sus movimientos. De la potencia[70] que tienen en común todos los cuerpos celestes se sigue necesariamente la existencia de la materia primera común a todo lo que está bajo el cielo, y de aquellas cosas por las que se distinguen se sigue necesariamente la existencia de muchas y diversas formas en la materia primera[71]. Por razón de la diversidad de las posiciones de unos de ellos respecto de otros y por razón de la diversidad de sus posiciones respecto de la tierra, a los cuerpos celestes les ocurre [56] que unas veces están más cerca y otras veces más lejos, que unas veces entran en conjunción y otras en oposición[72], que unas

69. Según se desprende de *Fî l-'aql*, p. 31, Ramón Guerrero (1981: 453), el proceso cognoscitivo humano es un continuo perfeccionamiento ontológico del hombre. La contemplación de las formas puras, propia del hombre que ha alcanzado el grado del intelecto adquirido, representa la suprema perfección humana, puesto que sólo entonces el hombre se convierte en lo más cercano al intelecto agente. También Aristóteles estableció la felicidad humana suprema en la actividad intelectual, cf. *Et. Nic.*, X, 7, 1178 a 5-8; 8, 1178 b 7-32.

70. En *Madîna*, p. 134, Alonso (1985: 45), habla de naturaleza (*tabî'a*) común, en lugar de potencia (*quwwa*).

71. En la misma página de *Madîna* sostiene que de las diferencias de la substancia de los cuerpos celestes se sigue la existencia de muchos cuerpos.

72. Literalmente: «que unas veces se juntan y otras se separan».

veces están a la vista y otras están ocultos, y les sucede también que unas veces van rápidos y otras veces lentos. Estas oposiciones no dependen de sus substancias, sino de las relaciones de unos con otros, de sus relaciones con la tierra o de sus relaciones con ambos a la vez[73].

De estas oposiciones que se dan en sus relaciones se sigue necesariamente la aparición en la materia primera de formas contrarias[74] y la aparición en los cuerpos que hay bajo el cuerpo celeste de accidentes contrarios y de diferencias contrarias. Ésta es la causa primera de las oposiciones existentes en la materia primera y en los cuerpos que hay bajo el cielo; a saber, que las cosas opuestas existen en la materia, bien desde cosas opuestas, o bien desde una sola cosa que no se opone en su esencia y en su substancia, sino que procede de la materia según modos y relaciones opuestas. Los cuerpos celestes no se oponen en sus substancias, pero sus relaciones respecto de la materia son opuestas y se encuentran en ella por modos opuestos. La materia primera y las formas opuestas, cuya existencia sigue necesariamente a ella, son aquellas por las que se unen las cosas que constituyen el ser posible.

## [5. De los seres posibles]

Los seres posibles son los seres posteriores que son más imperfectos en cuanto al ser, pues están mezclados de ser y de no-ser[75]. Es decir, entre lo que no puede no existir y lo que no puede existir, que son los dos límites extremos que están totalmente separados[76], hay algo a lo que se aplica la oposición de cada uno de estos dos límites: es aquello que puede existir y que puede no existir. Y

73. Cf. *Madîna*, p. 130; Alonso (1985: 43-44).

74. *Ibid.*, p. 134; Alonso (1985: 45). Al haber establecido antes cuál es el origen de la materia primera y ahora el de las formas, al-Fârâbî descubre una causa para la existencia de estos dos principios básicos del hilemorfismo aristotélico, cf. Druart (1987: 42).

75. Al-Fârâbî no utiliza aquí para «no-ser» el término *'adam*, sino *lâ wuŷûd*.

76. Es decir, entre lo necesario (lo que no puede no existir) y lo imposible (lo que no puede existir). Cf. *Fusûl*, §§ 68-69, p. 78, donde describe estas categorías metafísicas y los tres órdenes de cosas existentes.

esto es lo que está mezclado de ser y de no-ser; es el ser al que se opone la privación y al que también está unida una privación. La privación es un no-ser que puede existir.

[57] Cuando existe lo posible, su ser es uno de los dos modos del existente, pues el ser posible es uno de los dos modos de ser. La Causa Primera, cuyo ser es por sí mismo, no sólo confiere el ser de lo que no puede no ser, sino también el ser de lo que puede no ser[77], de manera que ninguno de los modos del existir llega a ser a menos que se lo dé.

No pertenece a la propia naturaleza de lo posible el tener un solo ser realizado[78], sino que puede existir de esa manera o puede no existir: puede existir algo o puede existir su opuesto. Su situación respecto de los dos seres opuestos es una sola. Pues no existe por el hecho de existir este ser antes que su opuesto. Aquí el opuesto puede ser una privación, un contrario, o ambos a la vez. De aquí se sigue que existen seres opuestos a la vez; pero sólo pueden existir seres opuestos según una de estas tres maneras: o bien en dos momentos, o en un solo momento con dos aspectos diferentes, o bien existen dos cosas de las que cada una de ellas existe como opuesta al otro ser. Una sola cosa solamente puede existir como dos seres opuestos por dos modos sólo: o en dos momentos o en dos aspectos diferentes.

Los seres opuestos sólo existen en virtud de las formas contrarias. La realización actual de algo según uno de los dos contrarios es su existencia según la actualización. Aquello por lo que pueden existir dos seres contrarios es la materia; por la materia su ser es aquel que tiene sin actualizar y por la forma su ser es el que está actualizado. Tiene, pues, dos modos de ser: uno actualizado por una cierta cosa y otro sin actualizar por otra cosa. Por ello resulta que su ser, respecto de su materia, es una vez esto y otra aquello, mientras que, respecto de su forma, es solamente esto sin su contrario. De aquí se sigue necesariamente que recibe los dos modos

77. La Causa Primera es causa de la existencia de los seres necesarios por otro y de los seres meramente posibles, de tal manera que es causa de toda existencia. Cf. Fackenheim (1977: 309).

78. *Muhassal* es «aquello que tiene ser», «lo que se ha realizado como ser», por lo que es sinónimo de *mawŷûd*, cf. Goichon (1938, n.º 164: 78-79).

de ser conjuntamente, a saber, respecto de esto una vez y respecto de su contrario otra vez.

[58] Lo posible es de dos modos. Uno es lo que hace posible que una cierta cosa sea y no sea; esto es la materia. El segundo es lo que hace posible que sea en sí misma y que no sea, y esto es el compuesto de materia y forma.

Los seres posibles son según diversos grados. El más inferior de ellos es el grado de lo que no tiene ser actualizado y no es ninguno de los contrarios: es la materia primera. Los que están en el grado segundo son aquellos en los que se actualizan seres por medio de los contrarios que se realizan en la materia primera: son los elementos. Cuando ellos se actualizan existiendo en virtud de ciertas formas, por la actualización de sus formas aparece en ellos la posibilidad de que existan otros seres opuestos también; y ello porque se convierten en materias de otras formas, de tal manera que, cuando esas formas se actualizan también en ellos, por esas segundas formas les sobreviene la posibilidad de que también existan otros seres opuestos en virtud de otras formas contrarias. Éstas también se convierten en materias de otras formas, de manera que, cuando éstas se actualizan también en ellos, por esas formas les sobreviene la posibilidad de que también existan otros seres opuestos, pues se convierten en materias de otras formas. Sigue así sin cesar hasta que llegan a unas formas en las que los seres actualizados por esas formas no pueden ser materias de otras formas. Las formas de estos seres son formas de toda aquella forma que los precede. Estos últimos son los más nobles de los seres posibles, mientras que la materia primera es la más vil de los seres posibles.

Entre los seres intermedios también hay grados. Todo aquel que está más próximo a la materia primera es más vil y todo aquel que está más próximo a la forma de las formas es más noble. La existencia de la materia primera radica en ser [59] siempre para otro distinto, pues no tiene existencia por razón de sí misma en absoluto. Por eso, cuando no existe aquello por cuya razón ella ha sido hecha, tampoco existe ella; y por eso también, cuando no existe ninguna de esas formas, ella no existe. Se sigue, pues, que la materia primera no puede existir separada de una cierta forma en ningún momento. En cuanto a los seres cuya forma es una de las formas, ellos son por razón de sí mismos siempre y no pueden ser hechos por sus formas en razón de otro distinto, es decir, para que por ellos se constituya en substancia otra cosa, ni pueden ser materias de otra cosa.

Los seres intermedios han sido creados por razón de sí mismos y por razón de otro distinto. Cada uno de ellos tiene, por consiguiente, méritos y derechos por su materia y por su forma. Lo que le corresponde por razón de su materia consiste en que exista como otra cosa opuesta al ser que tiene ahora, y lo que le corresponde por razón de su forma consiste en que permanezca incesantemente en el ser que ahora tiene. Puesto que son dos méritos contrarios, lo justo[79] es que se realicen satisfactoriamente cada una de estas dos partes suyas: durante cierto tiempo existirá como una cierta cosa y luego se aniquilará y después existirá como una cosa contraria a ese primer ser y luego, tras permanecer durante cierto tiempo, se aniquilará también y existirá como otra cosa contraria a la primera, y así siempre[80].

Además, la materia de cada uno de estos seres contrarios es también materia de su opuesto. Cada uno de ellos tiene algo que es del otro y el otro tiene algo que es de aquél, puesto que sus materias primeras son comunes. Es como si cada uno tuviese del otro, bajo este aspecto, un cierto derecho que debiera pasar [60] del uno al otro[81]. Lo justo en esto está claro: debe existir lo que cada uno tiene del otro y se le realice satisfactoriamente.

Puesto que los seres posibles no tienen en sí lo suficiente para tender por sí mismos hacia aquello de los seres que permanece, ya que solamente han recibido la materia primera, y puesto que no los actualiza un ser que tenga lo suficiente para conservar sus seres por sí, ni tampoco tienen una parte de ser en su contrario que les posibilite por sí mismos tender a su ser completo, se sigue necesariamente que cada uno de ellos tiene fuera un agente que lo mueve y lo impulsa hacia lo que tiene y hacia lo que le conserva aquel ser que se le ha actualizado. El agente primero que los

79. Sobre esta expresión, «lo justo» (*al-'adl*), cf. Walzer, comentario a *Madîna*, p. 380.

80. Cf. *Madîna*, pp. 144 y 156-158; Alonso (1985: 49 y 52-53).

81. *Ibid.*, pp. 146 y 158-160; Alonso (1985: 50 y 53).

mueve hacia sus formas y se las conserva cuando se les actualizan es el cuerpo celeste y sus partes[82]. Realiza esto de varios modos. Según uno de ellos, mediante otro intermediario y otro instrumento mueve algo de ellos hacia la forma por la que existe su ser. Según otro modo, da a la materia un poder por el que ella misma se impulsa espontáneamente y se mueve hacia la forma por la que existe su ser. Según otro modo, da un poder a una cierta cosa y por ese poder esa cosa mueve a otra distinta hacia la forma por la que existe el ser de esa otra. Y según otro modo, da a una cierta cosa un poder por el que esa cosa da a otra cosa un poder por el que esa otra mueve a una cierta materia hacia la forma cuya naturaleza es existir en la materia. En este proceso, la materia se ha movido por mediación de dos cosas. Y así el impulso del ser hacia la materia se da por tres cosas y más según este orden.

De la misma manera también da a cada uno aquello por lo que conserva su ser. O establece junto a su forma, por la que existe [61] su ser, otro poder, o bien establece aquello por lo que se conserva su ser en otro cuerpo externo; se conserva su ser por el hecho de que se conserva ese otro cuerpo establecido para eso. Ese otro es el que sirve a aquél conservándole su ser. Le conserva su ser bien por el servicio de un único cuerpo para él, bien por la mutua cooperación de varios cuerpos preparados para que por ellos se conserve su ser. A muchos de esos cuerpos se les unen además otras fuerzas por las que actúan desde las materias semejantes a las suyas, porque les dan formas semejantes a las formas que tienen.

Unas veces a estas materias las encuentra casualmente el agente estando en ellas los contrarios de aquellas formas hacia las cuales es condición del agente el moverlas; para que suceda esto necesita otra potencia por la que desaparezcan esas formas contrarias. Y puesto que no es imposible que otro contrario distinto actúe en él de la misma manera que él actúa en otro contrario, pues busca destruirlo de la misma manera que busca destruir al otro, se sigue necesariamente que hay en ése otra potencia que se opone a aquel contrario que busca destruir su ser. Aquello por lo

82. Recuérdese que para al-Fârâbî el cuerpo celeste es el que da y prepara la materia para que el intelecto agente la informe.

que desaparece el otro contrario y termina su forma por la que existe su ser, es una potencia que está en él mismo unida a su forma por la que existe su ser. Otras veces esa potencia está en otro cuerpo fuera de él mismo, y ése es un instrumento o algo de lo que se sirve para extraer de los contrarios de aquel cuerpo la materia preparada para él[83]; un ejemplo de esto son las víboras: esta especie de animal es un instrumento de los elementos o algo que les sirve para extraer de los restantes animales las materias de los elementos. Asimismo, la potencia por la que el contrario actúa desde las materias que le son semejantes en la especie, unas veces está unida con su forma en un solo cuerpo y otras está en otro cuerpo fuera de él mismo; un ejemplo es el semen del animal macho, que es instrumento suyo. Estas potencias son también formas en los cuerpos que tienen esas potencias. Los ejemplos de estas cosas son por otras distintas, es decir, que son hechas para ser [62] instrumentos o algo que sirve a otras distintas. Cuando estos instrumentos están unidos con las formas en un solo cuerpo, son inseparables, y cuando están en otros cuerpos, son instrumentos separados.

Cada uno de estos seres tiene un mérito por razón de su materia y otro por razón de su forma. Lo que merece por su materia es que exista el contrario del ser que tiene. Lo que merece por su forma es que exista el ser que tiene, bien por sí mismo solamente, bien que exista por su forma a causa de otro distinto, bien que su mérito sea por su forma en tanto que tiene otra cosa distinta, es decir, en tanto que tiene otra cosa hecha por causa de él, bien que tenga una sola especie en la que se den ambas cosas a la vez, esto es, que sea por sí mismo y que sea por otro; de él procede una cosa que existe por sí mismo y otra cosa que es utilizada por razón de otro. Lo que es por razón de otro por su forma o es materia suya o es instrumento o algo que le sirve. Aquello otro que es hecho por razón suya es aquello que ha sido hecho por razón de él o bien materia suya o bien instrumento o algo que le sirve.

Desde los cuerpos celestes y desde sus diferentes movimientos se actualizan primeramente los elementos, luego los cuerpos pétreos, luego las plantas, luego los animales irracionales, y lue-

83. *Madîna*, pp. 160-162; Alonso (1985: 53).

go el animal racional[84]. Los individuos de cada especie de ellos aparecen según múltiples e innumerables clases de potencias. A continuación, estas potencias que se han puesto en cada una de sus especies no son suficientes para actuar o para conservar el ser de ellos, sino que también los cuerpos celestes, con sus distintas clases de movimientos, ayudan a unos sobre otros y obstaculizan la acción de unos contra otros según cambio y sucesión[85]. De manera que, cuando uno ayuda en un determinado momento a su contrario, en otro momento le obstaculiza y entonces su contrario le ayuda [63] a él, como, por ejemplo, el calor o el frío que aumentan o disminuyen en aquello cuya naturaleza consiste en hacer o padecer por el calor o por el frío, pues unas veces los hacen aumentar y otras los hacen disminuir. Algunos de los cuerpos que están bajo ellos por razón de su compartir la materia primera y muchas de las materias próximas, y por ser similares las formas de algunos y ser contrarias las formas de otros, comienzan a ayudar a otros y algunos de ellos obstaculizan a otros, al máximo, al mínimo o de modo intermedio, según la semejanza y contrariedad de sus potencias. Lo contrario obstaculiza y lo semejante ayuda. Estas acciones se entremezclan y se combinan en los seres posibles y de ello resultan muchas mezclas. Sin embargo, en sus conjunciones se procede según armonía, equilibrio y proporción por lo que a cada uno de los seres se le realiza la parte que le corresponde de ser por naturaleza, según su materia, según su forma o según ambas cosas a la vez. Lo que es según su forma, es por sí mismo, por otro o por ambos a la vez. El animal racional, en tanto que es según su forma, no es por razón de cualquier otra especie ni a la manera de materia, ni a la manera de instrumento y servicio.

En cuanto a lo que está bajo ellos, cada uno de ellos por razón de su forma o es solamente por otro o se unen en él ambas cosas a la vez: existe por sí y existe por otro. Lo justo es que se satisfagan por naturaleza sus dos partes a la vez. Cada una de estas cosas procede según lo igual, lo más o lo menos. El ser engendrado se-

84. *Madîna*, pp. 140-142; Alonso (1985: 47-48).
85. Cf. comentario de Walzer, *Madîna*, p. 379. Cf. Druart (1981: 38); Booth (1983: 98-99).

gún lo menos es aquel que sigue necesariamente la naturaleza de lo posible y no se le añade [64] nada extraño. De este modo y por esta manera los seres posibles dominan y gobiernan su asunto. En ellos la justicia sucede de manera que para cada ser posible se realiza su parte de ser según su mérito.

Unas veces los cuerpos celestes actúan en aquellas cosas en que hay potencias agentes y conservadoras, después que en ellas las potencias han realizado acciones contrarias a las potencias y les impiden recibirlas. De la misma manera, éstas impiden recibir la acción de una de ellas en otra, pues una de ellas es demasiado débil para la otra. Aquellos seres posibles en los que hay potencias agentes pueden no actuar o bien por su debilidad, o porque le obstaculizan sus contrarios, o por la potencia de sus contrarios, porque sus contrarios le ayudan fuera de cosas semejantes a ellos, o bien porque la acción del agente se lo impide con otro obstáculo contrario de otra manera[86].

Los cuerpos celestes pueden no actuar ni que de ellos resulte para los sujetos que están por debajo suyo una acción, no por razón de una fatiga que tengan por sí mismos, sino por la imposibilidad de sus sujetos de recibir sus acciones o porque otro agente de los seres posibles ayude y fortalezca a sus sujetos. Pues ciertamente cuando los seres posibles reciben potencias desde el principio y dejan de actuar unos sobre otros, pueden ser contrarias o ser semejantes a las acciones de los cuerpos celestes. Los cuerpos celestes, después de concederles esas potencias, son los que les ayudan o los que les obstaculizan.

El ser de algunos de estos cuerpos posibles que existen por naturaleza es por sí mismo y no se utiliza para otra cosa ni de él procede acción alguna. El ser de otros de ellos está preparado para que de él proceda una cierta acción en sí mismo o en otro. Y el ser de otros de ellos está preparado para recibir la acción de otro. De aquel que ha sido hecho por razón de sí mismo y no por razón [65] de otra cosa cualquiera, procede una cierta acción a la manera de emanación de su ser para la existencia de otra

86. Los cuerpos celestes dan potencias a los seres posibles, y luego estos quedan libres para actuar, si pueden. De aquí que el proceso causal que opera en nuestro mundo sea un proceso mediato. Cf. Druart (1981: 40-41).

cosa. Cuando todos éstos están en un estado del ser, en el que su naturaleza consiste en que de ellos proceda aquella cosa que debe proceder de ellos sin obstáculo alguno perteneciente a ellos mismos, entonces ese estado que pertenece a su ser es su perfección última, ejemplo de lo cual es el estado de la vista cuando ve. Y cuando están en un estado del ser, en el que su naturaleza no consiste en que de ellos proceda aquello que debe proceder de ellos sin pasar a una existencia más excelente que la que ahora tienen, entonces ese estado es su perfección primera, ejemplo de lo cual es la relación que hay entre la situación del escribiente que está dormido para escribir y su situación al escribir, que es su oficio, o también como la relación que hay entre su situación para escribir cuando está fatigado y está descansando de la fatiga, y su situación al escribir cuando está escribiendo[87].

Cuando algo es según su perfección última y es tal que de su naturaleza debe proceder una acción, entonces su acción no es posterior a él, pues se realiza en su momento sin tiempo. Una cierta acción, que es según su perfección última, sólo es posterior por un impedimento fuera de su esencia, como por ejemplo lo que impide a la luz del sol [iluminar] algo oculto por un muro. Las cosas separadas de la materia son por sí mismas desde el principio según sus perfecciones últimas y ninguna parte de ellas se divide en dos estados: uno en el que estén según su perfección primera y otro según su perfección última. Puesto que no tienen contrarios ni substratos de éstos, no tienen obstáculo en modo alguno; por eso sus acciones no son posteriores a ellas.

Los cuerpos celestes son en sí mismos según sus perfecciones últimas. La acción que de ellos procede primero es la actualización de sus volúmenes, magnitudes, figuras y restantes cosas que tienen pertenecientes a lo que no les cambia. La acción que de ellos procede en segundo lugar son sus movimientos y ésta es su

87. En *Falsafat Aristûtâlîs*, p. 123, afirma acerca de esta perfección primera que está aún en potencia. Recordemos la distinción que había establecido al-Kindî en *Sobre el intelecto*, Al-Kindî (1950: 353-358, trad. Ramón-Tornero [1986: 150-152]), donde habla de un tercer intelecto, que sería el intelecto en acto como perfección primera, y de un cuarto intelecto, que sería el intelecto como perfección última; cf. Ramón Guerrero (1981: 279-300). Cf. también Walzer, comentario a *Madîna*, pp. 408 y 416.

acción realizada desde su perfección última. No hay oposición en ellos ni tienen contrarios fuera, por lo que su movimiento no cesará nunca.

[66] Los cuerpos posibles unas veces son según sus perfecciones primeras y otras según sus perfecciones últimas. Y puesto que cada uno de ellos tiene un contrario, sus acciones son posteriores a él por estas dos causas a la vez o por una de ellas. Del escritor no procede una acción si está dormido, si está ocupado con otra cosa, si las letras de la escritura no le vienen a su memoria en ese momento, o si todas ellas le vienen completamente pero tiene un obstáculo exterior. El objetivo del ser de todos éstos es que sean según sus perfecciones últimas. Sólo de lo que es por naturaleza y no por violencia según su perfección primera procede la perfección última, o porque es medio hacia ella o porque está preparado para ella, como el sueño y el descanso para el animal tras las fatigas del trabajo, con los que recobra la fuerza para trabajar.

Además, también éstos por su imperfección llegan a ser insuficientes en sí mismos para que se les actualicen sus perfecciones sin la existencia de otros seres fuera de ellos mismos, pertenecientes al resto de las otras categorías. Y esto es así porque tienen volúmenes, figuras, posiciones y otras categorías como dureza, suavidad, calor, frío y otras distintas. Muchas especies de estos cuerpos son aquellos individuos que están bajo cada especie de ellos, cuya constitución se debe a partes semejantes y cuyas figuras no están determinadas, como los elementos y los minerales. Sus figuras solamente son en virtud de lo que sucede por la acción de su agente, o en virtud de la figura de las cosas que les rodean. De la misma manera, las magnitudes de sus volúmenes son indeterminadas, pero no son infinitas en tamaño. Sus partes unas veces se unen y otras se separan. Cuando algunas de ellas se unen en un solo lugar, son contiguas; mientras que otras, cuando se unen, sólo son tangentes, pero no contiguas. Su disyunción y contigüidad no se dan por un orden determinado, sino que tienen lugar de acuerdo al agente de su unión y separación. Por esto los que están en cada especie de ellos no están aislados necesariamente unos de otros, sino que eso tiene lugar en ellos como [67] sucede. Porque sus perfecciones se actualizan aunque esos accidentes estén en ellos según cuál sea el estado de lo que sucede. Estas cosas en ellos proceden de lo posible según lo igual.

Las plantas y los animales son tales que en cada una de sus especies están aislados por naturaleza unos de otros, quedando solos con un ser que no es el ser de otro. Por eso sus individuos son varios por naturaleza; cada uno de ellos está compuesto de partes desemejantes, limitadas en número, y cada una de sus partes está delimitada por el volumen, la figura, la cualidad, la posición y el grado.

Los géneros de las cosas posibles suyas son grados en el ser, según lo que hemos dicho. El más inferior de ellos es el que ayuda al más elevado según el ser posible de cada uno de ellos. Los elementos son los que ayudan a todos los demás con todas sus partes de tres maneras: al modo de la materia, al modo de servicio y al modo de instrumento. Los minerales ayudan al resto, no por toda especie de ellos ni por cada clase de ayuda, sino que una especie de ellos ayuda a la manera de materia, otra especie a la manera de servicio, como la montaña que ayuda a la generación de las aguas que fluyen desde las fuentes, y otra especie a la manera de instrumento. Las especies de las plantas ayudan a los animales con estos tres modos. Y, de la misma manera, los animales irracionales ayudan al animal racional con estos tres modos: unos le ayudan a la manera de materia, otros a la manera de servicio y otros a la manera de instrumento.

El animal racional, puesto que no hay otro género de posibles más excelente que él, no [68] ayuda de ninguno de los modos a otra cosa más excelente que él: por la razón[88] no es materia de nada en modo alguno ni para lo que está por encima de él, ni para lo que está bajo él, ni es instrumento para otra cosa distinta, ni por naturaleza es sirviente de otra cosa en absoluto. En tanto que es racional ayuda, por medio de la razón y de la voluntad y no por naturaleza, a aquellos otros posibles que son iguales a él, uno a otro. Pero esto no lo explicaremos ahora. Sin embargo, a veces realiza acciones que accidentalmente hacen de servicio para muchas cosas naturales, como canalizar al agua, plantar árboles, sembrar granos, asistir al parto de los animales, pastorearlos y

88. El término que utiliza aquí es *nutq*.

otras cosas semejantes. Pero de él no procede por naturaleza nada que sirva a otra especie salvo a la suya, ni tampoco tiene nada por lo que sirva a otra especie distinta, ni nada de él es instrumento de otra especie en modo alguno. Por lo que se refiere a lo que sirve de ayuda de los géneros de las cosas posibles más nobles a las más inferiores, como hemos dicho, nada del animal racional sirve ni ayuda a las especies que están bajo él en modo alguno, y eso por su forma. Esto debe ser comprendido por nosotros para que sirva de ayuda de unas especies a otras[89].

Los animales irracionales, en tanto que animales, no son materia de otra cosa más imperfecta que ellos en absoluto. Pues, por su forma nada de ellos es materia de las plantas. Por lo que se refiere a la manera de servicio o de instrumento, no es imposible, sino que algunos animales son hechos por naturaleza para servir a los elementos, por el hecho de que les descomponen las cosas que están alejadas de ellos, como los animales que están dotados de venenos hostiles por naturaleza para las demás especies de animales que son hostiles al resto de las especies de animales. Por ejemplo, las víboras, que sirven a los elementos con sus venenos, por el hecho de que les descomponen las especies de los animales. Y de la misma manera los venenos que hay en las plantas, pues a menudo éstos son venenos por relación, y así la especie sirve para dos cosas. Se debe saber que los animales depredadores no son como las víboras, pues el veneno de las víboras no sirve de alimento a los restantes animales, sino que son hostiles [69] por naturaleza a todas las especies de animales y su fin es aniquilarlos. En cuanto a los depredadores, su devorar no es por hostilidad natural, sino para procurarse su alimento, mientras que las víboras no son así. En cuanto a los minerales, en tanto que tales, no son materia de los elementos, sino que les ayudan a la manera de instrumento, como la montaña para la generación del agua.

Hay algunas especies de animales y de plantas que no pueden obtener lo que les es necesario si no es por la asociación[90] en

89. El hombre comparte la vida animal, pero, por naturaleza, actúa por sí y es fuente de bienes y males voluntarios, como dirá más adelante, pp. 73-74 del texto árabe.

90. *Iŷtimâʿ*. Aparece aquí por vez primera este término del que hará amplio uso para referirse a la agrupación de individuos en una comunidad. La palabra

comunidad de unos de sus individuos con otros. Otras pueden alcanzar lo necesario aunque cada uno de ellos esté aislado de los otros, pero no obtienen el más excelente de sus estados sino por la asociación de unos individuos con otros. Otras perfeccionan para cada uno de sus individuos sus asuntos necesarios y lo más excelente, aunque estén aislados unos de otros; sin embargo, cuando se reúnen, unos no impiden a los otros obtener algo de lo que les pertenece. Y otras, cuando se reúnen, unos se impiden a los otros o lo necesario o lo más excelente de sus asuntos. Por esta razón, hay especies de animales cuyos individuos están aislados los unos de los otros siempre para todos sus asuntos, incluso para engendrar, como muchos de los animales marinos. Hay otras que no se aíslan unos de otros sino sólo para engendrar. Y hay otros que no se aíslan unos de otros en la mayor parte de las situaciones, como las hormigas y las abejas y otros muchos distintos, como los pájaros que se alimentan y vuelan en bandada[91].

árabe parece traducir la *koinonía* de *Et. Nic.*, VIII, 11, 1160 a 28. Cf. Walzer, comentario a *Madîna*, p. 430.

91. Cf. Druart (1981: 42-43).

## PARTE SEGUNDA

## *DE LA POLÍTICA*

### [I. *De las asociaciones propias de las ciudades*]

El hombre pertenece a aquella especie de animales que no puede consumar sus asuntos necesarios ni alcanzar el mejor de sus estados si no es por su asociación en comunidades en un solo territorio. Algunas comunidades humanas son grandes, otras medianas y otras son pequeñas. La comunidad grande es la comunidad de muchas naciones, que se asocian y cooperan mutuamente; la mediana es la nación; la pequeña es la que ocupa el espacio de la ciudad. Estas tres son las comunidades perfectas. La ciudad es, pues, el primer grado de las comunidades perfectas. Las asociaciones en aldeas, barrios, calles y casas son imperfectas. La más imperfecta de ellas es la asociación en casa, que es una parte [70] de la asociación en calle; la asociación en calle es una parte de la asociación en barrio, y ésta, a su vez, es una parte de la asociación en ciudad. Las asociaciones en barrios y aldeas existen por razón de la ciudad; sin embargo, la diferencia que hay entre ellas radica en que los barrios son parte de la ciudad, mientras que las aldeas están al servicio de la ciudad. La comunidad propia de la ciudad es una parte de la nación y la nación se divide en ciudades[92].

Las comunidades humanas absolutamente perfectas se dividen en naciones. Una nación se diferencia de otra por dos cosas

92. *Madîna*, pp. 228-230; Alonso (1985: 82-83). *Milla*, p. 43.

naturales: hábitos y rasgos de carácter naturales, y por una tercera cosa convencional, que, sin embargo, tiene un cierto fundamento en las cosas naturales: se trata del lenguaje, es decir, la lengua con la que las gentes se expresan[93]. Hay unas naciones que son grandes y otras que son pequeñas[94].

La causa primaria natural de la diferencia de las naciones en estos asuntos consiste en varias cosas. Una de ellas es la diferencia de las partes de los cuerpos celestes que están frente[95] a ellos, a saber, la esfera primera y la esfera de las estrellas fijas, y luego la diferencia de las posiciones de las esferas inclinadas respecto a las partes de la tierra y la cercanía o lejanía que les adviene. Se sigue de esto la diferencia de las partes de la tierra que son los territorios de las naciones. Desde el principio, esta diferencia resulta sólo de la diferencia de las partes de la esfera primera que está frente a ella, de la diferencia de la esfera de las estrellas fijas que está frente a ella y de la diferencia de las posiciones de la esfera inclinada respecto a ella.

93. *Ibid.*, p. 296; Alonso (1985: 116-117). Son de notar estos rasgos por los que se diferencia una nación de otra. En *Madîna* los pone en boca de los antiguos. Aquí también parece expresarlos como una opinión, a la que opone las, según él, verdaderas causas de la diferenciación de las naciones.

94. Todos estos párrafos parecen estar inspirados por la *Política* de Aristóteles, como señala Wolfson (1936: 369-370 y 1973: 551-552). En *Polit.*, II, 2, 1261a 24-29, Aristóteles habla de tres clases de asociaciones: la alianza militar (*summachia*), la nación (*ethnos*) y la ciudad (*polis*). Aristóteles afirma que el fin de la primera es el mutuo auxilio (*Boétheia*), una asociación que parece corresponder a la comunidad grande de al-Fârâbî, puesto que el fin de ésta también es la mutua cooperación (*tata'âwan*). Por otra parte, en *Polit.*, I, 1 y 2, Aristóteles habla de la ciudad como comunidad perfecta, compuesta por casas y aldeas o distritos. Todo esto plantea de nuevo el problema del conocimiento que los árabes pudieron tener de esta obra aristotélica. Sobre esta cuestión cf. Pines (1975: 150-160). Recordemos que al-Fârâbî, en *Ihsâ'*, p. 96, trad. p. 70, cita la obra de Aristóteles de la siguiente manera: «Esto está en el libro *Política* (*Kitâb Bûlîtiqà*), que es el libro de la *Política* (*Kitâb al-siyâsa*) de Aristóteles». Sin darnos razón de ello el traductor medieval latino, Gerardo de Cremona, identifica esta obra con la *Ética*: «Et hoc quidem est in libro qui *Politica* dicitur, et est liber *Ethice* Aristotilis», p. 170.

95. El término utilizado aquí, *tusâmitu*, pertenece a la radical de la que derivan los términos astronómicos «acimut» y «cénit».

De la diferencia de las partes de la tierra se sigue la diferencia de los vapores que ascienden desde la tierra[96]: como todo vapor surge de un suelo, se asemeja a ese suelo. De la diferencia del vapor se sigue la diferencia del aire y la del agua, pues en cada sitio el agua sólo se genera de los vapores que están bajo el suelo de ese sitio; y el aire de cada sitio está mezclado con el vapor que asciende hasta él desde el suelo. [71] De la misma manera, de la diferencia de la esfera de las estrellas fijas y de la esfera primera, que están frente a ella, y de la diferencia de las posiciones de las esferas inclinadas se sigue la diferencia del aire y la del agua. De éstas diferencias se siguen también las diferencias de las plantas y de las especies de animales irracionales, y así son diferentes los alimentos de las naciones. De las diferencias de sus alimentos se siguen las diferencias de las materias y del semen de que están formados los hombres que vienen en pos de los que ya han muerto. Y de esto se siguen las diferencias de los hábitos naturales y de los rasgos de carácter. Y, además, la diferencia de las partes del cielo que están frente a ellos es causa de la diferencia de los hábitos naturales y de los rasgos de carácter de una manera diversa a la que ya se ha mencionado antes. Y así también la diferencia del aire es causa de diferencias en los hábitos naturales y rasgos de carácter de una manera diversa a la que ya se ha mencionado antes. De la colaboración y combinación de estas diferencias surgen diferentes mezclas, por las que se diferencian los hábitos naturales y los rasgos de carácter de las naciones. De esta manera y por esta vía estas cosas naturales se ajustan, se vinculan unas con otras y ocupan sus grados respectivos; hasta este punto contribuyen los cuerpos celestes en el perfeccionamiento de estas cosas[97].

Después de esto, las otras restantes perfecciones no pertenecen a los cuerpos celestes el darlas, sino que esto es propio del

96. La expresión «los vapores que ascienden desde la tierra» se encuentra literalmente, aunque en singular, en la versión árabe de los *Meteorologica* de Aristóteles, realizada por Yahyà b. al-Bitrîq a comienzos del siglo IX, ed. Petraitis (1967: 98:1), que corresponde aproximadamente a *Meteor.*, III, 6, 378a 15-20. Sobre esta obra en el mundo árabe, cf. García-Junceda (1981: especialmente pp. 47-63) y Baffioni (1980).

97. Sobre la influencia de los cuerpos celestes en el desarrollo del devenir, cf. Walzer, *Madîna*, pp. 379-380 y Druart (1981).

intelecto agente; pero éste no puede dar las restantes perfecciones a otra especie que no sea el hombre. Al darlas al hombre, el intelecto agente hace como los cuerpos celestes. En primer lugar da al hombre una facultad y un principio con el que de manera espontánea tiende, o puede tender, hacia las otras restantes perfecciones. Ese principio consiste en los primeros conocimientos y en los primeros inteligibles [72] que se actualizan en la parte racional del alma.

Sólo le da esos conocimientos e inteligibles, en primer lugar, después de que se haya actualizado previamente en el hombre la parte sensitiva del alma y la parte apetitiva, por la que existen deseos y aversiones que siguen a la parte sensitiva; los instrumentos de estas dos facultades pertenecen al cuerpo. Por ambas se actualiza la voluntad; al principio, la voluntad sólo es un deseo que procede de una sensación; el deseo se realiza por la parte apetitiva, mientras que la sensación tiene lugar en la parte sensible[98]. Y, en segundo lugar, después de que se actualice la parte imaginativa del alma y el deseo que le sigue, se realiza entonces una segunda voluntad después de la primera y esta voluntad es un deseo que procede de un acto de imaginación. Una vez que se han actualizado estas dos, pueden existir los primeros conocimientos que desde el intelecto agente se actualizan en la parte racional. Y entonces tiene lugar en el hombre una tercera clase de voluntad: el deseo que procede de la razón; ésta es la que se conoce propiamente por el nombre de libre arbitrio. Ésta es la que pertenece específicamente al hombre, con exclusión de los demás animales. Por ella el hombre puede hacer lo laudable o lo condenable, lo noble o lo vil y por causa de ella existe la recompensa y el castigo. Las dos primeras voluntades sólo pueden existir en los animales irracionales. Cuando la tercera se realiza en el hombre, por ella puede tender o no hacia la felicidad, y por ella puede hacer el bien y el mal, lo noble y lo vil.

98. La voluntad (*irâda*) es el apetito que sigue a una sensación o a un acto de la imaginación. Correspondería a la *Boulésis* griega, frente al *ijtiyâr* o *proaîresis*, que sería la elección consciente, el libre arbitrio, del que habla líneas más abajo. Cf. *Madîna*, p. 204; Alonso (1985: 71); *Falsafat Aristûtâlîs*, p. 131:1-9. En la versión árabe de *Et. Nic.*, *irâda* traduce el griego *Bouléma*, Aristóteles (1979: 86: 15), correspondiente a *Et. Nic.*, II, 1, 1103b 4.

## [II. *De la felicidad*]

La felicidad es el bien absoluto[99]. Todo lo que es útil para alcanzar y obtener la felicidad, es igualmente un bien, aunque no por sí mismo sino por razón de su utilidad para la felicidad; y todo lo que aparta de la felicidad de cualquier manera es un mal absoluto. El bien que es útil para alcanzar la felicidad es algo que puede existir por naturaleza o por voluntad; el mal que aparta de la felicidad es algo [73] que puede existir por naturaleza o por voluntad. De ello, lo que es por naturaleza solamente lo dan los cuerpos celestes, pero no por su intención de auxiliar al intelecto agente en su objetivo ni por su intención de oponerse a él; pues, cuando los cuerpos celestes dan algo útil al objetivo del intelecto agente, no se debe a que quieran auxiliarlo en eso, ni cuando las cosas naturales se oponen a su objetivo se debe a que los cuerpos celestes quieran oponerse al intelecto agente en eso; al contrario, pertenece a la substancia de los cuerpos celestes dar todo lo que se debe recibir en la naturaleza de la materia, sin preocuparse por lo que sea útil ni perjudicial para el objetivo del intelecto agente. Por eso, no es imposible que en el conjunto de lo que se realiza desde los cuerpos celestes para el objetivo del intelecto agente haya unas veces cosas apropiadas y otras veces cosas contrarias.

El bien y el mal voluntario son algo noble y vil respectivamente; sólo proceden propiamente del hombre. El bien voluntario sólo surge por una única vía, a saber, porque las facultades del alma son cinco: racional teórica, racional práctica, apetitiva, imaginativa y sensitiva. La felicidad, que sólo el hombre puede entender y percibir, es conocida por la facultad racional teórica y no por ninguna de las otras facultades; la conoce cuando utiliza los primeros principios y conocimientos, que el intelecto agente le da. Cuando la conoce, entonces la desea por la facultad apetitiva; luego reflexiona por medio de la facultad racional práctica sobre lo que debe hacer para alcanzarla y hace aquellas acciones, que ha descubierto por la reflexión, con los instrumentos de la facultad apetitiva. Las facultades imaginativa y sensitiva auxilian y obedecen a la racional y le ayudan a incitar al hombre a hacer

99. Cf. *Et. Nic.*, I, 7, 1079b 1-20.

las acciones por las que obtiene la felicidad; entonces, todo aquello que surge del hombre será bueno. De esta única manera surge el bien voluntario.

[74] En cuanto al mal voluntario, aparece por lo que ya he dicho. Ni la imaginativa ni la sensitiva perciben la felicidad; y la facultad racional tampoco percibe la felicidad en toda situación, sino sólo cuando tiende a aprehenderla. Existen muchas cosas que el hombre se imagina que deben ser el objeto y el fin de la vida, tales como lo placentero y lo útil, el honor y otras semejantes. Cuando el hombre se muestra remiso en perfeccionar la parte racional teórica, no percibe la felicidad, pero, como tiende hacia ella, erige como fin al que dirigirse en su vida otra cosa distinta de la felicidad, sea lo útil, lo placentero, la dominación o el honor; los desea ardientemente por medio de la facultad apetitiva, reflexiona con la facultad racional práctica para descubrir cómo obtener ese fin, y se sirve de los instrumentos de la facultad apetitiva para hacer lo que ha descubierto, mientras que las facultades imaginativa y sensitiva le ayudan en ello; entonces todo lo que acontece es un mal. De la misma manera, cuando el hombre percibe y conoce la felicidad, pero no la establece como su deseo y fin, no la desea o lo hace de manera débil, establece como fin de su vida otra cosa distinta de la felicidad y se sirve de las demás facultades para obtener ese fin; también entonces todo lo que procede de él es un mal.

Puesto que el objetivo por el que existe el hombre es alcanzar la felicidad, que es la perfección última que permanece como aquello dable a los seres posibles capaces de recibirlo, es preciso decir la manera por la que el hombre puede llegar a esta felicidad[100]. Sólo puede hacerlo cuando, en primer lugar, el intelecto agente le ha dado los primeros inteligibles, que son los primeros conocimientos. Pero no todo hombre está preparado por naturaleza para recibir los primeros inteligibles, porque los individuos humanos han sido creados por naturaleza con facultades diferentes y con distintas disposiciones. Unos no pueden recibir por naturaleza ninguno de los inteligibles [75] primeros; otros pueden recibirlos, pero de forma distinta, como los locos; otros, en fin,

100. Cf. *Tahsîl*, p. 13. Mahdi (1969: 22).

pueden recibirlos tal como son. Éstos son quienes tienen una naturaleza humana sana y es propio de ellos, y no de los otros, poder obtener la felicidad.

Los hombres que disponen de una naturaleza sana tienen una disposición innata común por la que están preparados para recibir inteligibles comunes a todos, por los que tienden hacia asuntos y acciones comunes a ellos. Pero después de eso, se diferencian y se distinguen unos de otros, pues tienen naturalezas que son propias de cada uno y de cada grupo. Hay quien está preparado para recibir otros ciertos inteligibles que no son comunes sino propios, por los que tienden hacia un cierto género, y quien está preparado para recibir otros inteligibles que son válidos para utilizar en otro cierto género, aunque uno puede compartir con otro algo de lo que le es propio. Uno solo puede estar preparado para recibir muchos inteligibles que son válidos para algo de lo que pertenece a un cierto género, y otro está preparado para recibir muchos inteligibles que son válidos para todo lo que pertenece a ese género. Y, de la misma manera, se distinguen y se diferencian también por las facultades con las que descubren los asuntos de un cierto género que consisten en ser percibidos por medio del descubrimiento. No es imposible que a dos se les den unos mismos inteligibles que sean válidos para un cierto género y resulte que uno de ellos está dotado para descubrir por esos inteligibles unas pocas cosas de ese género y el otro, en cambio, puede descubrir por naturaleza todo lo que pertenece a ese género. De la misma manera, dos pueden tener igual capacidad para descubrir las mismas cosas, pero uno de ellos es más rápido en descubrir y el otro es más lento, o que uno sea más rápido en descubrir lo mejor de ese género y el otro sea más rápido en descubrir lo más superficial de ese género. Puede suceder también que dos tengan igual capacidad para descubrir con rapidez, pero que uno de ellos tenga además capacidad para guiar a otro y enseñarle lo que [76] hay que descubrir, mientras que el otro no tenga capacidad para guiar y para enseñar. Igualmente, pueden distinguirse por su capacidad para las acciones propias del cuerpo.

Las disposiciones que son por naturaleza no fuerzan a nadie ni le obligan a hacer eso, sino que sólo son disposiciones para hacer esa cosa, para la que están preparados por naturaleza, de una manera más fácil para ellos. Sin embargo, cuando uno se abandona a su conveniencia y nada de fuera le impulsa a su contrario, se precipita hacia aquello que se dice que le está preparado. Cuando un motor externo le impulsa hacia lo contrario de eso, también se precipita hacia su contrario, pero con gran dificultad y embarazo; sin embargo, le será fácil por la costumbre que tiene. Sucede también que, en aquellos que están dispuestos por naturaleza para una cierta cosa, es muy difícil cambiarlos de aquello que tienen por naturaleza; antes al contrario, es muy posible que no se pueda en la mayoría de ellos, porque desde el inicio de su nacimiento les ha afectado una enfermedad y un padecimiento crónico y natural en sus mentes.

Todas estas disposiciones, junto con aquello para lo que se está dotado por naturaleza, deben ejercitarse con la voluntad y educarse con aquellas cosas que están preparadas para ello, para llegar desde estas cosas a las últimas perfecciones o a las que están cerca de las últimas. Puede que grandes y excelentes disposiciones en un cierto género sean descuidadas, no se ejerciten ni se eduquen con aquellas cosas que están preparadas para ello, y entonces el tiempo se hace demasiado extenso para eso y sus facultades se atrofian. Y puede que algunas de ellas se eduquen con cosas superficiales que pertenecen a ese género y entonces se adquieren excelentes acciones y descubrimientos para las cosas superficiales de ese género.

[77] Los hombres se distinguen unos de otros por naturaleza en grados, de acuerdo con las diferencias de los grados de los géneros de las artes y ciencias para los que están dotados por naturaleza. Los que están dotados por naturaleza para un cierto género se distinguen según las diferencias de las partes de ese género: los que están dotados para una parte más superficial de ese género son distintos de los que están dotados para una parte más excelente. Los que están dotados por naturaleza para un cierto género o para una parte de ese género se diferencian también según la perfección o imperfección de su aptitud. Aquellos que son iguales por naturaleza se distinguen además por sus diferencias para educarlos con las cosas para las que están dotados; de los que son educados por igual, unos se distinguen por sus diferencias en descubrir; los que tienen capacidad para descubrir en un cierto género, son

superiores a quienes no tienen capacidad para descubrir lo que hay en ese género; quien tiene capacidad para descubrir muchas cosas, es superior a quienes tienen capacidad para descubrir sólo unas pocas. Éstos se distinguen por las diferencias de sus facultades adquiridas a partir de la educación, según la excelente instrucción y enseñanza o según su ignorancia: los que tienen capacidad para una excelente instrucción y enseñanza son superiores a quienes no tienen en ese género facultad para descubrir. Y también, aquellos que están dotados de disposiciones naturales son más imperfectos que los que están dotados de disposiciones naturales excelentes en un cierto género cuando se educan en ese género, pues son más excelentes que quienes no se educan en algo que es propio de quienes poseen una naturaleza excelente; los que se educan con lo mejor que hay en ese género son superiores a quienes se educan con lo más superficial que hay en ese género. Quien es de excelente naturaleza en un cierto género, se educa con todo aquello que dispone por naturaleza, y entonces no sólo es superior a quien no es de excelente naturaleza en ese género, sino también a quien es de excelente naturaleza en ese género pero no se educa o instruye con una escasa parte de lo que pertenece a ese género[101].

[78] Puesto que el objetivo de que exista el hombre está en que consiga la felicidad última, es necesario que, para alcanzarla, conozca la felicidad, la establezca como fin suyo y sea objeto de sus miradas[102]. Luego necesita conocer aquellas cosas que debe hacer para alcanzar por medio de ellas la felicidad, y después hacerlas. Por razón de lo que se ha dicho acerca de la diferencia de las disposiciones naturales en los hombres individuales, no todo hombre puede por naturaleza conocer espontáneamente la felicidad ni las cosas que debe hacer, sino que para ello necesita de un maestro y de un guía. Algunos necesitan poca instrucción, mientras que otros requieren mucha. Y cuando es guiado hacia esas dos cosas, indudablemente ni siquiera hará aquello que ha conocido y hacia lo que ha sido guiado sin una motivación externa y algo que le impulse a ello. Así son muchos hombres. Por eso necesitan que alguien les dé a conocer todo eso y les impulse a hacerlo.

101. Cf. Gómez Nogales (1985).
102. *Tahsîl*, p. 32. Mahdi (1969: 37).

Tampoco puede todo hombre guiar a otros, ni inducirlos a estas cosas. Quien carece de capacidad para inducir a otro hacia alguna cosa en absoluto ni para emplearlo en ella, sino que sólo tiene capacidad para hacer siempre aquello a lo que ha sido guiado, no podrá ser gobernante de algo en absoluto, sino que siempre será gobernado en todo. Quien tiene capacidad para guiar a otro hacia una cierta cosa e inducirlo a ella o emplearlo en ella, en esa cosa será gobernante sobre aquel que no puede hacerla de manera espontánea, aunque, cuando es guiado hacia ella y se le da a conocer, sea capaz de hacerla y luego tiene capacidad para inducir a otro a esa cosa que hace y le guía y lo emplea en ella, entonces éste será gobernante sobre un hombre y gobernado por otro. Así, el gobernante puede ser primero o puede ser segundo. El gobernante segundo es aquel que es gobernado por un hombre, mientras que él gobierna a otro. [79] Estos dos tipos de gobernar pueden pertenecer a un cierto género, como la agricultura, la carpintería y la medicina, o pueden estar en relación a todos los géneros humanos (de artes).

## [III. *De las diferentes clases de ciudades*]

### [1. De la Ciudad Virtuosa]

El que es gobernante primero de manera absoluta no necesita para nada de hombre alguno que le gobierne, sino que a él ya se le han realizado en acto las ciencias y los conocimientos y no tiene necesidad de ningún hombre que lo guíe en algo, pues dispone de una excelente percepción de cada una de las cosas particulares que debe hacer; también es capaz de guiar excelentemente a todos los otros hacia todo aquello que les enseña, es capaz de utilizar a todo aquel que realiza alguna de las acciones para las que está preparado, y es capaz de determinar, definir y dirigir esas acciones hacia la felicidad. Esto sólo existe en quien tiene disposiciones naturales grandes y superiores, cuando su alma se une[103]

103. *Ittasâla* es el verbo usado aquí y en adelante. Esta unión es una cierta conexión, no una unión mística, cf. Walzer, comentario a *Madîna*, pp. 409-410.

con el intelecto agente. Solamente puede lograr esto cuando se actualiza primeramente el intelecto pasivo y luego, a continuación, el intelecto que se llama adquirido, pues la actualización del intelecto adquirido consiste en la unión con el intelecto agente, como se dice en el *Libro sobre el alma*[104].

Este hombre es el verdadero rey[105], según los antiguos, aquel del que se debe decir que es inspirado. El hombre sólo es inspirado cuando alcanza este grado, es decir, cuando no hay mediador entre él y el intelecto agente. El intelecto pasivo es cuasi-materia y sujeto para el intelecto adquirido; y éste es cuasi-materia y sujeto para el intelecto agente[106]. Es entonces cuando del intelecto agente emana al intelecto pasivo la facultad por la que puede ocuparse en definir las cosas y las acciones y dirigirlas hacia la felicidad. Esta efusión que procede del intelecto agente hacia el intelecto pasivo por mediación [80] del intelecto adquirido es la inspiración. Y, puesto que el intelecto agente emana del ser de la Causa Primera, se puede decir por esa razón que la Causa Primera es la que inspira a ese hombre por mediación del Intelecto Agente[107]. Y el gobierno[108] de este hombre es el principal y todos

104. Cf. antes, p. 32 del texto árabe, donde decía que la función propia del intelecto agente consiste en procurar que el hombre alcance la felicidad suprema, siendo ésta de carácter intelectual, como había sostenido Aristóteles en la *Et. Nic.* según ya anotamos. La referencia al *Libro del alma* es una alusión a *De anima*, probablemente al libro I, 1, 403a 10-11, donde Aristóteles afirma que «si hay algún acto o afección del alma que sea exclusivo de ella, ella podría a su vez existir separada», que parece inspirar el pasaje de *Fî l-ʿaql*, pp. 31-32, Ramón Guerrero (1981: 453-455), donde se lee que intelecto humano, en su perfección última, no precisa recurrir a la operación de ninguna facultad del alma que esté en un cuerpo ni tiene necesidad de instrumento corpóreo, precisamente porque ha llegado a ser la cosa más cercana al intelecto agente.

105. Sobre la expresión *malik fî l-haqîqa*, cf. Walzer, comentario a *Madîna*, p. 436. Cf. *Tahsîl*, pp. 42-43, Mahdi (1969: 46).

106. Cf. antes, nota 29.

107. La inspiración, por consiguiente, no es nada sobrenatural, sino que tiene su explicación dentro del sistema racional farabiano. Cf. Walzer (1957), Ramón Guerrero (1981a).

108. El término *ri'âsa* traduce el *arché* griego en el sentido de «poder», «cargo público», «magistratura», tal como se usa cuando se habla de «arcontado»; cf. *Taljîs nawâmis*, p. 20:5. Y el término *ra'îs* traduce *archón*, cf. Walzer, comentario a *Madîna*, p. 436.

los otros gobiernos humanos son posteriores a él y derivan de él. Esto es una evidencia.

Los hombres que están regidos por el gobierno de este gobernante son hombres virtuosos, buenos y felices. Si constituyen una nación, ésa es la nación virtuosa; si están congregados en torno a un único territorio, entonces ese territorio que reúne a todos bajo ese gobierno es la ciudad virtuosa. Si no están congregados en torno a un único territorio, sino en territorios separados cuyos habitantes están regidos por otros gobiernos distintos de éste, entonces esos hombres serán virtuosos, pero extraños[109] en esos territorios; resulta que están separados o bien porque les sucede que no hay ciudad alguna en la que puedan congregarse, o bien porque están en una ciudad, pero les sobrevienen desgracias por parte del enemigo, de la peste, de la sequía, o de otras cosas, y se ven forzados a separarse.

Si ocurre que algunos de estos reyes están reunidos en un mismo tiempo sea en una sola ciudad, sea en una sola nación, sea en muchas naciones, entonces todo este grupo a la vez será como un solo rey, porque coinciden sus preocupaciones, sus objetivos, sus voluntades y sus modos de vida. Si ellos se suceden uno a otro en el tiempo, sus almas serán como una sola alma, pues el segundo llevará el modo de vida del primero y el que ha de venir llevará el modo de vida del que le ha precedido. Y así como a uno de ellos le está permitido cambiar una ley que promulgó para un determinado momento[110], si cree que es mejor cambiarla para otro momento, [81] así también el que viene a suceder al que le ha precedido también puede cambiar lo que promulgó el precedente, porque éste la cambiaría de haber sido testigo de la nueva situación. Cuando ocurre que no hay hombre con este modo de ser, entonces se adoptarán las leyes que dispusieron o prescribieron aquéllos, serán escritas y conservadas y la ciudad se regirá por ellas. El gobernante que rija la ciudad con las leyes escritas recibidas de los imames ya pasados, será el rey de la tradición[111].

109. Al final de la obra, al-Fârâbî habla justamente del caso contrario: de aquellos que no perteneciendo a la ciudad virtuosa viven en ella como «brotes».

110. Sobre la posibilidad de cambiar las leyes, cf. *Milla*, pp. 48-50. Cf. *Et. Nic.*, V, 10, 1137b 15-33.

111. La utilización conjunta de los términos *imâm* y *malik al-sunna* muestra

Cuando cada uno de los ciudadanos hace aquello que se le ha confiado, o porque lo conoce por su cuenta, o porque el gobernante lo guía y le induce a ello, entonces esas acciones suyas le proporcionarán excelentes disposiciones en el alma. Pues, así como la perseverancia en aplicarse a realizar las acciones para escribir bien hace adquirir al hombre una excelencia en el arte de la escritura, que es una disposición de su alma, y cuanto más se entrega a ellas tanto más excelente llegará a ser la escritura, su placer será mayor por la disposición resultante en su alma y el gozo de su alma será más intenso por esa disposición; de la misma manera, las acciones destinadas y dirigidas hacia la felicidad fortalecen la parte del alma preparada por naturaleza para la felicidad y la tornan en acto y perfecta, y, en virtud del poder que le adviene por el perfeccionamiento, llega a no necesitar de la materia, se hace independiente de ella, y no se destruye por la destrucción de la materia, ya que no necesita de la materia para subsistir y existir; entonces le adviene la felicidad[112].

Es evidente, por tanto, que las felicidades que sobrevienen a los ciudadanos se diferencian en cantidad y cualidad según la diferencia de las perfecciones que adquieren por las acciones propias de la ciudad; y, según esto, también difieren los placeres que obtienen. Cuando el alma llega a estar separada de la materia y a ser incorpórea, entonces desaparecen de ella los accidentes que afectan [82] a los cuerpos en tanto que cuerpos. No puede decirse de ella que se mueva o que esté en reposo, sino que de ella deben decirse expresiones que se refieran a lo incorpóreo. Todo aquello con lo que se describe el cuerpo en tanto que cuerpo y que se aplica al alma humana, debe negarse de las almas separadas. Comprender y concebir este nuevo estado suyo es difícil y no está conforme con lo habitual, de la misma manera que es difícil concebir las substancias que no son cuerpos ni están en cuerpos[113].

claramente que al-Fârâbî no estaba pensando en un modelo concreto de Ciudad Virtuosa: ni en el Estado šī'í, ni en el Califato sunní. Cf. Walzer, comentario a *Madîna*, p. 436.

112. *Madîna*, pp. 260-262; Alonso (1985: 100-101). Cf. comentario de Walzer, *Madîna*, pp. 462-463.

113. *Madîna*, p. 262; Alonso (1985: 101).

Cuando una generación ha desaparecido, sus cuerpos se han aniquilado y sus almas se han liberado y son felices, entonces les sucederán después otros hombres que ocuparán su lugar en la ciudad y realizarán sus acciones, y también el alma de éstos se liberará y, cuando se aniquilen sus cuerpos, llegarán a los grados de aquellos que ya han pasado de aquella generación, estarán junto a ellos de la manera que están juntas las cosas incorpóreas, y las almas que son semejantes en cada una de las generaciones se unirán unas con otras. Cuanto más se multipliquen las almas semejantes separadas y se unan unas con otras, tanto más se multiplicará el placer de cada una de ellas. Cada vez que se les una alguien de una generación posterior, el placer de quien llega ahora aumentará por encontrarse con los que ya habían desaparecido y el placer de los que ya han desaparecido aumentará por unirse a los que ahora vienen, porque cada una de ellas se entenderá a sí misma y entenderá a muchas otras que son semejantes y aquello que de ellas entiende de ellas aumentará al unirse los que ya han pasado con los que han venido después. Así, el placer de cada una seguirá aumentando infinitamente. Éste es el estado de toda generación[114]. Ésta es la felicidad última y verdadera, que es el objetivo del intelecto agente.

Cuando las acciones de los habitantes de una cierta ciudad no son dirigidas hacia la felicidad, ellas les hacen adquirir [83] disposiciones del alma que son malas. Pues, así como las acciones para escribir, cuando son malas, proporcionan una mala escritura, de modo similar las acciones de cualquier arte, cuando son malas, proporcionan al alma disposiciones malas que pertenecen a la clase de ese arte. Sus almas devienen entonces enfermas; y, por eso, sienten placer con las disposiciones que adquieren con sus acciones. Así como los que están enfermos de cuerpo —como, por ejemplo, los que tienen fiebre—, por la corrupción de sus sentidos sienten placer con las cosas amargas y las encuentran dulces, y sienten dolor con las cosas dulces y les parecen amargas a su paladar, así también las almas enfermas por la corrupción de su imaginación sienten placer con las malas disposiciones. Y así como entre los enfermos hay quien no se da cuenta de su enfermedad

114. *Ibid.*, pp. 264-266; Alonso (1985: 102-103).

y quien cree que está sano, y entre quienes están en esa situación hay enfermos que no prestan atención a las palabras del médico en absoluto, así también entre quienes tienen el alma enferma hay quien no se da cuenta de su enfermedad y cree, además, que es virtuoso y sano de alma, y no presta atención alguna a las palabras de un guía, de un maestro o de un corrector. Las almas de éstos permanecen materiales y no se perfeccionan separándose de la materia, de manera que, cuando se aniquila la materia, se aniquila también ella[115].

En el gobierno y en el servicio los grados de los habitantes de la ciudad varían según las disposiciones naturales de ellos y según las normas con que han sido educados. El gobernante primero es el que ordena los grupos y a cada hombre en cada grupo según el grado que merece, esto es, un grado de servicio o un grado de gobierno. Habrá, entonces, grados que están próximos a su grado, grados que están poco alejados del suyo y grados que están muy alejados del suyo. Los grados de gobierno son éstos: desde el grado más elevado se desciende paulatinamente hasta llegar a los grados de servicio en los que no hay gobierno y por debajo de los cuales no hay ningún otro grado. Después de haber ordenado estos grados, cuando el gobernante desea establecer una disposición sobre un asunto que quiere imponer a los ciudadanos o a un grupo de ellos [84] e inducirlos a ella, ordena eso a los grados más cercanos al suyo y éstos lo transmiten a quienes dependen de ellos, y sigue así hasta que llega a quien está en el grado del servicio para ese asunto.

Las partes de la ciudad, entonces, están vinculadas y coordinadas unas con otras y están ordenadas por la anterioridad de unos y la posterioridad de otros. Es semejante a los seres naturales y sus grados son semejantes también a los grados de los seres que comienzan en el Primero y finalizan en la materia primera y en los elementos; su manera de estar vinculada y coordinada es semejante al modo en que los diversos seres se vinculan y coordinan unos con otros. Quien gobierna esta ciudad es semejante a la Causa Primera por la que existen los demás seres[116]. Los grados

115. *Ibid.*, pp. 268-270; Alonso (1985: 105-106).

116. Este párrafo da sentido a la primera parte de este libro, los principios

de los seres no cesan de descender poco a poco; cada uno de ellos es gobernante y gobernado, hasta llegar a aquellos seres posibles que no tienen gobierno en absoluto, sino que son sirvientes y existen por razón de otro distinto: son la materia primera y los elementos.

La felicidad solamente se alcanza al desaparecer los males, no sólo los voluntarios, sino también los naturales, de las ciudades y de las naciones, y cuando ellas adquieren todos los bienes naturales y voluntarios. La función del gobernante de la ciudad, que es el rey, consiste en gobernar las ciudades de tal modo que se vinculen y coordinen unas partes con otras y se ordenen en grados por los que los ciudadanos cooperen mutuamente para rechazar los males y adquirir bienes. Consiste también en examinar todo lo que dan los cuerpos celestes, lo que sea útil o conveniente de alguna manera o beneficioso en cierta manera para alcanzar la felicidad, para conservarlo y acrecentarlo, y lo que sea nocivo, para esforzarse en convertirlo en algo útil, y lo que no pueda convertirse en eso, para aniquilarlo o reducirlo[117]. En resumen, ha de tratar de aniquilar todos los males y consolidar todos los bienes.

Cada uno de los habitantes de la ciudad virtuosa necesita conocer los principios últimos de los seres, sus grados, la felicidad, el gobierno primero que tiene la ciudad virtuosa y los grados de sus gobernantes; a continuación, [85] las acciones determinadas que, una vez realizadas, llevan a la felicidad. Pero no han de limitarse sólo a conocer estas acciones, sino que deben ser hechas y los ciudadanos deben ser impulsados a hacerlas.

Los principios de los seres y sus grados, la felicidad y el gobierno de las ciudades virtuosas[118] o bien son concebidos y entendidos, o bien son imaginados por el hombre. Concebirlos consiste

de los seres. Es importantísimo el paralelismo que establece entre la ciudad y el universo: el orden que se da en ellos es el mismo y el gobernante de la Ciudad ha de ser semejante al gobernante o Causa Primera de la que depende el orden del universo. En mi opinión, aquí está la clave para entender todo el sistema farabiano.

117. Cf. Druart (1981: 40).

118. De nuevo hallamos aquí la vinculación entre las dos partes de la obra, lo que prueba su unidad. Por otra parte, la utilización del plural, *al-madan al-fâdila*, lleva a preguntarse si al-Fârâbî sostenía la existencia de varias ciudades virtuosas, cf. Cruz Hernández (1986: 103, nota).

en que se impriman en el alma del hombre sus esencias, tal como existen realmente. Imaginarlos consiste en que se impriman en el alma del hombre sus imágenes, sus representaciones y cosas que los imitan. Esto es semejante a lo que ocurre en las cosas visibles, como por ejemplo el hombre: lo vemos a él mismo, o vemos una representación suya, o vemos su imagen en el agua, o vemos la imagen de su representación reflejada en el agua o en otras clases de espejos. Verlo nosotros a él mismo es como concebir el intelecto los principios del ser, la felicidad y lo demás. Ver nosotros al hombre reflejado en el agua o verlo en representación se parece a la imaginación, porque nuestro verlo en representación o reflejado en el espejo es ver aquello que imita al hombre. Así también, cuando imaginamos estas cosas estamos en realidad concibiendo aquello que las imita, no concibiéndolas en sí mismas.

La mayoría de los hombres, por disposición natural o por costumbre, no tiene capacidad para comprender y concebir estas cosas. Son aquellos a los que hay que representarles en imagen, por medio de cosas que los imitan, cómo son los principios de los seres y sus grados, el intelecto agente y el gobierno primero. Los significados y las esencias de éstos son unos e inmutables, mientras que las cosas que los imitan son muchas y variadas, unas más cercanas a lo que imitan y otras más alejadas; así también sucede en los objetos visibles: la imagen del hombre reflejada en el agua es más cercana al hombre real que la imagen de la representación del hombre reflejada en el agua. Por ello, es posible imitar estas cosas para cada grupo y para cada nación sin servirse de las cosas que las imitan para otro grupo o para otra nación. Por ello, puede haber [86] naciones y ciudades virtuosas cuyas religiones sean diferentes, aunque todas ellas se encaminen hacia una y la misma felicidad[119]. La religión consiste en las impresiones de estas cosas o en las impresiones de sus imágenes en las almas[120]. Puesto que

119. Cada pueblo tiene su religión, a diferencia de lo que ocurre con la filosofía, que es una y única para todos los pueblos.

120. La religión, entonces, no es sino una representación simbólica de la verdad, realizada por la facultad imaginativa, por lo que la función imitativa de ésta es sumamente importante en el profeta, legislador y filósofo que rige la ciudad, ya que a través de ella da a conocer a las gentes los principios de los seres y la felicidad. En *Falsafat Aristûtâlîs*, p. 85, Mahdi (1969: 93), podemos leer

es difícil que la gente vulgar comprenda estas cosas mismas tal como son, se ha de intentar dárselas a conocer por otro medio y éste es la imitación. Estas cosas, pues, han de ser imitadas para cada grupo o nación por medio de aquellas cosas que sean más conocidas por ellos. Puede suceder, sin embargo, que lo más conocido para cada uno no sea lo más conocido para otro.

Mucha gente que tiende a la felicidad sólo tiende a una felicidad imaginada, no concebida. De la misma manera, mucha gente sólo acepta como imaginados, pero no como concebidos, los principios que consisten en ser aceptados y seguidos, engrandecidos y exaltados. Quienes tienden a la felicidad como concebida y quienes aceptan los principios como concebidos, son los filósofos[121], mientras que quienes tienen estas cosas en sus almas como imaginadas y quienes las aceptan y tienden a ellas así, son los creyentes.

Las imitaciones de estas cosas varían en excelencia. Unas son mejores y más perfectas como imágenes y otras son más imperfectas; unas están más cerca de la verdad y otras más lejos; en unas los lugares de discrepancia[122] son pocos o desconocidos, o es difícil discrepar de ellos, y en otras son muchos o manifiestos, o es fácil discrepar de ellos o rechazarlos. También es posible que estas cosas les sean imaginadas a través de varios asuntos, que, pese a su diversidad, estén mutuamente relacionados: que unas cosas imiten estos asuntos, otras cosas imiten a esas otras y unas terceras imiten a las segundas; o que los diversos asuntos que imitan

el significativo pasaje que a continuación reproduzco: «El símbolo (*tajyîl*) y la imitación (*muhâkât*) por medio de imágenes es una de las maneras de enseñar al vulgo y al común de las gentes numerosas cosas teóricas difíciles, para producir en sus almas las impresiones de esas cosas por medio de sus imágenes». Se ve el papel secundario frente a la filosofía que tiene la religión. De esta función imitativa habla en *Madîna*, pp. 210-212, 240 y 278; Alonso (1985: 74-75, 89 y 110). Para Walzer, comentario a *Madîna*, pp. 414-420 y Walzer (1962: 206-219), la función imitativa es una herencia de la tradición neoplatónica. Sin embargo, como ha mostrado Daiber (1986), se inscribe en la más pura línea aristotélica.

121. En el original *hukamâ'*, los «sabios»; pero, de nuevo, el sentido del texto apunta a la contraposición entre filósofos, que conocen y aceptan la verdad tal como es, y gentes de religión, que sólo conocen la verdad a través de símbolos.

122. *Mawâdi' al-'inâd* traduce el griego *enstasis* en *Madîna*, p. 280, Alonso (1985: 111). Cf. Walzer (1962: 90).

esas cosas —es decir, los principios de los seres, la felicidad y sus grados— sean imitaciones por igual. Si [87] todas ellas son de igual excelencia al imitar o al tener pocos o desconocidos lugares de discrepancia, entonces todas o cualesquiera de ellas podrán usarse según convenga. Si difieren en excelencia, se podrá elegir la imitación que sea más perfecta y aquella en la que no existan lugares de discrepancia en absoluto o aquella en la que sean pocos o desconocidos, y, después, aquellas que estén más cerca de la verdad, y rechazar aquellas imitaciones que sean distintas de éstas.

## [2. De las otras ciudades]

A la ciudad virtuosa se oponen la ciudad ignorante[123], la ciudad inmoral[124] y la ciudad del error[125]. Además, en la ciudad virtuosa hay brotes[126], cuya posición en las ciudades es como la cizaña entre las mieses, los espinos que crecen entre las semillas o las hierbas inútiles y perjudiciales para las semillas o cultivos. Hay también hombres bestiales por naturaleza[127]; éstos no son hombres políticos, ni tienen asociaciones políticas en modo alguno, sino que unos son como los animales domésticos y otros como los animales salvajes, algunos de los cuales son fieras. Así, entre ellos hay quienes se retiran solitarios a los desiertos, quienes se retiran agrupados y se aparean como las fieras, y quienes se retiran cerca de las ciudades; hay quienes sólo comen carne cruda, quienes pastan hierba silvestre y quienes depredan como los animales depredadores. Éstos se encuentran en los extremos de las partes habitadas, bien sea en las más remotas del norte, bien en las más remotas del sur; deben ser tratados como animales. Quienes sean domésticos y útiles de alguna manera en las ciudades,

123. *Madîna*, pp. 252-254; Alonso (1985: 96 y nota).

124. *Al-madîna al-fâsiqa*; la raíz *f-s-q* significa «tomar el mal camino», «desviarse», «actuar inmoralmente». Walzer traduce «wicked city».

125. *Al-madîna al-dâlla*; la raíz *d-l-l* tiene el sentido de «perderse», «extraviarse», «errar».

126. Además de las tres ciudades opuestas a la virtuosa, al-Fârâbî señala la existencia de los *nawâbit*, «retoños», «gérmenes», «brotes», que son individuos aislados perjudiciales para la ciudad. Citados en *Madîna*, p. 254, Alonso (1985: 96). Cf. Avempace (1946: p. 10 del texto árabe, p. 41 de la traducción y nota 14).

127. Cf. la nota de Cruz Hernández en Alonso (1985: 110).

deben ser dejados, esclavizados y utilizados como son utilizados los animales. Y quienes no sean útiles o sean perniciosos, deben ser tratados como los restantes animales perniciosos. Y así también deben ser tratados aquellos hijos de los ciudadanos a los que les sucede ser de naturaleza bestial.

[*A*) De las ciudades ignorantes]

Los habitantes de las ciudades ignorantes son hombres políticos. Sus ciudades y asociaciones políticas son de varias clases: [88] las asociaciones necesarias, la asociación de gentes viles en las ciudades viles, la asociación depravada en la ciudad depravada, la asociación de los honores en las ciudades de los honores, la asociación del poder en las ciudades del poder y la asociación de la libertad en la ciudad general y común y en la ciudad de los libres[128].

*a*) La ciudad de la necesidad y la asociación de la necesidad[129] es aquella en la que hay cooperación para adquirir lo necesario para la subsistencia y conservación de los cuerpos. Hay muchas maneras de adquirir estas cosas, como, por ejemplo, el laboreo, el pastoreo, la caza, la rapiña y otros. La caza y la rapiña pueden ser practicadas cada una de ellas o con engaño o abiertamente. Hay ciudades de la necesidad que disponen de todas las artes con que se obtiene lo necesario, y otras en las que lo necesario se adquiere por medio de una sola arte, como el laboreo solo o cualquier otra sola. El más notable de sus ciudadanos es el mejor en habilidad, en disponer y en lograr aquello con lo que se llega a lo necesario a través de los medios de adquisición propios de los habitantes de la ciudad. El gobernante de éstos será quien sea de excelente disposición y hábil para emplearlos en obtener las cosas necesarias y de excelente disposición para conservarlas para ellos, o quien les proporcione estas cosas a partir de lo suyo propio.

128. *Madîna*, pp. 254-256; Alonso (1985: 97-98).

129. *Madîna*, p. 254; Alonso (1985: 97). *Fusûl*, p. 45, § 28. Parece corresponder al Estado platónico que satisface las necesidades de *Rep*. 369 d: *é anankaiotaté polis*. Averroes (1956) lo cita por dos veces, pp. 209 y 230; Lerner (1974: 107 y 128); Cruz Hernández (1986: 105 y 127).

*b*) La ciudad de la vileza[130] y la asociación de gentes viles es aquella en la que sus habitantes se ayudan para obtener riqueza, prosperidad, posesión multiplicada de cosas necesarias, o aquellas cosas que las substituyen, como dírhems y dinares, y acumularlos por encima [89] de sus necesidades, no por otra razón sino sólo por el amor de la riqueza y por la avaricia que tienen; y se ayudan también para no consumir de ellas sino lo necesario para la subsistencia corporal. Hacen esto o por todos los modos de adquisición o por aquellos que son factibles en ese territorio. Entre ellos el más notable es el más rico y el mejor en destreza para alcanzar la riqueza. Su gobernante será el hombre que pueda disponerlos de manera excelente para adquirir riqueza y que pueda conservársela siempre. La riqueza se obtiene por todos los medios con que se pueden obtener las cosas necesarias, tales como el laboreo, el pastoreo, la caza y la rapiña, y también por medio de negocios voluntarios, tales como el comercio, el arriendo y otros.

*c*) La ciudad de la depravación[131] y la asociación depravada es aquella en la que los habitantes se ayudan para gozar de los placeres de los sentidos o de los placeres de la imaginación, es decir, la diversión y los juegos, o de ambos a la vez; y también de los placeres de la comida, de la bebida y los sexuales, eligiendo el más placentero de éstos y buscando sólo el placer por el placer y no por la subsistencia corporal ni porque sea útil de alguna manera a los cuerpos; lo mismo ocurre con la diversión y los juegos. Ésta es una ciudad feliz y dichosa para los habitantes de la ciudad ignorante, porque sólo pueden alcanzar el fin de esta ciudad después de haber adquirido las cosas necesarias y las riquezas, y esto por medio de mucho gasto. El más excelente, feliz y dichoso de ellos es quien está capacitado para procurar mucha diversión y obtener muchos placeres.

130. *Madîna*, 254; Alonso (1985: 97). Podría corresponder al Estado oligárquico de Platón: *Rep.*, 550 c: *oligarkia*, y de Aristóteles: *Política*, III, 8, 1279b 17-18, puesto que es el régimen basado en la tasación de la fortuna. Averroes (1956: 211-212); Lerner (1974: 109-110); Cruz Hernández (1986: 108-109).

131. *Madîna*, 254-256; Alonso (1985: 97). Es la sociedad hedonista. Averroes (1956: 217); Lerner (1974: 115-116); Cruz Hernández (1986: 114).

*d*) La ciudad del honor[132] y la asociación del honor es aquella en la que sus habitantes se ayudan para ser honrados en dichos y hechos, es decir, para que sean honrados por los habitantes de otras ciudades o para alabarse unos a otros. El honrarse unos a otros puede ser o por igualdad o por desigualdad. Honrar por igualdad [90] consiste en tratarse mutuamente con honores: unos dan a otros una cierta clase de honor en un momento para que los otros les den en otro momento esa misma clase de honor u otra distinta, cuyo valor sea para ellos el mismo de aquella clase. Honrar por desigualdad consiste en darse unos a otros una cierta clase de honor y en dar éstos a aquéllos un honor de mayor valor que el de la clase primera; todo esto sucede entre ellos en virtud de los méritos: el segundo merece un honor en una cierta medida y el primero merece un honor más grande; esto depende de los merecimientos entre ellos. Para los habitantes de la ciudad ignorante los merecimientos no se deben a la virtud, sino o bien a las riquezas, o bien a ser causa de placeres y diversiones y a poder conseguir muchos de ellos, o bien a la obtención de muchas cosas necesarias —por el hecho de que el hombre que es amo se basta para todas las necesidades que precisa—, o bien porque el hombre sea útil, es decir, cuando es un excelente realizador de estas tres cosas para los otros.

Hay otra cosa muy deseada por muchos habitantes de la ciudad ignorante: la dominación. Quien se hace con ella es envidiado por muchos de ellos. Por esta razón esto debe ser enumerado también entre los méritos de las ciudades ignorantes. Para sus habitantes lo más glorioso por lo que un hombre debe ser honrado es por ser famoso en dominar en una, dos o muchas cosas; por no ser dominado porque él mismo o porque sus ayudantes sean muchos o fuertes, o por ambas cosas a la vez; y por no sufrir daño, sino que sea él quien lo cause a otros cuando quiera. Para ellos, éste es uno de los estados de felicidad por el que un hombre merece honor; el mejor en esta [91] categoría debe ser el más honrado. Para ellos, tal hombre está dotado de nobleza y, para ellos, la no-

132. *Madîna*, p. 256; Alonso (1985: 98). Correspondería al Estado timocrático de Platón, *Rep.*, 545 b: *timokratia*. Averroes (1956: 209-210); Lerner (1974: 107-108); Cruz Hernández (1986: 106-107).

bleza se remonta a algunas de las cosas antes dichas: a saber, sus padres y abuelos eran ricos, o podían proporcionar mucho placer y tenían los medios para ello, o habían dominado en muchas cosas, o habían sido útiles respecto a estas cosas a otros, fuera un grupo o los habitantes de una ciudad, o habían dispuesto de los instrumentos de estas cosas, como nobleza, entereza o desprecio a la muerte, pues éstas son instrumentos de dominación.

El honor por igualdad unas veces se da por méritos de algo externo y otras veces el honor mismo es razón del mérito, de manera que el hombre que comienza y honra a otro merece por su acción honorable ser honrado por el otro, como lo que ocurre en los negocios del mercado. Para ellos, quien merece más honor es gobernante de aquel que merece ser menos honrado; esta diferencia se eleva hasta llegar a quien merece más honores que cualquier otro en la ciudad. Éste será, entonces, el gobernante y el rey de la ciudad. Y como esto es así, éste debe ser quien tenga más méritos que cualquier otro. Y lo que ellos consideran méritos ya lo hemos enumerado.

Si esto es así y si para ellos la autoridad sólo se basa en la nobleza, entonces debe tener más nobleza que los demás, y lo mismo ocurre si para ellos el honor sólo se basa en la riqueza. Después, los hombres rivalizan en mérito y se distinguen unos de otros por la cantidad de riqueza y por la nobleza, y quien no tenga riqueza ni nobleza no será incluido en ninguna autoridad y honor. Así ocurre si los méritos son [92] asunto cuya bondad no trasciende de sus poseedores; éstos son los más bajos de los gobernantes del honor. Si el gobernante sólo es honrado por razón de su utilidad para los habitantes de la ciudad en lo que es objeto de preocupación y deseo de ellos, entonces será honrado o porque les procura beneficio en las riquezas o en los placeres, o porque lleva a otros a honrarlos o a otras cosas deseadas por ellos, o porque les da de su propiedad esas cosas o las obtiene y las conserva para ellos por la bondad de su gobierno.

Para ellos, el más excelente de estos gobernantes es quien procura a los habitantes de la ciudad estas cosas sin buscar para sí nada más que el honor; por ejemplo, les consigue riquezas o placeres sin exigir para sí ni riquezas ni placeres, sino que busca el honor solo, el elogio, el respeto, el homenaje en dichos y hechos, que su nombre adquiera fama por eso en las restantes naciones durante su vida y después, y que su recuerdo permanezca durante largo tiempo. Éste es el que para ellos merece honor. Con bastante frecuencia este hombre necesita bienes y riqueza para gastarlos en lo que permita a los habitantes de la ciudad alcanzar sus deseos de riqueza o placer y en lo que les permita conservarlos. Cuanto mayores sean sus acciones, mayores deben ser sus riquezas también, pues estas riquezas suyas son provisión para los habitantes de la ciudad. Por esto, algunos gobernantes buscan la riqueza y creen que gastarla es generosidad y liberalidad. Toman de la ciudad estos bienes por medio de tributos o arrebatando sus riquezas a otras gentes distintas de los habitantes de la ciudad, y haciéndolas ingresar en el erario público; las dejan como provisión con que hacer grandes gastos en la ciudad para obtener por ello más honor.

A quien ama el honor por cualquier medio le puede suceder que se le antoje [93] nobleza para sí y para sus hijos después de él; y para que su recuerdo permanezca después de él en sus hijos, designa al rey entre sus hijos o entre su familia. Puede, además, tomar para sí riquezas por las que pueda ser honrado, aunque de ellas no se beneficien otros. Y también puede honrar a un grupo de gentes para que ellos le honren a él. Acopia así todas aquellas cosas por las que los hombres pueden honrarle, reservándose para sí sólo aquellas cosas que para ellos tienen esplendor, adorno, grandeza y majestad, como los edificios, la indumentaria, los adornos externos y que, además, aíslen de las gentes. Promulga después las leyes de los honores. Puesto que tiene una cierta autoridad y la gente está acostumbrada a que él y su familia sean reyes, entonces asigna un orden a los hombres según grados, de cuya ordenación se obtenga honor y grandeza. A cada grado le prescribe una clase de honor y aquellas riquezas, edificios, vestimentas, adornos externos, vehículos u otras cosas en virtud de las cuales se merece honor y se es ilustre; y dispone todo esto según un orden. Después elige a aquel hombre que más le honre o a quien le ayude a su engrandecimiento de una manera más eficaz; y le honra y le da honores según sea eso. Aquellos habitantes de su ciudad que gustan de los honores lo tratan para aumentar los honores que les ofrece, y por esto aquellos habitantes de los grados inferiores o superiores les honran por eso.

Por todas estas cosas, esta ciudad se asemeja a la ciudad virtuosa, particularmente si los honores y los grados de los hombres respecto de los honores se deben a las cosas más útiles, siendo lo más útil para los otros las riquezas, [94] los placeres u otras cosas que son deseadas por quien busca lo que es útil. Esta ciudad es la mejor de las ciudades ignorantes y aquélla cuyos habitantes, a diferencia de los de las otras ciudades, merecen ser llamados propiamente «ignorantes» y otros nombres semejantes. Sin embargo, cuando el amor de los honores se hace excesivo, se convierte en la ciudad de los tiranos y merece cambiar y convertirse en ciudad del poder.

*e*) La ciudad del poder[133] y la asociación del poder son aquellas en las que sus habitantes se ayudan para obtener el dominio. Esto es así cuando todos sus habitantes poseen amor de dominio, aunque sean diferentes en cuanto al grado de su amor, sea poco o mucho, y en cuanto a las clases de dominio y a las clases de cosas por razón de las que se domina a los hombres: a algunos, por ejemplo, les gusta dominar por derramar sangre de los hombres, a otros por sus riquezas, y a otros por apoderarse de ellos para esclavizarlos. Los hombres están ordenados por grados en esta ciudad, dependiendo de que el gusto de cada uno por el dominio sea mayor o menor. A ellos les gusta dominar a otros, por derramar su sangre y hacerles morir, o por apoderarse de ellos para esclavizarlos, o para arrebatarles sus riquezas. Lo que les gusta y lo que se proponen con todo esto es dominar, someter y humillar; que el sometido no tenga potestad sobre sí mismo ni sobre aquellas otras cosas por las que ha sido dominado, sino que esté bajo la obediencia del vencedor en todo lo que éste quiera, de manera que, cuando a uno de los que les gusta dominar y someter quiere o desea una cierta cosa, la obtenga sin tener que someter a un cierto hombre para eso, sin que él mismo tenga que cogerla o preocuparse de ella.

Algunos piensan subyugar por medio del engaño, otros sólo por medio del duro combate, y otros [95] por ambas cosas a la

133. *Madîna*, p. 256; Alonso (1985: 98). Es el Estado tiránico de Platón, *Rep.*, 545 c. Averroes (1956: 215-217); Lerner (1974: 113-115); Cruz Hernández (1986: 111-114).

vez, engaño y duro combate. Por esta razón, muchos de los que someten a otros por razón de la sangre no matan a un hombre cuando está durmiendo ni se apoderan de sus bienes hasta que lo han despertado; al contrario, piensan cogerlo por medio del duro combate y por realizar acciones con que resistir al otro hasta someterlo y causarle desgracia. Como a todos éstos le gusta dominar, por ello les gustaría dominar a cada uno de los otros, habitantes de la ciudad u otros distintos; sin embargo, se abstienen de dominarse unos a otros respecto a derramar sangre y a sus bienes, porque necesitan unos de los otros para sobrevivir, para ayudarse a dominar a otros y para impedir que otros dominen sobre ellos.

Su gobernante es el más fuerte de ellos por su excelente manera de utilizarlos en dominar a otros; el más excelente en usar argucias y el más perfecto al juzgar lo que deben hacer para que se consideren siempre dominadores y nunca dominados por otros, pues ellos son enemigos de todos los demás hombres. Éste es su gobernante y su rey. Cuando son seguidas todas sus leyes y prescripciones, entonces son los mejores para dominar a otros. Sus rivalidades y disputas versan sobre la frecuencia o alcance del dominio o sobre la abundante posesión de aparejos e instrumentos de dominio. Los aparejos e instrumentos de dominio existen en la mente del hombre, en su cuerpo o fuera de su cuerpo. Ejemplo de los que existen en su cuerpo es la fortaleza; fuera de su cuerpo, las armas; en su mente, un excelente juicio para aquello con que dominar a otros. A veces sucede que éstos tienen rudeza, crueldad, intensa ira, altivez, excesiva avidez por gozar de comidas, bebidas y muchos actos sexuales y por apoderarse de todos los bienes; todo ello lo obtienen por medio de someter y humillar a quienes lo tienen. Piensan que dominarán todo y a todos.

[96] Unas veces estas cosas ocurren así en la ciudad entera, de modo que sus habitantes creen ser los que se proponen dominar a quienes no pertenecen a la ciudad, no por otra cosa sino por su necesidad de asociarse. Otras veces los dominados viven junto a los que los someten en una sola ciudad; entonces a los dominadores o bien les gusta someter y dominar por igual y tienen igual grado en ella, o bien tienen diversos grados, por lo que cada uno de ellos tiene algo por lo que domina a los sometidos

que son vecinos suyos, siendo mayor o menor que lo que tienen los otros; de esta manera, por la potestad y las opiniones por las que dominan, están situados cerca de un rey que los gobierna y dirige los asuntos de los dominadores en lo que se refiere a los instrumentos de dominio que utilizan. Y, en fin, otras veces sólo hay un dominador y dispone de un grupo de gentes que son para él instrumentos con que dominar a los demás; no es intención de éstos que domine algo de lo que se apodere por razón de otro, sino que su interés está en que domine algo que sea solamente suyo. A él solo le es suficiente aquello que conserva su vida y su fortaleza de la que se sirve, mientras que da lo demás a los otros y domina por los otros como los perros y los azores. De esta manera, los demás habitantes de la ciudad son siervos que prestan servicio a ese uno en todo lo que desea; sumisos y obedientes, no poseen nada propio en modo alguno; unos le cultivan la tierra y otros comercian para él. Su intención en esto no es más que ver a un grupo de gente sometidos, dominados y sumisos a él, aunque no obtenga otro provecho ni otro placer que humillarlos y tenerlos sometidos. Ésta es la ciudad del poder sólo por su rey; los demás habitantes no son dominadores. La ciudad anterior sólo es dominadora a medias, mientras que la primera lo es por todos sus habitantes[134].

La ciudad del poder es tal que su interés reside en usar uno de estos modos para dominar sólo y para gozar de ello. Si el gusto por dominar sólo se da para adquirir las cosas necesarias, las riquezas, [97] y disfrutar de los placeres y honores, o todas estas cosas juntas, entonces ésta es una ciudad del poder de otra clase, pues sus habitantes forman parte de las otras ciudades mencionadas. Mucha gente llama a estas ciudades ciudad del poder, pero la que merece este nombre es la que persigue la totalidad de estas tres cosas por medio del sometimiento. Y estas ciudades son de tres clases: por uno solo de sus habitantes, por la mitad de ellos o por todos ellos. Éstos sólo pretenden someter y castigar no por el hecho mismo, sino que su intención y objetivo es otra cosa.

134. Hay tres clases, pues, de ciudades tiránicas: aquella en que sólo lo es su rey; aquella en que parte de sus habitantes lo son; y aquella en que lo son todos.

Hay otras ciudades que pretenden estas otras cosas además del poder. La primera de ellas, que pretende el poder como sea y para cualquier cosa que sea, es aquella en la que hay quien causa daño a otro sin obtener provecho alguno de ello, como, por ejemplo, matar sin otra razón que el placer de someter solamente; en ella se lucha por cosas viles, como lo que se cuenta de algunos árabes[135]. En la segunda, sólo hay gusto por el poder por razón de cosas que para sus habitantes son elogiables y elevadas, pero no viles; cuando pueden obtener estas cosas sin someter a otros, entonces no utilizan la dominación. La tercera ciudad no causa daño ni mata, a menos que sepa que obtendrá algún provecho de ello respecto de alguna de las cosas nobles; cuando alguno de sus habitantes consigue las cosas que quiere sin dominar ni someter, bien, por ejemplo, porque hay abundancia, o porque se las proporciona otro, o porque alguien se las da voluntariamente, entonces no lo quiere, ni se preocupa de ello, ni lo toma de otro. Éstos también son llamados de grandes miras y dotados de nobleza.

[98] Los habitantes de la primera ciudad se limitan sólo a someter lo necesario para alcanzar el poder. A veces combaten y realizan una gran guerra por bienes o por alguien que les son inaccesibles y persisten en ello hasta que, cuando lo han conseguido y lo han alcanzado, les desaparece su disposición y deseo, y entonces lo dejan y no lo toman. Éstos también son dignos de elogio y se les honra y respeta por esto. Muchas de estas cosas son utilizadas por quienes gustan del honor, a fin de ser honrados por ellas. Las ciudades propias del poder son mucho más tiránicas que propias del honor.

A los habitantes de la ciudad de la riqueza y a los de la ciudad de la diversión y del juego les sucede a veces que se creen ser dichosos, felices y gente de éxito, y que son mejores que los habitantes de las demás ciudades. Por razón de sus opiniones sobre sí mismos les sucede que desprecian a los habitantes de las otras ciudades y piensan que los otros no tienen valor, ni amor,

135. Esta referencia a los árabes y a los turcos, que encontraremos a continuación, muestra cómo al-Fârâbî está pensando en la situación real en la que vive y no sólo repensando idealmente la ciudad platónica.

ni honor para ser felices por aquello por lo que ellos lo son. Les afecta entonces jactancia, altivez, fatuidad y amor de vanagloria, y suponen que los otros no pueden alcanzar lo que ellos han alcanzado, y que por eso son demasiado estúpidos para lograr alguna de estas dos clases de felicidad. Se crean para sí mismos nombres con los que embellecer sus maneras de ser, como, por ejemplo, que están dotados por naturaleza, que son encantadores y que los otros son rudos. Creen por eso que están dotados de nobleza, dignidad y supremacía. A veces son llamados los dotados de elevadas miras.

Cuando a los que aman las riquezas y a los que aman los placeres y juegos les sucede que no consiguen las artes por las que se adquieren las riquezas, sino sólo la potestad por la que se da el poder, y alcanzan la riqueza y los juegos a través del sometimiento y el poder, entonces por ellos les adviene mucha jactancia e ingresan en el grupo de los tiranos; los primeros, en cambio, son necios. De esta manera, es posible que entre los que aman el honor haya quien lo ame no por sí mismo, sino por la riqueza. Muchos sólo quieren ser honrados por otro para obtener por ello riquezas, bien de ése o de otro; sólo quieren gobernar y ser obedecidos por los habitantes de su ciudad para alcanzar la riqueza. Otros muchos [99] quieren la riqueza por el juego y el placer; así, a muchos les ocurre que buscan gobernar y ser obedecidos para alcanzar la riqueza para servirse de ella en el juego; piensan que cuanto más grande y completa sea su autoridad y la obediencia de los otros, tanto más tendrán de estas cosas; buscan ser los únicos en gobernar a los habitantes de la ciudad para alcanzar majestad, por la cual conseguir grandes riquezas, a las que ningún habitante pueda acceder, y para usarlas en el juego y para obtener juegos y placeres de la comida, bebida y sexo, en tal cantidad y calidad a la vez que nadie pueda obtener.

*f*) La ciudad comunitaria[136] es aquella en la que cada uno de sus habitantes es totalmente libre e independiente para hacer lo

136. El término árabe es *ŷamâ'iyya*, es decir, «propio de la comunidad, de la colectividad». Parece corresponder a la ciudad democrática o demagógica, como la llama Cruz Hernández en su presentación de Alonso (1985: xxxii). Cf. *Madîna*, 256; Alonso (1985: 98). Es posible que se trate de la *ochlokratia*,

que quiera. Sus habitantes son iguales y sus leyes son tales que ningún hombre es superior a otro en nada. Sus habitantes son libres para hacer lo que quieran; ninguno, ni de ellos ni de fuera, tiene autoridad, a menos que realice aquello con que desaparece su libertad. Disponen, entonces, de muchas normas morales, de muchas ambiciones y deseos y de un incontable placer por muchas cosas, y sus habitantes dan lugar, además, a innumerables grupos semejantes y desemejantes. En esta ciudad están reunidos aquellos que en todas las otras están dispersos, malos y nobles, y los gobiernos existen por cualquiera de las cosas que ya hemos mencionado. Las masas[137] de esta ciudad, que no tienen lo que tienen los gobernantes, son quienes tienen potestad sobre aquellos de los que se dice que son sus gobernantes. Quienes los gobiernan sólo lo hacen por voluntad de los gobernados y los gobernantes siguen los deseos de los gobernados. Cuando se investiga en profundidad su situación, se ve que en realidad no hay entre ellos ni gobernante ni gobernado.

Sin embargo, son dignos de elogio y de honra entre ellos quienes llevan a los habitantes de la ciudad a la libertad y a todo lo que desean y anhelan, quienes salvaguardan su libertad y sus variados y diferentes deseos contra [100] los ataques de unos a otros y de sus enemigos externos, y quienes limitan sus deseos sólo a las cosas necesarias. Éste es el que es honrado, el mejor y el que es obedecido entre ellos. De los demás gobernantes suyos, o son iguales o son inferiores a ellos. Es igual a ellos cuando resulta que, al prepararles los bienes que ellos quieren y desean, ellos le dan honores y riquezas iguales a lo que él hace por ellos;

gobierno de multitudes, tal como se pregunta Walzer en su comentario a *Madîna*, p. 454, nota 1. De hecho, el término está atestiguado por Plutarco: *Moralia*, 603d. Véase también Platón: *Gorgias*, 454b, 458e. Pero la concepción de esta ciudad responde completamente a la descripción que de la democracia da Platón en *Rep.*, 557 b: «¿No sucede que son primeramente libres los ciudadanos, y que en el Estado abunda la libertad, particulamente la libertad de palabra y la libertad de hacer en el Estado lo que a cada uno le da la gana?» (trad. C. Eggers Lan, Madrid, Gredos, 1986: 400). Averroes (1956: 212-215; Lerner (1974: 110-113); Cruz Hernández (1986: 109-111).

137. El término usado y que traduzco por «masas» es *ŷumhûr*. Recuérdese que hoy, en la nomenclatura oficial del Estado libio figura el término *ŷamahiriyya*, que suelen traducir por «Estado de masas».

entonces no lo consideran superior a ellos. Ellos son superiores a él cuando ellos le dan honores y le asignan una parte de sus riquezas sin recibir provecho de él. Es posible que en esta ciudad haya gobernantes en esta situación: les sucede que gozan de grandeza entre los habitantes de la ciudad, o bien por un capricho querido por ellos, o bien porque los antepasados de él tuvieron hacia ellos un gobierno digno de elogio y entonces conservaron para él el derecho de sus antepasados y él gobierna por eso. En tal caso las masas tienen potestad sobre los gobernantes.

Todas las ambiciones y objetivos de las ciudades ignorantes están en esta ciudad de la manera más perfecta. De todas las ciudades ignorantes ésta es la más admirable y feliz. Aparentemente es como un vestido de brocado con figuras y tintes de colores. A cada uno le gusta y le gusta residir en ella, porque todo hombre tiene deseos y anhelos de cosas que puede obtener en esta ciudad. Las naciones[138] van a ella, se establecen allí y crecen en tamaño desmesuradamente. Hombres de toda naturaleza se multiplican allí por medio de todas las clases de alianza matrimonial y de unión sexual; allí nacen niños de muy diversas disposiciones y de educación y formación muy diversas. Esta ciudad, por consiguiente, da lugar a muchas ciudades, que no se distinguen unas de otras sino que están integradas unas en otras, con las partes de unas dispersas a través de las partes de las otras, y donde los extranjeros no se distinguen de los que allí viven. En ella están reunidas todos los deseos y modos de vida, [101] por lo que es posible que, con el paso del tiempo, crezcan en ella hombres virtuosos; habría entonces allí filósofos, rétores y poetas para toda clase de asuntos. También es posible recoger de ella algunas partes de la ciudad virtuosa, y esto sería lo mejor que puede desarrollarse en esta ciudad. Por esta razón en esta ciudad se dan conjuntamente bienes y males en mayor medida que en las ciudades ignorantes, y, cuanto más grande, más habitada, más poblada, más productiva y más perfecta sea por su gente, mayores y más grandes serán estos dos, bienes y males.

138. Se utiliza aquí el término *umam*, «naciones», en el sentido de «grupos humanos unidos por algún vínculo», como cuando en la Biblia se habla de «los pueblos y las naciones».

Hay tantos objetivos perseguidos por los gobiernos ignorantes cuantas ciudades ignorantes hay. Todo gobierno ignorante tiene como objetivo conseguir totalmente las cosas necesarias, las riquezas, disfrutar de los placeres, el honor, la fama y el elogio, el dominio o la libertad. Por esta razón estos gobiernos pueden ser comprados por medio de bienes, especialmente los gobiernos que hay en la ciudad comunitaria, pues aquí nadie tiene primacía en gobernar; cuando en ella se entrega el gobierno a alguien, es porque sus habitantes le han favorecido con ello o porque han recibido de él bienes u otras compensaciones.

Para ellos el gobernante virtuoso es quien tiene excelente capacidad de reflexión y buen ingenio para que puedan conseguir sus variados y diversos deseos y apetitos, los salvaguarde contra sus enemigos, y no quite nada de sus riquezas, sino que se limite sólo a las cosas necesarias para su poder. Al que es verdaderamente virtuoso, aquel que, si los gobernara, determinaría y dirigiría sus acciones hacia la felicidad, ellos no le confían el gobierno. Si ocurriera que llegara a ser gobernante suyo, poco después se vería depuesto o asesinado o con un gobierno inseguro y discutido. Así [102] son las restantes ciudades ignorantes: cada una de ellas quiere ser gobernada por quien le allane sus preferencias y sus deseos, les facilite los medios, los adquiera para ellos y los conserve. Se niegan ellos a ser gobernados por los virtuosos y los ignoran. Sin embargo, la fundación de las ciudades virtuosas y del gobierno de los más virtuosos es más posible y más fácil en las ciudades de las necesidades y en las comunitarias que en las otras.

Las cosas necesarias, las riquezas, disfrutar de los placeres y juegos y el honor pueden ser conseguidos por el sometimiento y la dominación o bien por otros medios. Las cuatro ciudades (ignorantes) pueden dividirse y así también los gobiernos cuyos objetivos son estas cuatro cosas o alguna de ellas: unos pretenden alcanzar sus objetivos por medio de la dominación y el sometimiento, y otros a través de medios distintos. Quienes adquieren estas cosas por la dominación y el sometimiento y guardan lo que han conseguido para sus habitantes por medio de la represión y el sometimiento, necesitan que sus cuerpos sean fuertes y poderosos, que sus rasgos morales sean rudos, duros, ásperos e indiferentes ante la muerte, que no prefieran vivir a obtener lo que desean, conocer el arte de utilizar las armas, y poseer una excelente capacidad de reflexión para someter a otros. Esto debe ser general a todos ellos.

Al partidario de disfrutar de los placeres le afecta, además, la gula y el gusto por la comida, la bebida y el sexo. A algunos les domina la blandura y la molicie, y su facultad irascible se enerva hasta el punto de no encontrarse nada o muy poco de ella en ellos. De otros se apodera la ira y sus instrumentos anímicos y corporales, y la concupiscencia y sus instrumentos anímicos y corporales, que las fortalecen y las hacen aumentar y por medio de ellos pueden realizar sus acciones. Su pensamiento se dirige a las acciones de estas dos facultades y sus almas igualmente están sometidas a éstas. Algunos de éstos tienen como objetivo último las acciones de la concupiscencia y convierten su facultad irascible y sus acciones en instrumentos con los que alcanzar las acciones [103] de la concupiscencia, convirtiendo así las más elevadas y altas de sus facultades en sirvientes de la que es más baja; es decir, hacen que su facultad racional sea sirvienta de la irascible y de la concupiscible, y que su facultad irascible sea sirvienta de la concupiscible; su pensamiento sólo se dirige a descubrir aquello por lo que se completan las acciones irascibles y concupiscibles y dirigen las acciones de su facultad irascible y sus instrumentos hacia aquello por medio de lo cual alcanzar el placer de disfrutar del comer, beber y realizar el acto sexual, y a las restantes cosas de las que se apoderan y conservan para sí, tal como se ve en los nobles de los habitantes de las estepas entre los turcos y los árabes. Pues a los habitantes de las estepas les gusta en general la dominación y un gran deseo de comida, bebida y sexo. Por eso, las mujeres son de gran importancia para ellos, y para muchos de ellos el libertinaje es bueno, no viendo que es un error y una vileza, puesto que sus almas están sometidas a sus apetitos. Se ve que muchos de ellos tratan con cortesía a las mujeres en todo lo que hacen, y hacen eso para adquirir importancia entre las mujeres, considerando como defecto aquello que las mujeres ven como defecto, y hermoso lo que para ellas es hermoso. Siguen en todo los deseos de sus mujeres. En muchos casos son sus mujeres quienes mandan sobre ellos y quienes gobiernan en los asuntos de sus casas. Por esta razón muchos de ellos proporcionan lujo a las mujeres y no les permiten hacer trabajos pesados, sino que les imponen una vida descansada y cómoda y ellos se hacen cargo de todo lo que exige fatiga, trabajo duro y penalidad.

## [*B*) De las ciudades inmorales]

Las ciudades inmorales[139] son aquellas cuyos habitantes conciben los principios y creen en ellos, se imaginan la felicidad y creen en ella, y son guiados hacia las acciones por las que alcanzan la felicidad, conociéndolas y creyendo en ellas. Sin embargo, no realizan ninguna de esas acciones, sino que se inclinan con sus deseos y con su voluntad hacia alguno de los objetivos de los habitantes de la ciudad ignorante, como el honor, la dominación u otro distinto, y dirigen todas sus acciones y facultades hacia ellos. Hay tantas clases de estas ciudades como clases de ciudades ignorantes, porque todas sus acciones [104] y caracteres morales son como las acciones y caracteres morales de la ciudad ignorante. Solamente se diferencian de los habitantes de ésta por las opiniones en que creen. Ninguno de los habitantes de estas ciudades alcanza la felicidad en absoluto.

## [*C*) De las ciudades del error]

Las ciudades del error[140] son aquellas a cuyos habitantes les son dadas como imitaciones otras cosas distintas de estas que hemos mencionado[141], en tanto que los principios que se les han establecido e imaginado son distintos de los que hemos mencionado; la felicidad que se les ha establecido es distinta de la verdadera felicidad; la felicidad que se les ha imaginado es distinta de la verdadera; y se les han prescrito acciones y opiniones por ninguna de las cuales se alcanza la verdadera felicidad.

139. *Madîna*, 256-258; Alonso (1985: 99).
140. *Ibid.*, 258; Alonso (1985: 99).
141. Cf. antes, pp. 84 ss. del texto árabe.

## [*D*) De los brotes en la Ciudad Virtuosa]

Los brotes en la Ciudad Virtuosa son de muchas clases. Una clase está formada por los que realizan acciones por las que se consigue la felicidad; sin embargo, no las hacen con el propósito de conseguir esa felicidad, sino otras cosas que el hombre puede alcanzar por medio de la virtud, como honor, gobierno, riqueza u otras distintas. A éstos se les llama «aprovechados»[142]. Unos desean alguno de los fines de los habitantes de la ciudad ignorante, pero se lo impiden las leyes y la religión de la ciudad; entonces se apoyan en las palabras y en las expresiones del legislador, tal como están en sus legados, y las interpretan conforme a sus deseos y por medio de esa interpretación hacen aparecer como correcta tal cosa. A éstos se les llama «tergiversadores»[143]. Hay otros que no pretenden falsear el sentido, pero al comprender malamente la intención del legislador y al concebir defectuosamente sus expresiones entienden las leyes de la ciudad de manera distinta a lo pretendido por el legislador; sus acciones entonces difieren de la intención del gobernante primero y yerran sin darse cuenta; éstos son los «herejes»[144].

Otra clase está constituida por los que se imaginan las cosas que hemos mencionado, pero no están convencidos de lo que han imaginado de ellas y las falsean para sí mismos y para otros por medio de argumentos. Al hacer esto, [105] no se oponen a la ciudad virtuosa, sino que van por el buen camino y buscan la verdad. El nivel de imaginación de quien es así se eleva a cosas que no pueden ser falseadas por esos argumentos que han dado. Si está convencido del nivel al que se ha elevado, es dejado; si no está convencido con eso y sabe de lugares de discrepancia, se

142. El término árabe usado es *mutaqannisûn*, participio de la forma VIII que tiene como sentido originario «aprovechar las circunstancias o la oportunidad», «tomar ventaja».

143. El término árabe es ahora *al-muharrifa*, participio de la forma II, que tiene el significado de «distorsionar», «corromper», «pervertir el sentido de algo».

144. Término: *al-mâriqa*. También podría traducirse por «apóstatas», puesto que la expresión *maraqa min al-dîn* significa «salirse de la ortodoxia», «renunciar a la verdadera religión».

eleva a otro nivel. Continúa así hasta que se convence con uno de estos niveles. Si le ocurre que no se convence con ninguno de estos niveles de imaginación, se eleva hasta el nivel de la verdad y se le hacen comprender estas cosas tal como son y entonces su opinión permanecerá estable.

Otra clase está formada por aquellos que falsean lo que imaginan. Siempre que se elevan a otro grado, lo falsean incluso si llegan al grado de la verdad. Hacen todo esto buscando la dominación o hacer bueno aquel otro de los fines de los habitantes de la ciudad ignorante al que se sienten inclinados. La falsean de cualquier manera que puedan y no les gusta oír nada que pueda fortalecer en sus almas la felicidad y la verdad, ni cualquier discurso que las haga buenas y las imprima en sus almas; ellos las encuentran con argumentos falsos, de tal manera que piensan que con ellos la felicidad se eliminará. Por eso muchos de ellos pretenden mostrarse excusables en apariencia, al inclinarse hacia otra cosa que es propia de los objetivos de los habitantes de la ciudad ignorante.

Hay otra clase formada por los que imaginan la felicidad y los principios, pero sus mentes son incapaces de concebirlos en absoluto o no pueden comprenderlos adecuadamente. Falsean lo que imaginan y se ocupan de los lugares de discrepancia de ellas, y cuando se elevan a un nivel de imaginación más próximo a la verdad, lo encuentran falso para ellos. No pueden elevarse al nivel de la verdad porque sus mentes son incapaces de comprenderla. A muchos de éstos les sucede que mucho de lo que imaginan es falso para ellos, no porque en lo que imaginan haya verdaderamente lugares de discrepancia, sino porque su imaginación es defectuosa, y entonces eso es falso para ellos por su mala comprensión, no porque haya en ello lugar de discrepancia.

[106] Como muchos de éstos son incapaces de imaginar algo de manera suficiente o de informarse de los lugares de discrepancia realmente en los sitios en donde están, y como son incapaces de comprender la verdadera realidad, creen entonces que quien percibe la verdadera realidad y quien dice percibirla miente adrede, porque busca honor o dominio, o creen que se trata de alguien engañado y fatigado; quieren entonces falsear la verdadera realidad también y humillar a quien la ha percibido. Esto lleva a

muchos de ellos a pensar que todos los hombres están engañados en todo lo que afirman haber percibido; lleva a algunos a la perplejidad en todos los asuntos y a ver que en lo que se percibe nada es absolutamente verdad y que, cuando alguien cree haber percibido algo, está equivocado sobre eso[145] y no está seguro de su opinión. Éstos son como ignorantes e inexpertos para los inteligentes y en relación a los filósofos. Por esta causa, es preciso que el gobernante de la ciudad virtuosa siga de cerca los brotes, los mantenga ocupados y cuide de que cada una de estas clases sea corregida de manera particular: expulsándolos de la ciudad, castigándolos, encarcelándolos o dedicándolos a otras tareas aunque no se apliquen a ello.

Hay otros que piensan que la verdad es lo evidente a cada uno y lo que le parece en un momento o en otro, y que la verdadera realidad de cada cosa es lo que uno cree. Otros se esfuerzan en pensar que todo lo que se cree que es percibido hasta ese extremo es completamente erróneo, y que, aunque haya una cierta verdad y realidad, no han sido percibidas todavía. Otros imaginan, como en sueños o como quien ve algo de lejos, que hay una verdad y se les ocurre que quienes afirman haberla percibido pueden haberla percibido, o que quizá alguno de ellos la haya percibido; se dan cuenta de que eso se les ha escapado a ellos, bien porque [107] para percibirlo se necesita un largo tiempo, esfuerzo y fatiga, y resulta que no tenían suficiente tiempo ni capacidad para esforzarse y aplicarse a ello, bien porque estaban ocupados en placeres y otras cosas a lo que se habían acostumbrado y de lo que es difícil evadirse, o bien porque se dan cuenta de que no lo percibirán aunque dispusieren de todos los medios para ello. Entonces se apodera de ellos la tristeza y angustia al pensar que otros tal vez lo han alcanzado; por envidiar a quien quizá haya percibido la verdad, son de la opinión de que hay que esforzarse en suponer, con argumentos falsos, que quien dice haberla percibido o es un iluso o un embustero, que busca, al decir eso, honor, riqueza o alguna de las otras cosas cuya naturaleza consiste en ser deseable. Muchos de estos se dan cuenta de su propia ignorancia o perple-

145. Aquí finaliza el texto en la edición de Haydarabad y en todos los mss., excepto en el de Fayz Allâh 1.

jidad; sufren y padecen por percatarse de ello, afligiéndose y apenándose por ello; no encuentran entonces manera de liberarse de esto por medio de un conocimiento que les conduzca a la verdad, cuya percepción les haría adquirir placer. Creen que podrán liberarse de eso yendo a los otros fines de las ciudades ignorantes y a cosas graciosas y divertidas; pero sólo hallan consuelo cuando les llega la muerte y los libera del malestar que tienen. Algunos de éstos, es decir, aquellos que buscan liberarse de la aflicción de la ignorancia y de la perplejidad en que se encuentran, imaginan a veces que los fines verdaderos son aquellos mismos que eligen y prefieren, que en eso consiste la felicidad, y que los demás son ilusos en lo que creen. Se esfuerzan en hacer bellas las cosas de las ciudades ignorantes y su felicidad; se imaginan que han elegido esto tras una larga investigación de todo lo que los otros pretenden haber percibido, que ellos han rechazado esto sólo después de ver que no puede realizarse, y que el resultado al que han llegado procede de comprender que los fines son éstos y no aquellos que los otros pretenden.

Éstas son las clases de los brotes que hay entre los habitantes de la ciudad. Con sus opiniones no se actualiza en modo alguno una ciudad ni se congrega una muchedumbre de masas, sino que ellos están sumergidos en el conjunto de los habitantes de la ciudad[146]. Ha terminado el libro. ¡Que Dios único sea loado!

146. El mismo ms. contiene todavía un fragmento incompleto, que el editor inserta al finalizar *Siyâsa*, en la página 108, y que corresponde a un texto de *Madîna*, pp. 286-288; Alonso (1985: 113-114). Este fragmento dice así: «Las ciudades del error sólo aparecen cuando la religión se apoya en algunas opiniones antiguas corrompidas. Algunos dicen: Vemos que los seres que observamos son contradictorios y que cada uno de ellos busca destruir al otro; vemos que cada uno, cuando se realiza como existente, es decir, con su ser propio, posee algo con lo que preservar su existencia de la destrucción, algo con lo que rechazar de sí la acción de su contrario y protegerse de su contrario, y algo con lo que poder servirse de las demás cosas en lo que es útil para su mejor existencia y para la continuidad de su existencia. Muchos de estos seres disponen de aquello con que oponerse a todo lo que les obstaculiza y dispone de esto cada contrario respecto de su contrario y respecto de todos los demás seres, de tal manera que cada uno de ellos tiende a alcanzar la mejor existencia con exclusión de los otros; por eso pueden destruir...».

LIBRO DE LA RELIGIÓN

cuyo título en árabe es

KITÂB AL-MILLA

## [I. *La religión*]

1. La religión[1] consiste en opiniones[2] y acciones, determinadas y delimitadas por reglas que promulga para una comunidad su gobernante primero; por el uso que éste haga de ellas, él intenta obtener, para ella o por medio de ella, un determinado objetivo que es suyo. La comunidad puede ser un clan; puede ser una ciudad, una comarca, una nación[3] grande o muchas naciones.

Si el gobernante primero es virtuoso y su gobierno[4] es verdaderamente virtuoso[5], entonces, por medio de lo que ha promulgado lo que únicamente intenta es obtener la felicidad última y verdadera para él y para quienes están bajo su gobierno. Esta religión es una religión virtuosa.

Si su gobierno es el de la ignorancia, entonces, por medio de lo que ha promulgado lo que intenta es obtener para él, a través de ellos, alguno de los bienes de la ignorancia —sea el

1. Compárese esta definición de religión con la dada en *Siyâsa*, p. 86, y en *Madîna*, p. 278-280; Alonso (1985: 110-111). Cf. Walzer: *Madîna*, p. 475, n. 887 y las referencias dadas. También Brewster (1973-1974: 20-22); Rosenthal (1974: 68-70). Cf. también *Ihsâ'*, pp. 99-100 árabe, p. 73 trad.

2. El término empleado aquí, *ârâ'*, es el mismo que el usado en el título completo de su obra *La ciudad ideal*. Hace referencia a aquellos principios generales que constituyen la base de las creencias de una religión y que serán determinados más adelante.

3. Sobre el término *umma* aplicado en este contexto, cf. Walzer: *Madîna*, p. 431 y Brewster (1973-1974: 21). Sobre la división de las comunidades, cf. *Siyâsa*, pp. 69-70 y nota 94 a *Siyâsa*.

4. Véase nota 108 a la traducción de *Siyâsa*.

5. Señala ahora los distintos fines que busca el gobernante primero en los distintos tipos de gobierno establecidos en *Madîna* y *Siyâsa*: el virtuoso, el ignorante, el del error y el de la disimulación.

bien necesario: la salud y la seguridad; sean otros bienes, como riquezas, placer, honor, grandeza o dominación—. Alcanza ese bien, se siente feliz con él sin contar con los demás y hace de quienes están bajo su gobierno instrumentos de los que se sirve para alcanzar por medio de ellos su objetivo y conservarlo sin interrupción. O bien pretende con ello que los otros obtengan ese bien y no él, o bien él y ellos a la vez. Estos dos son los mejores gobernantes de la ignorancia[6].

Si su gobierno es el gobierno del error —porque él mismo cree que [es el gobierno de] la virtud y la sabiduría y quienes están bajo su gobierno suponen y creen eso mismo sin que realmente sea así, entonces lo que con eso intenta [44] obtener, para él y para quienes están bajo su gobierno, es algo que suponen que es la felicidad última, sin que realmente sea tal[7].

Si su gobierno es el gobierno de la disimulación[8], en tanto que tiene eso como objetivo, y quienes están bajo su gobierno no se percatan de ello, entonces los habitantes de su gobierno creen en él y suponen que es [el gobierno de] la virtud y la sabiduría. Lo que busca por medio de lo que promulgó es, en apariencia, que él y ellos alcancen la felicidad última, pero, en secreto, que él alcance por medio de ellos alguno de los bienes ignorantes.

El oficio real[9] del gobernante primero virtuoso está unido a una inspiración que le viene de Dios[10]. Sólo por inspiración determina las acciones y opiniones que hay en la religión virtuosa.

6. Cf. la amplia descripción que de este gobierno da en *Siyâsa*, pp. 87-103.

7. Cf. *Siyâsa*, p. 104.

8. No he encontrado descrito con estos términos, *ri'âsa tamwîh*, en ningún otro texto de al-Fârâbî, este Estado o ciudad de la disimulación, enmascaramiento, falsificación, o falsedad. Cf. el *Index Verborum* de la edición de *Madîna* de Walzer, p. 560. Este Estado queda suficientemente descrito en cuanto dice a continuación su autor. Desde luego, no me parece que se pueda identificar con la ciudad inmoral (*al-madîna al-fâsiqa*), puesto que sus descripciones no coinciden en absoluto, cf. *Madîna*, pp. 256-258; Alonso (1985: 99); *Siyâsa*, pp. 103-104.

9. Se trata del «arte real» del que habla Platón en el *Político*, 300e -305c. Sobre el uso por al-Fârâbî de estos términos, cf. comentario de Walzer, *Madîna*, p. 407, n. 462.

10. En la página 64:16 dice que el gobernante primero gobierna por la inspiración que recibe de Dios. Cf. *Madîna*, pp. 244-246; Alonso (1985: 91).

Y esto tiene lugar por uno o por los dos modos siguientes: o se le inspira todo lo que ha de ser determinado, o lo determina él mismo en virtud de la facultad que ha adquirido a partir de la inspiración y del Altísimo Inspirador, de manera que se le pueden manifestar por esa facultad las reglas por las que determina las opiniones y acciones virtuosas. También puede suceder que una parte [se determina] por el primer modo y otra por el segundo. Ha resultado claro en la ciencia teórica[11] cómo es la inspiración de Dios Altísimo al hombre al que inspira y cómo aparece en el hombre la facultad procedente de la inspiración y del Inspirador.

2. De las opiniones[12] que hay en la religión virtuosa unas versan sobre cosas teóricas y otras sobre cosas voluntarias[13]. Las teóricas[14] son: las cualidades[15] de Dios Altísimo; las de los seres espirituales, sus grados entre sí y sus rangos respecto de Dios Altísimo; cuál es la operación propia de cada uno de ellos; la generación del universo; las cualidades del universo, sus partes y los grados de sus partes; cómo comienzan a ser [45] los cuerpos primeros; que entre los primeros hay cuerpos que son el origen de los restantes cuerpos que luego comienzan a ser paulatinamente y a desaparecer; cómo comienzan a ser los restantes cuerpos a partir de aquellos que son origen; sus grados; cómo las cosas que contiene el universo se vinculan unas con otras y se ordenan; que todo lo que sucede en ellas es justo, pues no hay injusticia en

Sobre el término *wahy*, cf. comentario de Walzer, *Madîna*, pp. 441 ss. Cf. también *Siyâsa*, p. 80.

11. Esto es, la filosofía, donde se da una explicación racional sobre la revelación. De hecho, poco más adelante, en la página 45:6-7, sostiene que entre las cosas teóricas que debe haber en la *milla* está la descripción de la profecía (*nubuwwa*), la inspiración (*wahy*) y cómo se producen.

12. Comienza aquí la descripción de todo cuanto ha de saber el habitante de la ciudad virtuosa.

13. Se refiere a los asuntos prácticos, porque dependen de la voluntad del hombre.

14. Tanto en *Siyâsa* como en *Fusûl* al-Fârâbî propone la misma clasificación que aquí. Véanse también sus *Fusûl mabâdi' ârâ' ahl al-madîna al-fâdila*, o «Secciones» a que he aludido en la introducción, editadas por Mahdi en *Milla*, pp. 79-86, trad. castellana Ramón Guerrero (1987a: 19-26).

15. Literalmente dice «aquello por lo que se describe a».

ello[16]; cómo es la relación de cada una de ellas con Dios Altísimo y con los seres espirituales; la generación del hombre y la aparición del alma en él; el intelecto, su grado respecto del universo y su rango respecto de Dios Altísimo y de los seres espirituales: describe luego qué es la profecía, cómo es la inspiración y cómo se produce; la muerte y la vida futura; la felicidad que alcanzan los virtuosos y piadosos y la desdicha a la que llegan en la otra vida los perversos y depravados.

La segunda clase se refiere a las cualidades de los profetas, reyes ilustres, gobernantes piadosos e imâmes de la recta vía y de la verdad[17] que se han sucedido en épocas pasadas; da exacta cuenta de las buenas acciones que tuvieron en común y de las que fueron propias de cada uno, y cuál es el estado al que han llegado en la otra vida sus almas y las almas de quienes en ciudades y naciones les obedecieron y siguieron sus ejemplos. Se refiere también a las cualidades de los reyes perversos y los gobernantes depravados que imperaron entre los habitantes de la ignorancia y los imâmes del error que vivieron en épocas pasadas; da exacta cuenta de las malas acciones que tuvieron en común y de las que fueron propias de cada uno, y cuál es el estado al que han llegado en la otra vida sus almas y las almas de quienes en ciudades y naciones les obedecieron y siguieron sus ejemplos. Se refiere también a las cualidades de los reyes ilustres y piadosos y los imâmes de la verdad en la época actual, recordando las buenas acciones que tienen en común con sus antecesores y las que son propias de ellos. Y, en fin, se refiere igualmente a las cualidades de los gobernantes depravados, los imâmes del error y los habitantes de la ignorancia que existen en la época actual; da exacta cuenta de las malas acciones que tienen en común con sus predecesores y

16. Sobre la justicia del universo, cf. comentario de Walzer: *Madîna*, p. 380.

17. Creo que no se refiere aquí, como algunos han sostenido, ni a los cuatro primeros califas, los *rašîdûn* o «bien guiados», ni a los imâmes *ši'íes*, sino, en general, a aquellos guías de la Comunidad que han destacado por su sabiduría y virtud. De hecho, en *Tahsîl*, p. 43, define así al Imâm: «En cuanto al sentido de «imâm» en la lengua árabe, alude a quien es imitado y es recibido: o bien es recibida su perfección o es recibido su objetivo. Si no es recibido en todas las infinitas acciones, virtudes y artes, entonces no es recibido en absoluto».

de las que son propias de ellos, y a qué [estado] llegarán sus almas en la otra vida.

Las descripciones que se hacen de todo lo que contienen las opiniones de la religión deben ser tales que hagan imaginar[18] a los ciudadanos todo cuanto hay en la ciudad: reyes, gobernantes y servidores, sus grados, la vinculación de unos con otros y cómo unos deben ser guiados por otros, y todo lo que se promulga para ellos, a fin de que lo que se les describe sea ejemplo que ellos imiten en sus grados y acciones. Éstas son las opiniones que hay en la religión.

[46] En cuanto a las acciones, las primeras son las acciones y los dichos con que se engrandece y glorifica a Dios[19]; después, aquellos con los que se engrandece a los seres espirituales y a los ángeles; después, aquellos con los que se engrandece a los profetas, reyes ilustres, gobernantes piadosos e imâmes de la recta vía que vivieron en épocas pasadas; después, aquellos con los que se menosprecia a los reyes perversos, gobernantes depravados e imâmes del error que hubo en épocas pasadas, y por los que se consideran indignas sus obras; luego, aquellos con los que se engrandece a los reyes ilustres, gobernantes piadosos e imâmes de la recta vía de la época actual, y con los que se menosprecia a sus contrarios de la época actual.

Después de todo esto, hay que determinar las acciones que regulan las relaciones[20] de los ciudadanos, respecto de sí mismos

18. El verbo del que aquí se sirve al-Fârâbî pertenece a la misma raíz con la que designa la imaginación, *j-y-l*, facultad a la que asigna una importante función de «imitación» de los inteligibles, por la que el vulgo puede «representárselos» al carecer de la capacidad de la más elevada intelección. Este uso nos permite ver, una vez más, cómo para al-Fârâbî la religión no es más que una representación imaginativa de la verdad. En *Tahsîl*, p. 40, leemos lo siguiente: «Dos maneras hay para comprender una cosa. Una de ellas es la que percibe intelectualmente su esencia; la segunda, imaginándose por medio de la semejanza aquello que imita [...] a aquello que comprende estos cognoscibles los antiguos lo llaman religión (*milla*) [...]. Por tanto, según los antiguos, la religión es una imitación de la filosofía».

19. Tales como la *Sublime invocación* según señala Mahdi: *Milla*, introducción, p. 32. Traducción castellana de la *Sublime invocación* en Ramón Guerrero (1987a: 12-15).

20. El término *mu'âmalât* designa en derecho musulmán, como he indicado en la introducción, las reglas ético-político-sociales que regulan las relacio-

y respecto de los demás, y dar a conocer lo justo en cada una de estas acciones. Esto es todo lo que contiene la religión virtuosa[21].

3. La sociedad religiosa (*milla*) y la religión (*dîn*) son términos casi sinónimos; y también lo son la ley religiosa (*šarîʿa*) y la norma sancionada por ley (*sunna*)[22]. En la mayoría de los casos, estas dos indican y se aplican solamente a una de las dos partes de la religión, las acciones determinadas; pero también a veces las opiniones determinadas pueden llamarse ley religiosa (*šarîʿa*), y entonces *šarîʿa*, *milla* y *dîn* son términos sinónimos[23].

La religión consta, en efecto, de dos partes: definición de opiniones y determinación de acciones[24]. La primera, que atañe a las opiniones definidas en la religión, es de dos clases: o bien una opinión es expresada por su nombre propio habitual, por ser indicativo de ella misma, o bien una opinión es expresada por el nombre de una semejanza suya que la imita[25]. Por ello, las opinio-

nes de los hombres consigo mismos y con los demás hombres, como claramente lo define el texto. Cf. Arkoun y Gardet (1982: 21).

21. Sobre estos dos primeros parágrafos, cf. Frank (1977: 129-131).

22. El griego *nómos* fue traducido en muchas ocasiones por *sunna*, un término que tiene connotaciones islámicas, puesto que hace referencia a los dichos y hechos del profeta Muhammad, luego fijados, como segunda fuente de la Ley islámica, como normas que vinculan legalmente. Véase más adelante, *Milla* p. 56. Sobre las traducciones de algunos de estos términos, cf. Kraemer (1987: 294-295).

23. Repárese en que antes ha dicho «son términos casi sinónimos» y ahora dice «son sinónimos». Creo que en la primera línea al-Fârâbî está hablando desde una perspectiva general, en la que puede haber diferencia entre *milla*, que se referiría a la religión exterior, aquella que se vive en una comunidad regida por normas religiosas, y *dîn*, que tiene un sentido más interno, la religión vivida como sentimiento personal, como creencia propia. Ahora, en cambio, al-Fârâbî está hablando desde su propia perspectiva, desde su idea de una comunidad regida por una ley religiosa, en la que no debe haber diferencia entre la ley externa y el sentimiento interno.

24. Es decir, un aspecto teórico y un aspecto práctico, al igual que hay filosofía teórica y filosofía práctica, como más adelante tendremos ocasión de leer con palabras farabianas.

25. *Muhâkât*, el término del que se sirve aquí para «imitar», es el usual en *Madîna* y en *Siyâsa* para aludir a la función imitativa de la imaginación, *Madîna*, p. 210; Alonso (1985: 74-75). Es un término que, según Walzer, comentario a *Madîna*, pp. 414-416, corresponde al término griego *mimesis*. Sobre la im-

nes determinadas que hay en la religión virtuosa o son verdad o semejanza de verdad. En general, la verdad es lo que el hombre tiene por cierto, bien por sí mismo, bien por medio de un conocimiento primero[26], bien por demostración. Toda religión cuya parte primera no proceda de las opiniones que contienen lo que el hombre puede tener por cierto, sea por sí mismo, sea por demostración, ni tenga tampoco una semejanza de algo que pueda tener por cierto por medio de uno de estos dos modos, ésa es la religión del error.

La religión virtuosa se asemeja a la filosofía. Pues, así como la filosofía es teórica y práctica —siendo la teórica y reflexiva aquella que, cuando es conocida por el hombre, no puede ponerla en práctica, [47] y siendo la práctica aquella que, cuando es conocida por el hombre, puede ponerla en práctica— así también es la religión. En la religión, la parte práctica es aquella cuyos universales[27] están en la filosofía práctica; es decir, en la religión la parte práctica está constituida por aquellos universales que han sido determinados por medio de unas reglas que los delimitan, y lo que ha sido delimitado por reglas es más particular que lo que no está sujeto por reglas, como, por ejemplo, nuestra expresión: «el hombre escribiente», que es más particular que esta otra: «el hombre». Por tanto, todas las leyes religiosas virtuosas caen bajo los universales de la filosofía práctica. Y las demostraciones de las opiniones teóricas que hay en la religión pertenecen a la filosofía teórica, pero en la religión son aceptadas sin demostraciones.

En consecuencia, las dos partes de las que está constituida la religión están subordinadas a la filosofía, porque de una cosa se dice que es parte de una ciencia o que está subordinada a una ciencia sólo por uno de estos dos modos: o porque las demostraciones de lo que es aceptado en ella sin demostrar pertenecen a esa ciencia, o cuando la ciencia que contiene los universales es la que proporciona las causas de las particularidades que están subordinadas a ella. La parte práctica de la filosofía es, por tanto, la

presión en el alma de las ideas o de analogías o semejanzas de las ideas, véase *Madîna*, p. 278; Alonso (1985: 110). Véanse las definiciones de «religión» que ya he señalado en la introducción.

26. Por una inducción.

27. Las ideas más generales.

que proporciona las causas de las reglas por las que se determinan las acciones, en razón de qué se establezca como condición y de cuál sea el objetivo que se intenta lograr por esas reglas. Y como la ciencia de algo consiste en el conocimiento demostrativo, esta parte de la filosofía es la que proporciona entonces la demostración de las acciones determinadas que hay en la religión virtuosa. Y siendo la parte teórica de la filosofía la que proporciona las demostraciones de la parte teórica de la religión, entonces la filosofía es la que da las demostraciones de lo que comprende la religión virtuosa. El oficio real, del que procede la religión virtuosa, está entonces subordinado a la filosofía[28].

Puesto que la dialéctica proporciona una poderosa opinión allí donde las demostraciones proporcionan certeza, o en la mayoría de los casos, y la retórica produce persuasión en la mayoría de los casos en que no hay demostración ni tampoco consideración dialéctica, y puesto que la religión virtuosa no es sólo para los filósofos ni para aquellos cuya situación es comprender filosóficamente lo que se dice, sino que la mayoría de aquellos a quienes se les da a conocer y se les hace comprender las opiniones de la religión y aceptan sus acciones no están en aquella situación —sea [48] por naturaleza, sea porque se han despreocupado de ello—, no siendo de aquellos que no comprenden las opiniones generalmente conocidas o los argumentos persuasivos, entonces, por esa razón, la dialéctica y la retórica son de gran utilidad para que por medio de ellas las opiniones de la religión entre los ciudadanos sean confirmadas, asistidas, defendidas y consolidadas firmemente en sus almas, y para que por medio de ellas esas opiniones sean auxiliadas cuando se presente quien quiera inducir a error y a equivocación a sus habitantes por medio de la palabra y oponerse encarnizadamente a ellas[29].

28. Cf. Berman (1974: 156-163).

29. Al-Fârâbî señala aquí la necesidad de la Teología y del Derecho, ciencias que se sirven de razonamientos dialécticos y retóricos, en la comunidad religiosa para la recta formación de los ciudadanos que no tienen acceso al saber demostrativo propio de la filosofía. Cf. *Ihsâ'*, pp. árabe 100-101; pp. trad. 73-74. Cf. también *Hurûf*, pp. 131-132.

4. Puede suceder y ocurrir que el gobernante primero no determine ni complete exhaustivamente todas las acciones, aunque sí haya determinado la mayor parte de ellas[30]. En una parte de lo que haya determinado puede sucederle que no haya completado todas sus reglas; por el contrario, muchas de las acciones que debían ser determinadas han podido quedar sin determinar por causas accidentales: o bien porque la muerte se lo llevó y no le dio tiempo a terminarlas todas, o porque se lo impidieron quehaceres necesarios, como guerras y otras cosas, o porque sólo determinó las acciones para algunos acontecimientos y casos que él mismo presenció o que se le plantearon. Fue entonces cuando determinó, legisló y estableció lo que se debía hacer en esa clase de acontecimientos, pues todos los casos no suelen ocurrir durante su época ni en el lugar en que vive. Quedan muchas cosas que pueden suceder en otra época o en otro lugar distintos de los suyos, para las cuales hay necesidad de un hecho definido y determinado, [49] pero él no había legislado nada sobre ellas: o porque era eso lo que se había propuesto, o porque sabía que algunas acciones son principios de los que otro puede deducir las restantes, sobre las cuales habría legislado cómo y cuánto se debe hacer y habría dejado las restantes a sabiendas de que de ellas otro puede deducirlas, puesto que tendría su misma intención y seguiría su ejemplo; o porque viera mejor comenzar a legislar y a determinar las acciones que son de mayor fuerza, las más útiles y las más provechosas y beneficiosas, para que por ellas la ciudad estuviera en armonía y unida y sus asuntos regulados: sólo para esto habría legislado, dejando el resto bien para cuando tuviera tiempo libre, bien para que otro pudiera deducirlas en su misma época o después de él, puesto que seguiría su ejemplo.

Cuando quien le sucede después de su muerte sea como él en todos los aspectos, entonces será su sucesor quien determine lo que el primero no determinó. Pero no sólo esto, sino que también podrá cambiar mucho de lo que había legislado el primero. Lo que determine será distinto de lo determinado anteriormente, cuando sepa que eso será lo más apropiado para su época —no porque el primero se hubiera equivocado, sino porque el pri-

30. Cf. Platón, *Político*, 294a-c.

mero había determinado lo que era lo más conveniente para su época—. Determinará esto por ser lo más apropiado después de la época del primero, de tal manera que, si el primero lo hubiera presenciado, también él lo habría cambiado. Lo mismo sucederá si al segundo le sucede un tercero [50] que sea como el segundo en todos sus aspectos, y al tercero un cuarto. Pues es facultad del sucesor determinar por sí mismo lo que no encuentra determinado y poder cambiar lo que había determinado su antecesor, porque de haber vivido éste también habría cambiado lo que su sucesor ha cambiado[31].

Cuando muere uno de estos imâmes piadosos, que son los reyes realmente verdaderos[32], y quien le sucede no es como él en todos sus aspectos, entonces [quien le suceda] deberá, al determinar todo aquello que se haga en las ciudades que están bajo el gobierno de quien había precedido, seguir el ejemplo de éste. No debe oponerse ni cambiar, sino mantener en su estado, todo lo que había determinado su predecesor. Debe considerar todo lo que hay que determinar por no haberlo hecho explícito quien le precedió, deduciéndolo e infiriéndolo de aquellas cosas que, al determinarlas, hizo explícitas el primero. Tiene que recurrir entonces al arte del Derecho[33], que es aquel arte por el que el hombre es capaz de inferir y deducir una correcta determinación de cada cosa cuya definición no hizo explícita el legislador[34], tomándola de aquellas cosas cuya determinación sí hizo explícita, y

31. Es importante este párrafo porque refleja el carácter cambiante de las leyes, que han de acomodarse a las circunstancias de los tiempos, al menos mientras los sucesores del primer legislador sean como éste. Cf. *Siyâsa*, pp. 80-81. Deja traslucir la existencia de un principio evolutivo en el Derecho y pone de manifiesto el carácter progresista de las leyes, frente a la concepción de una ley inmutable por proceder de Dios. Distinto es el caso cuando el sucesor no es como el primer legislador, como indica en el párrafo siguiente.

32. Véase la definición de «rey verdadero» en *Fusûl*, p. 47, *fasl* 30.

33. De nuevo muestra aquí al-Fârâbî la necesidad de esta ciencia en la comunidad musulmana, pero, como ya he dicho antes, con un carácter secundario, en tanto que el jefe y gobernante de la ciudad no es ya un filósofo.

34. Usa aquí los términos *wâdi‘ al-šarî‘a*, sinónimo de *wâdi‘ al-nâmûs*, que utiliza otras veces, cf. comentario de Walzer, *Madîna*, p. 476. Las dos expresiones traducen fielmente el *nomothétes* griego. Hay que observar, sin embargo, que al emplear el término *šarî‘a* parece que está aludiendo a la *milla* como la comunidad religiosa musulmana.

cuya justificación estará de acuerdo con el objetivo del legislador en la religión que ha legislado y en la nación para la que ha fijado una ley. Esta justificación no es posible a quien no tiene una justa creencia de las opiniones de esa religión y a quien no es excelente en las virtudes que en esa religión son realmente virtudes. Quien hace esto es el alfaquí.

Puesto que la determinación versa sobre dos cosas, las opiniones y las acciones, se sigue necesariamente que el arte del Derecho tiene dos partes: una sobre las opiniones y otra sobre las acciones. Respecto de las acciones, el alfaquí [51] ha de conocer completamente todo lo que hizo explícito el legislador al definir las acciones. Unas veces las hizo explícitas de palabra y otras por medio de una acción realizada por el mismo legislador, acción suya que suple a sus palabras: «sobre ese asunto debe hacerse de esta o de aquella manera». El alfaquí debe conocer, además, las leyes que el primero promulgó sólo atendiendo a un cierto tiempo y que luego substituyó por otras permanentes, a fin de que pueda seguir el ejemplo de estas últimas y no de las primeras. Ha de conocer, igualmente, la lengua en la que se expresó el gobernante primero, las costumbres de sus contemporáneos en su manera de hablar y cómo se emplea la lengua de manera metafórica para aludir a algo cuyo nombre verdadero es otro, para que no crea, sobre aquella cosa cuyo nombre se usa metafóricamente para designar otra cosa, que, cuando lo pronuncia, se está refiriendo a aquella otra, o para que no piense que una cosa es la otra. Debe poseer también una excelente perspicacia para comprender el concepto al que se alude con un término equívoco en aquel pasaje en que sea utilizado ese término, así como cuando la equivocidad está en el discurso. Debe, asimismo, tener una excelente perspicacia para captar aquello que se usa de manera absoluta siendo la intención del hablante más particular, aquello que se usa aparentemente en el discurso de manera particular siendo la intención del hablante más general, y, en fin, aquello que se usa de manera particular, general o absoluta siendo la intención del hablante el referirse a ello de manera aparente. Debe conocer también las opiniones generalmente admitidas y lo que es costumbre. También debe tener la facultad de percibir la semejanza y la diferencia en las cosas y lo que es consecuencia de una cosa y lo que no es consecuencia

—esto tiene lugar por medio de una excelente disposición natural y de la experiencia técnica—. Debe llegar a [conocer] las palabras del legislador en todo lo que legisló de palabra, y sus acciones en aquello que legisló por haber realizado una acción y no haber enunciado nada, bien viéndolo y oyéndolo, si es que [52] tuvo lugar en la época [del legislador] y fue compañero suyo[35], bien por las narraciones [que se han conservado] sobre él, narraciones generalmente conocidas o convincentes, consignadas por escrito o no.

Respecto de las opiniones determinadas en la religión, el alfaquí debe conocer lo mismo que conoce el alfaquí respecto de las acciones[36]. Por tanto, en las cosas prácticas pertenecientes a la religión, el Derecho sólo debe incluir cosas que son los casos particulares de los universales que contiene la Política[37]; por tanto, es una de las partes de la Ciencia Política y cae bajo la filosofía práctica. En las cosas teóricas[38] pertenecientes a la religión, el Derecho incluye o casos particulares de los universales que contiene la filosofía teórica, o semejanzas de cosas que caen bajo la filosofía teórica; entonces, es parte de la filosofía teórica y cae bajo ella, pues la ciencia teórica es el fundamento.

## [II. *La Ciencia Política*]

5. La Ciencia Política se ocupa en primer lugar de la felicidad[39]. Da a conocer que la felicidad es de dos clases: la que se supone que es felicidad, sin serlo, y la que es verdadera felicidad: aquella

35. El término que utiliza aquí, *sahiba*, pertenece a la misma raíz que *sahâba*, que en la tradición musulmana designa a los Compañeros de Muhammad.

36. En este párrafo describe todas las condiciones requeridas para llegar a ser un correcto alfaquí en el desempeño de su cargo.

37. La Política como ciencia filosófica, que contiene las cosas generales y universales, como antes hemos visto que definía a la filosofía respecto a la religión. Sobre filosofía y política, cf. Mahdi (1975); Frank (1977: 131-132).

38. Aquí el término que traduzco por «teóricas» no es, como antes, *nazariyya*, sino, *'ilmiyya*, que propiamente designaría «las cosas científicas» o «propias del conocimiento».

39. Inicia aquí el tratamiento de la Política como ciencia, cf. Mahdi (1975). Los términos árabes usados aquí son *al-'ilm al-madanî*. La identidad de ética y política para al-Fârâbî parece quedar clara al señalar este objetivo de la Política.

que es buscada por sí misma y no es buscada nunca para obtener por medio de ella otra cosa, mientras que las otras cosas sólo son buscadas para que ella sea obtenida, y, cuando es alcanzada, cesa la búsqueda[40]. Esta felicidad no se da en esta vida, sino en la otra vida que viene después de ésta, y se llama la felicidad última. Ejemplos de la que se supone que es felicidad sin serlo, son las riquezas, los placeres, el honor, la vanagloria del hombre u otras cosas de entre aquellas que el vulgo llama bienes, que son buscadas y adquiridas en esta vida.

[53] Después, la Ciencia Política[41] se ocupa de todas las acciones, modos de vivir, cualidades morales, costumbres y hábitos voluntarios, hasta completar y agotar detalladamente todo esto.

Muestra luego que esto no puede existir a la vez en un solo hombre, ni realizarlo un solo hombre, sino que sólo puede ser realizado y mostrarse en acto en tanto que está distribuido en una comunidad. Muestra que, puesto que [todo ello] está distribuido en una comunidad, aquel a quien se le encomienda algo no puede realizarlo ni hacerlo sin que otro, con las acciones que se le han confiado, le ayude a realizarlo; y éste tampoco puede realizar su cometido sin que un tercero, con lo que es de su incumbencia, le ayude a realizarlo. Expone también que puede haber alguno de ellos que no pueda llevar a cabo la acción que se le encomendó sin que un grupo de ellos, con las acciones que se le han encargado, le ayude a realizarlo; ejemplo de esto es aquel a quien se le ha confiado la tarea de la agricultura: no podrá cumplir perfectamente su quehacer sin la ayuda del carpintero que es quien le prepara el timón del arado, del herrero que le prepara la reja del arado, y del boyero que le prepara la yunta de bueyes.

[La Ciencia Política] muestra igualmente que el objetivo no puede ser alcanzado por las acciones y los hábitos voluntarios sin que sus géneros sean distribuidos en una comunidad grande, sea que cada uno de ellos corresponda a cada individuo de la comunidad, sea que cada uno de ellos corresponda a cada grupo

40. Al estudio de la felicidad —anhelo de todo hombre, como decía san Agustín— dedica al-Fârâbî numerosas páginas en sus diversas obras, especialmente el *Tahsîl* y el *Tanbîh*, como he indicado en la introducción.

41. Cf. *Ihsâ'*, pp. 91-99 árabe; trad. castellana, pp. 67-72.

de la comunidad[42], a fin de que los grupos de la comunidad colaboren mutuamente a través de las acciones y hábitos que hay en ellos para perfeccionar el objetivo de toda la comunidad, tal como los órganos del hombre colaboran a través de las facultades que hay en ellos para perfeccionar el objetivo de todo el cuerpo. Y muestra también que por esto es necesario que la comunidad viva reunida[43] en un solo emplazamiento. Enumera las clases de las comunidades que viven reunidas en un solo emplazamiento: comunidad ciudadana, comunidad nacional y otras[44].

[54] Señala después la distinción entre los modos de vivir, cualidades morales y hábitos por los que, cuando son utilizados en las ciudades o en las naciones, prosperan las moradas de sus habitantes y por los que éstos obtienen los bienes en esta vida terrena y la felicidad última en la otra vida y los apartan de la que no es tal. Muestra que aquellas acciones, modos de vivir, cualidades morales, costumbres y hábitos voluntarios por los que se obtiene la felicidad última son virtuosos, buenos y bellos por sí mismos y en realidad, mientras que las acciones y hábitos que la descuidan sólo son supuestamente buenos, virtuosos o hermosos, sin que lo sean realmente; por el contrario, son verdaderamente malos.

[La Ciencia Política] expone que todo aquello cuya naturaleza consiste en ser distribuido en la ciudad o en las ciudades, en una nación o en varias, para ser realizado en común, sólo es hacedero a través de un gobierno que haga posibles esas acciones y hábitos en la ciudad o en la nación y se esfuerce en conservarlos para sus habitantes, a fin de que no desaparezcan de éstos ni se extingan. Muestra que el gobierno por el que se establecen firmemente en las ciudades y naciones esos modos de vivir y hábitos y que los conserva para sus habitantes, no puede existir sino por un oficio, un arte, una aptitud y una facultad de las que procedan las acciones capaces de establecerlos firmemente en los habitantes y de conservarlos para ellos. Este oficio es el oficio del rey, el oficio real o como quiera que sea llamado en vez de «real».

42. Cf. *República*, 369b-371e.
43. Literalmente dice «que sean vecinos».
44. Cf. *Siyâsa*, pp. 69-70. *Madîna*, pp. 228-230; Alonso (1985: 82-83).

La política[45] es la operación propia de este arte: hacer aquellas acciones por las que se establecen firmemente esos modos de vivir y esos hábitos en la ciudad y en la nación y se conservan para sus habitantes. Este oficio está constituido solamente por el conocimiento de todas las acciones por las que primero pueden establecerse firmemente [los modos de vida y los hábitos] y luego pueden conservarse.

Muestra también que el gobierno por el que se establecen firmemente en la ciudad y en la nación los modos de vivir y los hábitos por los que [55] se obtiene la felicidad última, y se conservan para sus habitantes, es el gobierno virtuoso. El oficio real por el que existe este gobierno es el oficio real virtuoso. Y la política que procede de este oficio es la política virtuosa. La ciudad o la nación que son regidas por esta política son la ciudad virtuosa y la nación virtuosa. El hombre que forma parte de esta ciudad o de esta nación es el hombre virtuoso.

El gobierno, el oficio real y la política por medio de los cuales no se tiende a obtener la felicidad última, la verdadera felicidad, sino a alcanzar cualesquiera de los bienes particulares que hay en esta vida terrena, aquellos que el vulgo supone bienes, no son virtuosos, sino que se llaman gobierno de la ignorancia, política de la ignorancia y oficio de la ignorancia. No se llaman realeza, porque para los antiguos la realeza sólo existía por un oficio real virtuoso. La ciudad y la nación que son regidas por aquellas acciones y hábitos que el gobierno de la ignorancia establece firmemente en ellas, se llaman la ciudad o la nación de la ignorancia, y el hombre que forma parte de esta ciudad se llama hombre de la ignorancia. Este gobierno, estas ciudades y estas naciones se dividen en varias clases, y cada una de ellas es llamada por el nombre del objetivo al que tienden entre los bienes supuestos: placeres, honores, riquezas y otros distintos.

Es posible que quien forma parte de la ciudad virtuosa resida, voluntaria [56] o involuntariamente, en una ciudad de la ignorancia. En esa ciudad, ese hombre será parte extraña de ella, tal como ocurriría si cierto animal tuviese sus patas como las de un

45. No se trata aquí de la Ciencia Política, sino que el término que es usado aquí es *al-siyâsa*, cf. introducción.

animal de otra especie inferior. Igualmente, lo mismo sucede a quien forma parte de una ciudad de la ignorancia cuando reside en una ciudad virtuosa: es como un cierto animal cuya cabeza fuese como la de un animal de una especie más noble que la suya. Por esto, es necesario que los virtuosos que se ven impelidos a residir en las ciudades de la ignorancia, por no existir la ciudad virtuosa, han de emigrar hacia la ciudad virtuosa en el momento en que ésta llegue a existir[46].

Muestra también que el gobierno virtuoso es de dos clases: gobierno primero y gobierno que sigue al primero. El gobierno primero es el que establece firmemente por vez primera en la ciudad o en la nación los modos de vivir y los hábitos virtuosos, pues no existían en sus habitantes con anterioridad, y los hace pasar de los modos de vivir de la ignorancia a los modos de vivir virtuosos. Quien lleva a cabo este gobierno es el gobernante primero. Y el gobierno que sigue al primero es aquel que en sus acciones sigue el ejemplo del gobierno primero. El que lleva a cabo este gobierno se llama gobernante de la ley y rey de la ley y su gobierno es el gobierno de la ley[47].

El oficio real virtuoso primero está constituido por el conocimiento de todas las acciones por las que es factible establecer firmemente los modos de vivir y los hábitos virtuosos en las ciudades y en las naciones, conservarlos para sus habitantes y guardarlos y preservarlos para que no se mezcle con ellos alguno de los modos de vivir de la ignorancia, pues todos éstos son enfermedades que sobrevendrían a las ciudades virtuosas. Esto es como quien tiene el oficio de la medicina: ella sólo está constituida por el conocimiento de todas las acciones que establecen firmemente la salud en el hombre, conservándola para él y protegiéndola para que no le sobrevenga ninguna de las enfermedades[48].

46. De nuevo hay que preguntarse si se trata de una referencia autobiográfica. Cf. *Fusûl*, p. 95. Véase la introducción.

47. Sobre el término *malik al-sunna*, cf. comentario de Walzer: *Madîna*, pp. 448-449. Antes, p. 46, he señalado cómo traducir el término *sunna*, véase nota 22. Y, como ya he afirmado anteriormente, no creo que en modo alguno se refiere a los sunníes, sino que simplemente quiere aludir al gobierno y al gobernante que siguen la ley establecida por el gobernante primero.

48. Sobre el símil del político y del médico, véase *Fusûl*, pp. 23-26.

[57] Es evidente que el médico debe conocer que los contrarios han de ser combatidos con los contrarios; debe saber también que el calor ha de ser combatido con el frío; y ha de saber igualmente que la fiebre biliar amarilla[49] ha de ser combatida con el agua de cebada o con el agua de tamarindo. De estas tres proposiciones una es más general que las otras: la más general es que los contrarios se han de combatir con los contrarios y la más particular es que la fiebre biliar amarilla se ha de combatir con el agua de cebada, mientras que nuestra proposición «el calor se ha de combatir con el frío» es intermedia entre la más general y la más particular. Sin embargo, cuando el médico cura, sólo cura los cuerpos de los individuos, los individuos mismos, como el cuerpo de Zayd y el cuerpo de ʻAmr; pero, para curar la fiebre biliar amarilla de Zayd, no le basta con saber que los contrarios se combaten con los contrarios, ni que la fiebre biliar amarilla se debe combatir con agua de cebada, sino que ha de saber sobre la fiebre biliar amarilla de Zayd que éste es un conocimiento más particular que el de aquellas cosas que sabe respecto de su arte: ha de considerar si esta fiebre biliar amarilla suya debe ser combatida con agua de cebada por estar lleno su cuerpo de cosas frías y húmedas, si el agua de cebada rectifica la mezcla y no le impide transpirar, y cosas semejantes. Si debe darle de beber el agua de cebada, no le basta con saber esto de manera absoluta, sino que ha de saber qué cantidad se le ha de administrar, qué densidad y viscosidad debe tener la composición de lo que se le administra, en qué momento del día se le debe administrar, y en qué estado ha de estar este Zayd calenturiento para que se le administre [el agua de cebada]. Una vez que haya determinado esto respecto a su cantidad, a su cualidad y a su momento, no puede prescribirlo sin observar al enfermo, para que la determinación de aquello esté de acuerdo con lo que ve respecto al estado en que se halla este enfermo que es Zayd.

Está claro que esta determinación suya no puede haberla adquirido de los libros de medicina que ha estudiado y con los que se ha ejercitado, ni tampoco de su capacidad de conocer las gene-

49. Cf. el glosario de términos de medicina que C. Vázquez de Benito ha establecido en su Averroes (1987: 279-289).

ralidades[50] y las cosas comunes que están registradas en los libros de medicina, sino de otra facultad que adquirió al dedicarse a la práctica de la medicina en cada uno de los cuerpos individuales, del largo tiempo empleado en observar los estados de los enfermos [58] y por la experiencia que ha obtenido al cabo del tiempo al dedicarse y al hacerse cargo de la curación de cada individuo. Por consiguiente, el médico perfecto sólo cumple completamente su oficio cuando por él son factibles las acciones que proceden de este oficio a través de dos facultades: en primer lugar, por la capacidad de conocer de manera absoluta las generalidades que son partes de su arte y por su cumplimiento, de manera que no le falte nada; en segundo lugar, por la capacidad que adquiere al dedicarse largo tiempo a las acciones de su arte en cada individuo.

Igual es la situación del oficio real primero. En primer lugar, comprende cosas universales. Pero, para realizar aquellas acciones suyas, no le basta con obtener a fondo el conocimiento de las cosas universales y la capacidad de conocerlas, sino que además ha de disponer de otra capacidad, adquirida por la larga experiencia y la observación, por la que pueda determinar las acciones respecto a su cantidad, a su cualidad, a su momento y a las restantes cosas por las que se pueden determinar las acciones, e imponer reglas propias, sea atendiendo a cada ciudad, a cada nación o a cada individuo, o sea atendiendo a una situación que se presenta momentáneamente o a lo que puede suceder en cada momento. Pues las acciones del oficio real sólo se dan en las ciudades particulares, es decir, en esta o en aquella ciudad, en esta o en aquella nación, en este o en aquel hombre. La facultad por la que el hombre puede descubrir las reglas por las que él determina las acciones, atendiendo a lo que observa en cada comunidad, ciudad, grupo o individuo y atendiendo a cada suceso que tiene lugar en una ciudad, nación [59] o individuo, es llamada por los antiguos «prudencia»[51]. Esta facultad no se adquiere por el conocimiento

50. Aunque hasta ahora he traducido el término *al-kulliyât* por «universales», aquí prefiero conservar el de «Generalidades» por ser éste el sentido que tiene ese término en el título del libro de Averroes *Kitâb al-kulliyyât fî l-tibb* («Libro de las generalidades de la medicina»).

51. El término es *ta'aqqul*. Cf. *Fusûl*, p. 50, *fasl* 33 y nota a «prudencia».

de las generalidades de la ciencia ni por el cumplimiento de todas ellas, sino por una larga experiencia en los individuos.

6. La Ciencia Política, que es una parte de la filosofía, se limita en las acciones, modos de vivir, hábitos voluntarios y restantes cosas que estudia, a las generalidades y a describirlas; también da a conocer las descripciones para determinarlas en las particularidades: cómo, por qué y cuánto se debe determinar. Pero las deja sin determinar en acto, porque la determinación en acto corresponde a una facultad distinta de la filosofía, porque las situaciones y las circunstancias según las cuales hay que determinar pueden ser infinitas y no conocidas completamente aún.

Esta ciencia tiene dos partes: una parte comprende la explicación de cuál es la verdadera felicidad y cuál es la supuesta, la clasificación de las acciones, modos de vivir, caracteres morales, costumbres y hábitos voluntarios generales, que deben existir en las ciudades y naciones, y la distinción de aquellos que son virtuosos de los que no lo son. La otra parte comprende la explicación de las acciones por las que se establecen firmemente las acciones y los hábitos virtuosos, cómo se distribuyen entre los habitantes de las ciudades, y las acciones con las que se conservan para ellos lo que se estableció firmemente en ellos.

7. Enumera luego cuántas son las distintas clases de oficios reales y gobiernos que no son virtuosos; describe las acciones que realiza cada uno de estos oficios reales, a fin de obtener por ellas su objetivo de los habitantes de las ciudades sometidas a su gobierno. Explica que estas acciones, modos de vivir y hábitos, que no son virtuosos, son enfermedades de las ciudades virtuosas y que sus modos de vivir y sus políticas son enfermedades del oficio real virtuoso. Las acciones, modos de vivir y hábitos que hay en las ciudades no virtuosas son las enfermedades de las ciudades virtuosas.

Enumera después cuántas son las causas y los aspectos por los que, en la mayoría de los casos, los gobiernos virtuosos y los modos de vivir de las ciudades virtuosas pueden transformarse en modos de vivir [60] y hábitos no virtuosos; explica cómo se convierten en no virtuosos. Y enumera y enseña las acciones por las que se mantienen firmes las ciudades y políticas virtuosas para que no se corrompan ni se transformen en no virtuosos, y aquellas cosas con las que, en caso de que se transformen y enfermen, puedan retornar a su salud. Expone luego que del oficio real virtuoso primero no pueden proceder sus acciones de modo perfecto, si no es porque al conocimiento de las generalidades de este arte se le une la filosofía teórica y en tanto que se le añade la prudencia[52], que es la facultad resultante de la experiencia que procede de una asidua dedicación a las acciones del arte en cada una de las ciudades y naciones y en cada una de las comunidades. Esta facultad es la aptitud para una excelente inferencia de las reglas por las que se determinan las acciones, los modos de vivir y los hábitos atendiendo a cada comunidad, a cada ciudad o a cada nación, bien sea según un cierto tiempo breve o de una cierta longitud determinada, o según el momento si es posible; y determinarlos también atendiendo a cada situación o circunstancia que ocurran en la ciudad, o en la nación o en la comunidad. Expone también que estas cosas son las que constituyen el oficio real virtuoso primero. Por lo que se refiere a los (oficios reales) que le siguen, cuyo gobierno es el propio de la ley, no necesitan por naturaleza la filosofía[53].

Muestra también que lo más excelente y extraordinario en las ciudades y naciones virtuosas consiste en que sus reyes y gobernantes, que se suceden temporalmente, sigan las reglas del gobernante primero. Enseña cómo hay que actuar a fin de que sus reyes sucesores tengan una y la misma situación respecto de la virtud; qué condiciones hay que buscar en los hijos de los reyes de la ciudad para que, si se hallan en alguno de ellos, se espere de él que se convierta en rey tomando como modelo el caso del gobernante primero. Expone también cómo debe ser educado y criado y de qué manera debe ser instruido para que se convierta en rey perfecto.

Muestra además que los reyes cuyos gobiernos son propios de la ignorancia no tienen necesidad de las generalidades de este arte ni de la filosofía, [61] sino que, al contrario, cada uno de ellos puede llegar a su objetivo en la ciudad por la facultad de la

52. Cf. Mahdi (1975: 135).
53. Pero sí de la Teología y del Derecho, como he anotado antes.

experiencia que ha adquirido en la clase de las acciones por las que obtiene su propósito y por las que llega a su objetivo respecto de los bienes supuestos, cuando se da además en él una excelente aptitud, malévola pero poderosa, para llegar a descubrir lo que necesita para determinar las acciones que ha de realizar y aquellas en las que emplea a los habitantes de la ciudad. Su oficio, aquel por el que es rey, está constituido de cosas que ha obtenido por la experiencia —sea por su propia experiencia, sea por la experiencia de otro de los que comparten con él su propósito, uno de aquellos reyes cuyo propósito es el mismo que el suyo, y lo imita, sigue su ejemplo y reúne lo que ha experimentado—, y [está constituido] de cosas que él mismo ha descubierto por su malévola aptitud y por su astucia a partir de los principios que ha alcanzado por la experiencia[54].

8. Después de eso [la Política] da a conocer los grados de las cosas que hay en el universo y, en general, los grados de los seres[55]. Comienza por aquellas cosas que son las partes más posteriores del universo, aquellas que no tienen gobierno[56] en modo alguno, pues sólo proceden de ellas acciones por las que solamente se sirve, pero no acciones por las que se gobierna. Desde ellas se eleva a las cosas que gobiernan a éstas sin mediación alguna, aquellas que están más próximas a las cosas que gobiernan a éstas. Da a conocer cuáles son sus grados respecto del gobierno y qué extensión tiene su gobierno; que no tienen un gobierno perfecto; que las disposiciones y facultades naturales que tienen no son suficientes para que gobiernen por sí mismas, de manera que puedan prescindir de que otras cosas las gobiernen; al contrario, necesariamente han de tener gobiernos por encima de ellas que las rigen[57].

54. Cf. *Fusûl*, pp. 55 y 93-94; *fusûl*, n.os 39 y 93.

55. Es decir, tiene como objeto los mismos de la filosofía, enumerados en otros lugares. Cf. *Fusûl*, pp. 52-53, *fasl* 37.

56. El término «gobierno» aquí y en los textos que siguen, siempre aplicado a los grados del ser, no tiene el sentido de «gobierno político», sino de «cuidar de algo», esto es, de que algo dependa de aquello que tiene gobierno. El término «servicio» o «servir», que también aparece ahora, es lo que depende de algo.

57. Desde la página 61:18 hasta la página 62:1 se repite literalmente este mismo párrafo. Por ello, lo elimino aquí.

[62] Desde ellas se eleva a las cosas que están más cerca de aquellas que gobiernan a éstas. Da a conocer cuáles son sus grados en el gobierno y qué extensiones tienen sus gobiernos; que tampoco son perfectas, aunque son más perfectas que los gobiernos que están bajo ellas; también da a conocer que sus facultades y disposiciones naturales no son suficientes para poder gobernar por sí mismas, de manera que no tengan gobernante en absoluto; al contrario, necesariamente han de tener por encima otros gobiernos que las rigen.

Se eleva también a las cosas que están más cerca de las que gobiernan a éstas y da a conocer respecto de ellas lo mismo que dio a conocer respecto de las primeras. No cesa de elevarse así desde las cosas que están en los grados más bajos hasta las que están en los grados más altos, que son de gobierno más perfecto que las que están bajo ellas. Y así se eleva desde un ser más perfecto a otro más perfecto aún y al más perfecto de los seres. Da a conocer entonces que siempre que se eleva a un grado más alto, a un ser más perfecto en sí mismo y a un gobierno más perfecto, se sigue necesariamente que hay en ellos un número cada vez menor de seres y que cada uno de los seres que hay en ellos aumenta en unidad y mengua en multiplicidad. Y muestra también la multiplicidad y la unidad que hay en ellos.

No cesa de elevarse, según la perfección de este orden, de un grado de gobierno a otro grado más perfecto que él, hasta llegar a un grado en el que no puede haber sino un solo ser —uno en número y uno bajo todos los aspectos de la unidad—. Tampoco puede haber gobierno alguno por encima de él, sino que es el gobernante que en ese grado rige todo lo que está bajo él, y no puede ser regido por otro en absoluto, pues rige todo lo que está bajo él; da a conocer que no puede [63] haber en él imperfección bajo ningún aspecto, que no puede haber perfección más absoluta que la suya, ni existencia más excelente que la suya; que en todo lo que hay bajo él existe, de algún modo, imperfección; y que el grado más cercano al suyo es el más perfecto de los grados que hay bajo el suyo[58].

58. Según Brewster (1973-1974: 28), este argumento depende no tanto de la idea del Primer Motor de Aristóteles, sino de la perfección del Uno plotiniano (*Enéadas*, V, 4 y VI, 9).

Luego, a medida que va descendiendo, los seres en cada grado aumentan en multiplicidad y menguan en perfección, hasta llegar a los últimos seres, aquellos cuyas acciones son servir solamente. Muestra que éstos son los postreros, sin que haya nada posterior a ellos respecto del ser, y cuyas acciones no pueden ser en modo alguno acciones de gobierno; que aquel Ser Primero, Uno y el más anterior, es aquel que no puede tener nada que sea más preeminente que él y que su acción no puede ser en absoluto acción de servir; que cada uno de los grados intermedios que hay bajo el gobernante primero realizan acciones propias de gobierno por las que sirven al gobernante primero. Da a conocer, además, la armonía, la mutua vinculación y el orden de unos con otros, y el orden y mutua colaboración de sus acciones, a fin de que, a pesar de su multiplicidad, sean como una sola cosa, a partir de la capacidad de regir que ese uno tiene y de su poder influir sobre la totalidad de ellos, en la medida de su grado y de acuerdo con lo que necesariamente tiene quien está en ese grado del ser, según lo que por naturaleza merece y según las acciones por las que se sirve, por las que se gobierna o por ambas a la vez, que necesariamente se le encomienda[59].

Luego hace esto mismo en las facultades del alma humana.

Luego hace esto mismo en los órganos del cuerpo humano. Luego hace esto mismo también en la ciudad virtuosa y establece el rango del rey y del gobernante primero en ella con relación al rango de Dios[60], que es el dirigente primero de los seres, del universo y de cuantas especies hay en él. Luego no cesa de descender los grados en la ciudad hasta llegar a aquellos grupos de sus habitantes cuyas acciones son tales que no pueden ser gobernantes por ellas, sino sólo servir. [64] Sus hábitos voluntarios son tales que no pueden gobernar por ellos, sino sólo prestar servicio. [Muestra] que las acciones de los grupos que están en los grados intermedios son tales que por ellas gobiernan lo que está bajo ellos y prestan servicio a quien está por encima de ellos; y que los más cercanos al grado del rey son más perfectos en cuanto a sus disposiciones y

59. No estoy seguro de haber atinado con la traducción de este largo párrafo, de difícil comprensión en el texto original.

60. En lugar del usual *Allâh*, el término que aquí usa al-Fârâbî es *al-ilâh*.

acciones, por lo que son más perfectos en gobierno. Así hasta llegar al grado del oficio real. Es evidente que por este oficio ningún hombre puede prestar servicio en absoluto, sino que, al contrario, es un oficio y un hábito por el que sólo se gobierna[61].

Luego a continuación comienza a elevarse desde los primeros grados en las [ciudades], los grados del servicio, hasta el más cercano de los grados de gobierno que está por encima. No cesa de elevarse, tanto en el discurso como en la descripción, desde el grado más bajo hasta el grado más alto de ellos, hasta que llega al grado del rey de la ciudad que gobierna y no presta servicio. Desde este grado se eleva al grado de aquel que rige al rey de la ciudad virtuosa y al gobernante primero, perteneciente a los seres espirituales, aquel que ha sido establecido como el Espíritu Fiel[62], aquel por el que Dios Altísimo inspira al gobernante primero de la ciudad. Estudia cuál es su grado y qué grado ocupa entre los seres espirituales.

Luego a continuación no cesa de elevarse así, dando a conocer, hasta llegar a Dios, grande sea su alabanza. Expone cómo la inspiración desciende de su parte, grado a grado, hasta el gobernante primero; cómo el gobernante primero rige la ciudad, la nación o las naciones por la inspiración que le viene de Dios Altísimo; y cómo la dirección pasa también desde el gobernante primero a cada uno de los grupos de la ciudad según un orden, hasta llegar a los últimos grupos.

Expone de esta manera que Dios Altísimo es el que también rige la ciudad virtuosa, de la misma manera que es el que rige el universo; [65] que su dirección del universo es de una manera y su dirección de la ciudad es de otra manera, aunque entre las dos direcciones hay correspondencia, como también la hay entre las partes del universo y las partes de la ciudad o de la nación virtuosa[63]; que necesariamente también hay entre las partes de la

61. Cf. Aristóteles, *Política*, I, 2, 1252a 31-34.

62. Con este término, *al-rûh al-amîn*, designa al intelecto agente, por cuya mediación recibe el profeta la inspiración de Dios. En el *Corán* XXVI, 193 se alude con este término al arcángel Gabriel. Cf. *Siyâsa*, p. 32 y nota correspondiente.

63. Es esta correspondencia la que funda la tarea del filósofo como gobernante de la ciudad en paralelo al orden, armonía, estructura y colaboración que Dios Altísimo da a las partes del universo.

nación virtuosa armonía, vinculación, estructura y colaboración mutua mediante las acciones; que aquella armonía, vinculación, estructura y colaboración mutua que se encuentran en las partes del universo por medio de las acciones proceden de las disposiciones naturales que tienen, siendo necesario entonces que tales cosas se hallen en las partes de la nación virtuosa procedentes de las disposiciones y hábitos voluntarios que tienen. Pues, de la misma manera que el regidor del universo ha establecido en las partes de éste unas disposiciones naturales por las que hay armonía, vinculación, estructura y colaboración mutua mediante las acciones, a fin de que, a pesar de su multiplicidad y la multiplicidad de sus acciones, sean como una sola cosa que realiza una sola acción por un solo objetivo, así también necesariamente el que rige la nación ha de disponer y establecer en las almas de las partes de la nación y de la ciudad disposiciones y hábitos voluntarios que les causen esa armonía y vinculación de unas con otras y la colaboración mutua por medio de las acciones, a fin de que la nación y las naciones lleguen a ser, pese a la multiplicidad de sus partes, la diversidad de sus grados y la multiplicidad de sus acciones, como una sola cosa que realice una sola acción con la que alcanzar un solo objetivo. Esta comparación resulta clara a quien considera con atención los órganos del cuerpo humano.

De la misma manera que el que rige el universo le da a él y a sus partes, además de naturaleza y dones naturales sobre las que se asientan, otras cosas por las que el ser del universo y sus partes permanece y perdura en virtud de su naturaleza durante un período muy largo de tiempo, así también debe hacer el que rige la nación virtuosa. Pues no debe limitarse a causar en las almas de sus habitantes las disposiciones y hábitos virtuosos para que tengan armonía, estén vinculados entre sí y colaboren mutuamente por medio de las acciones, sino que además debe proporcionarles otras cosas por las que procuren permanecer y perdurar en las virtudes y bienes sobre los que se asientan desde el principio.

9. En resumen, [la Ciencia Política expone] que [el filósofo] debe imitar a Dios y seguir [66] las huellas de la dirección del que rige el universo cuando da a las diferentes clases de seres los dones naturales, naturaleza y disposiciones propias que les ha estableci-

do y en las que se asientan, al organizar por ello sus asuntos, a fin de que se perfeccionen los bienes naturales en cada una de las clases de los universos según su grado y en la totalidad de los seres existentes. <El filósofo> ha de establecer también en las ciudades y naciones cosas similares a éstas, pertenecientes a las artes, disposiciones y hábitos voluntarios, a fin de que se realicen completamente los bienes voluntarios en cada una de las ciudades y naciones según su grado y merecimiento, para que por razón de ello las comunidades de las naciones y ciudades lleguen a la felicidad en esta vida y en la vida futura.

Por razón de esto se sigue necesariamente también que el gobernante primero de la ciudad virtuosa ha de conocer la filosofía teórica de manera completa, porque sólo desde ella puede ocuparse de aquella organización que Dios Altísimo ha establecido en el universo, de manera que pueda imitarlo. Además, resulta claro que todo esto no se puede realizar a menos que haya en las ciudades una religión común por la que estén unidas sus opiniones, creencias y acciones y por la que sus grupos adquieran armonía, vinculación, estructura, mutua ayuda y cooperación por medio de las acciones de ellos, a fin de que consigan el objetivo buscado, que es la felicidad última.

# ARTÍCULOS DE LA CIENCIA POLÍTICA

cuyo título en árabe es

FUSÛL [AL-'ILM] AL-MADANÎ

[23] *Artículos, que contienen muchos principios, extractados de los discursos de los antiguos, acerca de cómo se han de gobernar las ciudades para hacerlas prósperas, para mejorar la conducta de sus habitantes y dirigirlos hacia la felicidad*[1].

1. De la misma manera que el cuerpo goza de salud y enfermedad, así también el alma puede tener salud y enfermedad. La salud del alma consiste en que sus disposiciones y las disposiciones de sus partes sean tales que por medio de ellas realice siempre actos buenos y nobles y acciones hermosas. Su enfermedad consiste en que sus disposiciones y las disposiciones de sus partes sean tales que por ellas ejecute siempre actos malos y defectuosos y acciones ignominiosas.

La salud del cuerpo consiste en que sus disposiciones y las disposiciones de sus partes sean tales que por ellas el alma ejecute sus operaciones del modo más perfecto y completo posible, sean [24] buenas o malas esas acciones hechas por mediación del cuerpo o de sus partes. Su enfermedad consiste en que sus disposiciones o las disposiciones de sus partes sean tales que por ellas no realice el alma aquellos actos que se hacen por mediación del cuerpo o de sus partes, o las ejecute de una manera más imperfecta de la que convendría hacer primariamente según lo propio de su naturaleza.

1. Se pueden comparar estas palabras con lo que dice Aristóteles (*Polit.*, VII, 2, 1324a 23-25): «Pues bien, es evidente que el régimen mejor es esa organización bajo la cual cualquier ciudadano puede prosperar y vivir felizmente». El íncipit de los mss. Tehran I y II reza de la siguiente manera: «Son éstos dichos y aforismos extractados de la ciencia Ética (*'ilm al-ajlâq*); contienen el modo de adquirir las virtudes del alma y evitar sus vicios, para que el hombre vaya de las malas costumbres a las que son bellas y para que se afiance la Ciudad virtuosa, la casa y el gobierno de sus habitantes. Todo esto está contenido en esta Epístola».

2. Las disposiciones propias del alma por las que el hombre puede realizar actos buenos y acciones hermosas son las virtudes, y aquellas por las que realiza actos malos e ignominiosos son los vicios, los defectos y las cualidades despreciables.

3. De la misma manera que la salud y la enfermedad del cuerpo se deben al equilibrio y al desequilibrio de su constitución física[2], respectivamente, así también la salud y el buen estado de la ciudad se deben al equilibrio de los hábitos morales[3] de sus habitantes, mientras que su enfermedad procede de la diferencia que hay en sus hábitos morales.

Cuando el cuerpo se aparta del equilibrio de su constitución física, quien lo restituye al equilibrio y se lo conserva es el médico. De modo similar, cuando la ciudad se aparta del equilibrio en los hábitos morales de sus habitantes, quien la restituye al buen estado y se lo conserva es el político. El político y el médico tienen en común[4] sus dos operaciones, pero se diferencian por los dos objetos de sus respectivas artes, pues mientras que el objeto de aquél son las almas, el objeto de éste son los cuerpos. Y así como el alma es más noble que el cuerpo, así también el político es más noble que el médico[5].

4. Quien prescribe el tratamiento de los cuerpos es el médico, mientras que quien prescribe el tratamiento de las almas es

2. El término árabe usado aquí es *mizâŷ*, que significa «temperamento», «humor» en los textos médicos. Pero también tiene el sentido de «constitución física», que prefiero usar aquí.

3. El término *julq*, plural *ajlâq*, traduce el vocablo griego *éthos*, «manera de ser», «carácter», «hábito moral» de una persona. De ahí que en árabe el plural, precedido de *'ilm*, designe la Ética como ciencia, según apunté en la introducción. Goichon (1938: 112, n.º 228). A partir de ahora lo traduciré simplemente por «hábito moral», para no confundirlo con *'âda*, «costumbre», «práctica habitual», «uso», pero que no posee el carácter de disposición natural propio del *julq*. Por eso pudo decir Aristóteles lo siguiente: «La ética procede de la costumbre, como lo indica el nombre que varía ligeramente del de 'costumbre'» (*Et. Nic.*, II, 1, 1103a 17-18). Cf. más adelante, § 9.

4. Cf. Aristóteles, *Et. Nic.*, I, 13, 1102a 18-22. Cf. Averroes (1956: 116); Lerner (1974: 8-9); Cruz Hernández (1986: 10).

5. Este *fasl* no se encuentra en la edición de Dunlop.

el político, que también se llama el rey[6]. Pero, al prescribir el tratamiento de los cuerpos, el médico no pretende que sus disposiciones sean tales que por ellas el alma realice actos buenos o malos, sino que sólo intenta que sean tales que por ellas los actos del alma realizados por el cuerpo o sus partes [25] sean los más perfectos, tanto si son buenos como si son malos. Pues el médico que prescribe el tratamiento al cuerpo[7], sólo lo hace para mejorar la fuerza del hombre a través de él, tanto si emplea esa fuerza excelente en buenas acciones como en malas obras. El que prescribe tratamiento a los ojos sólo pretende que la vista sea excelente a través de ellos, tanto si la utiliza en lo que conviene y es hermoso como en lo que no conviene y es vergonzoso.

Por esto, no es propio del médico en tanto que médico considerar la salud y la enfermedad del cuerpo[8] bajo este aspecto, sino que es lo propio del político y del rey. El político según el arte[9] político y el rey según el arte real han de ponderar[10] dónde conviene aplicarlos, en quién conviene y en quién no conviene aplicarlos, y qué clase de salud se debe proporcionar a los cuerpos y qué otra clase no se les debe proporcionar. De aquí que la situación del arte real y del arte político respecto de las otras artes que hay en las ciudades, sea como la situación del arquitecto[11] respecto de los albañiles, porque las otras artes que hay en la ciudad sólo se ejercen y son empleadas para completar a través de ellas el fin en el arte político y en el arte real, de la misma manera que el

6. Cf. *Milla*, p. 55.

7. En la edición de Dunlop se lee «manos», en lugar de «cuerpo».

8. En la edición de Dunlop, «alma».

9. O «ciencia», pues el término árabe *sinâʿa* es usado muchas veces en este sentido. Prefiero mantener, sin embargo, el significado primario del término, para distinguirlo del uso de *ʿilm*. Sobre la Ciencia Política y el arte real, cf. *Milla*, *passim*.

10. En el sentido de «medir» o «valorar». El *qaddara* árabe y el *ponderare* latino tienen una misma evolución semántica: el paso del peso físico al valor de una razón o pensamiento.

11. Traduzco por «arquitecto» la expresión *ra'îs al-bannâ'în*, que literalmente significa «maestro de obras». Me induce a ello el hecho de que al-Fârâbî connsidere con Aristóteles que la Política es una ciencia arquitectónica. La versión árabe de *Et. Nic.* traduce la expresión «ciencias arquitectónicas» de I, 1, 1094a 14, por *al-sinâʿât al-ra'îsiyya* (Aristóteles [1976: 54:8]).

arte arquitectónico, respecto de las artes de los albañiles, utiliza el resto de éstas, pues por medio de ellas completa su objetivo[12].

5. De la misma manera que el médico que prescribe el tratamiento de los cuerpos necesita conocer [26] el cuerpo entero, las partes del cuerpo, qué enfermedades afectan al cuerpo en general y a cada una de sus partes, de qué cosas y de cuántas le afectan, cuál es el modo de hacerlas desaparecer y cuáles son las disposiciones que, al presentarse en el cuerpo y en sus partes, hacen que las acciones que existen en el cuerpo sean completas y perfectas; así también, el político y el rey, que prescriben el tratamiento de las almas, necesitan conocer el alma entera[13] y sus partes, qué defectos y vicios le afectan a ella y a cada una de sus partes, de qué cosas y de cuántas le afectan, cuáles son las disposiciones propias del alma por las que el hombre puede realizar actos buenos, cuántas son, cómo son los modos de hacer desaparecer los vicios de los habitantes de la ciudad, los recursos para fijarlas en las almas de los ciudadanos y cómo hay que proceder para conservárselas a fin de que no desaparezcan. Solamente deben conocer respecto del alma tanto cuanto necesiten para su arte, tal como el médico sólo precisa saber respecto del cuerpo tanto cuanto requiere para su arte, y el carpintero y el herrero sólo precisan saber, respecto de la madera y del hierro respectivamente, cuanto necesitan para sus artes.

6. Hay cuerpos artificiales y hay cuerpos naturales. Son artificiales la cama, la espada, el cristal y otros semejantes. Son naturales el hombre y los demás animales.

Unos y otros constan de dos cosas: materia y forma. La materia del cuerpo [27] artificial, como por ejemplo la cama, es la madera, mientras que la forma es la configuración de la cama: el ser cuadrada, el ser redonda, etc. La materia es la cama en potencia, mientras que por la forma se convierte en cama en acto. La materia del cuerpo natural son los elementos, mientras que la

12. El texto de la edición de Dunlop varía ligeramente en esta última frase, aunque no en su sentido general.

13. Cf. Aristóteles, *Et. Nic.*, I, 13, 1102a 18-26.

forma es aquello por lo que cada uno de ellos llega a ser lo que es. Los géneros son cuasi-materias; las diferencias específicas son cuasi-formas[14].

7. Las más importantes partes y facultades que el alma tiene son cinco[15]: nutritiva, sensitiva, imaginativa, apetitiva y racional.

La nutritiva, en general, es la que ejerce cierta acción en el alimento con él o desde él. El alimento es de tres clases: primario, medio y último. Ejemplos del primario son el pan, la carne y todo lo que aún no ha comenzado a ser digerido. El último es aquel en que la digestión se ha terminado completamente, hasta el punto de que se hace semejante al miembro que por él es alimentado: si el miembro es carne, se convertirá ese alimento en carne; y si es hueso, se convertirá en hueso. El intermedio es de dos clases: uno es el alimento que se cuece en el estómago y en los intestinos hasta quedar dispuesto para que de él se produzca la sangre; y el segundo, la sangre misma. Forman parte de la nutritiva las facultades digestiva, de crecimiento, generativa, atractiva, retentiva, discriminativa y expulsiva.

La que propiamente se llama nutritiva es la que cuece la sangre que resulta en cada miembro, de manera que se convierta en algo semejante a ese miembro. La digestiva es la que cuece el alimento primario en el estómago y en los intestinos, de manera que quede dispuesto para que de él se produzca la sangre; luego es la que cuece esto que ha sido preparado en el hígado, por ejemplo, para que se convierta en sangre. La de crecimiento es la que [28] por medio del alimento hace aumentar el tamaño de un miembro en todas sus zonas de crecimiento, hasta alcanzar el máximo tamaño que cada miembro puede obtener. La generativa es la que convierte el excedente de alimento que está cercano al de la última clase, a saber, la sangre, en otro cuerpo semejante en la especie al cuerpo de cuyo alimento procede el excedente. Esta facultad es de dos clases: una es la que da la materia de lo engendrado, y es la

14. Desde «La materia del cuerpo natural» falta en la edición de Dunlop. Sobre materia y forma, cf. *Siyâsa*, p. 36.

15. Cf. Aristóteles, *Et. Nic.*, I, 13, 1102a 27-1103a 10. Cf. *Madîna*, p. 164; Alonso (1985: 55-56).

hembra; la otra le da su forma, y es el macho. De estas dos existe aquel animal que es engendrado a partir de otro semejante en la especie. La atractiva es aquella que arrastra el alimento de un sitio a otro, hasta hacerlo llegar al cuerpo que se ha de alimentar, de manera que entren en contacto y se mezclen. La retentiva es la que conserva el alimento en los vasos del cuerpo a los que ha llegado. La discriminativa es la que distingue el exceso de alimento y las clases de alimento, pues hace llegar a cada miembro lo que le es similar. La expulsiva es la que evacua de un lugar a otro los diversos excesos de alimento.

La facultad sensitiva es la que percibe por medio de uno de los cinco sentidos, bien conocidos de todos.

La imaginativa es la que conserva las impresiones de los sensibles después de haber desaparecido el ejercicio de los sentidos sobre ellos. Combina unos con otros de muy diversas maneras y separa unos de otros de muchas y diferentes formas, unas verdaderas y otras falsas, tanto durante la vigilia como durante el sueño. Esta facultad y la nutritiva pueden actuar durante el sueño, a diferencia de las otras facultades.

La facultad apetitiva es aquella por la que hay una inclinación del animal hacia algo, y por ella hay el deseo hacia [29] algo y el aborrecerlo, búsqueda y huida, predilección y repulsión, cólera y satisfacción, temor y valor[16], severidad y compasión, amor y odio, pasión y concupiscencia, así como las demás afecciones del alma. Instrumentos de esta facultad son todas las facultades por las que se producen los movimientos de todos los miembros y del cuerpo entero, como, por ejemplo, la facultad de asir, propia de las manos, la facultad de andar, propia de los pies, y otras distintas, propias de otros miembros.

La facultad racional es aquella por la que el hombre entiende, por la que tiene reflexión, por la que adquiere las ciencias y las artes, y por la que distingue entre lo bello y lo ignominioso de las acciones. Puede ser práctica o teórica[17]. La práctica, a su

16. En la edición de Dunlop se añade «cobardía».

17. Esta división de la facultad racional, que al-Fârâbî propone en diversas obras, está tomada de Aristóteles, quien también la establece en distintas obras, por ejemplo en *Et. Nic.*, VI, 1, 1139a 5-16; Aristóteles (1979: 209). En el capítulo siguiente de la misma obra, Aristóteles distingue entre el entendimiento

vez, es técnica[18] o reflexiva. La teórica es aquella por la que el hombre conoce los existentes cuya naturaleza es tal que no los podemos hacer ni cambiarlos de un estado a otro[19], como, por ejemplo, que el tres es número impar y el cuatro número par. No podemos cambiar el tres para convertirlo en par, mientras permanezca como tres; ni podemos cambiar el cuatro para convertirlo en impar, mientras permanezca como cuatro, como sí podemos cambiar un tablón de madera, haciendo redondo al que era cuadrado: en ambos casos será un tablón de madera a la vez. La práctica es aquella por la que se disciernen las cosas cuya naturaleza es tal que las podemos hacer y cambiarlas de un estado a otro[20]. La técnica y propia del arte es aquella por la que se adquieren las diversas técnicas, como, por ejemplo, la carpintería, la agricultura, la medicina y la náutica. La reflexiva es aquella por la que reflexionamos sobre [30] aquello que queremos hacer cuando queremos hacerlo[21], si es posible hacerlo o no, y, si es posible, cómo se debe hacer esa acción.

8. Las virtudes son de dos clases: éticas y racionales[22]. Las racionales son las virtudes de la parte racional, como la sabiduría, el intelecto, el talento, la agudeza mental y la excelencia en comprender. Las éticas son las virtudes de la parte apetitiva, como la templanza, la fortaleza, la largueza y la justicia. También

teórico y práctico (1139a 26-29). Pero es en *Política* donde se encuentra la más clara división aquí propuesta (VII, 14, 1333a 25). En al-Fârâbî, cf. por ejemplo, *Siyâsa*, pp. 32-33.

18. Traduzco por «técnica» el término árabe *mihniyya*, según establecí en la traducción de *Siyâsa*, p. 33 del texto árabe y la nota 9.

19. Aristóteles, en *Et. Nic.*, VI, 1, 1139a 6-8, dice, refiriéndose a esta parte de la facultad racional: «una, con la que percibimos las clases de entes cuyos principios no pueden ser de otra manera».

20. En el pasaje anterior, Aristóteles se refiere a estas cosas como «los contingentes», o sea, las cosas que tienen la posibilidad de ser de otra manera.

21. «Saber» en la edición de Dunlop.

22. Cf. Aristóteles, *Et. Nic.*, I, 13, 1103a 4-5. En la versión árabe de este pasaje, los términos usados para traducir los griegos son, respectivamente, *fikriyya* y *julqiyya* (Aristóteles [1979: 83:14]). En cambio, los que utiliza al-Fârâbî aquí son *julqiyya* y *nutqiyya*, mientras que en *Tahsîl*, p. 2:4-5 (Mahdi [1969: 13]), distingue tres tipos de virtud: teórica (*nazariyya*), deliberativa (*fikriyya*) y ética (*julqiyya*).

los vicios se dividen según estas dos clases; en el ámbito de cada clase se contraponen a estas [virtudes] que hemos enumerado y a sus fines[23].

9. Las virtudes éticas y los vicios se originan y se afianzan en el alma sólo por la repetición de los actos procedentes de aquel hábito moral, muchas veces, durante cierto tiempo y por habituarnos a ellos. Si estos actos son buenos, lo que aparece en nosotros[24] es la virtud; si son malos, lo que resulta para nosotros es el vicio. Es lo que sucede en las artes, como en la escritura, por ejemplo: por nuestra repetición de los actos de escribir muchas veces y por habituarnos a ello, aparece y se afianza en nosotros el arte de la escritura. Si los actos de escribir que repetimos y a los que nos habituamos son malos actos, se afianzará en nosotros una mala escritura, pero si son actos excelentes, se afianzará en nosotros una excelente escritura.

10. [31] Desde el principio y por naturaleza el hombre no puede tener innata ninguna virtud ni vicio[25], de la misma manera que tampoco por naturaleza puede ser tejedor ni escribiente. Sí puede, en cambio, por naturaleza estar predispuesto hacia los actos[26] de la virtud o del vicio, por serle estos actos más fáciles que los actos de otras cosas distintas, de la misma manera que puede por naturaleza estar predispuesto hacia los actos de la escritura o de cualquier otro arte, porque tales actos le sean más fáciles que los de otra cosa distinta.

Desde el principio el hombre se siente movido a hacer lo que por naturaleza le es más fácil, siempre que un agente no le instigue desde afuera a hacer lo contrario. A esta predisposición natural no se la puede llamar virtud, como tampoco a la predispo-

23. El texto de la edición de Dunlop finaliza en «también los vicios se dividen según estas dos clases».

24. «En ella» en la edición de Dunlop.

25. Cf. Aristóteles, *Et. Nic.*, II, 1, 1103a 20-21: «Ninguna de las virtudes éticas se produce en nosotros por naturaleza».

26. En la edición de Dunlop, *aḥwâl*, traduciéndolo por «condiciones», aunque en nota señala que sería más correcto *af'âl*, como en nuestro texto, «actos», cf. su edición, p. 80, nota a [9].

sición natural hacia los actos del arte[27] se le puede llamar arte[28]. Sin embargo, cuando hay predisposición natural hacia los actos de la virtud, estos actos se repiten y uno se acostumbra a ellos, afianzándose por la costumbre una cierta disposición en el alma, de la que procedan esos actos mismos, entonces la disposición afianzada por la costumbre es la que se llama virtud. La disposición natural no se llama virtud ni vicio, aunque de ella procedan [32] acciones esporádicas. La natural no tiene nombre; si alguien la llama virtud o vicio, solamente la llama así por la homonimia, no porque el significado de ésta sea el mismo que el de aquélla. Por la que es adquirida por la costumbre podrá el hombre ser alabado o vituperado; pero, por la otra, el hombre no podrá ser ni alabado ni vituperado[29].

11. Es difícil y poco probable que exista alguien predispuesto por naturaleza hacia todas las virtudes éticas y racionales de manera completa, como también es difícil que exista quien esté predispuesto por naturaleza hacia todas las artes. Igualmente es difícil y poco probable que haya alguien predispuesto por naturaleza para todas las malas acciones. Sin embargo, ambos casos no son imposibles. Lo más frecuente, sin embargo, es que cada uno esté predispuesto hacia una cierta virtud o hacia un número determinado de virtudes, hacia un cierto arte o hacia un determinado número de artes. Éste está predispuesto hacia una cosa, otro lo está hacia otra y un tercero está predispuesto hacia una tercera, trátese de una virtud o de un arte.

12. Cuando a las disposiciones naturales y a las predisposiciones hacia la virtud o el vicio se le añaden hábitos morales semejantes y se afianzan por la costumbre, tal hombre [33] será en eso más perfecto de lo que era. Cosa difícil es que desaparezcan de ese hombre aquellas disposiciones, buenas o malas, que se han afianzado en él.

27. En la edición de Dunlop, «los actos del tejer».
28. En la edición de Dunlop, «tejer».
29. Cf. *Et. Nic.*, II, 5, 1105a 1-5.

Si en algún momento existe alguien predispuesto por naturaleza y de modo perfecto hacia todas las virtudes y si, además, se han afianzado en él por la costumbre, ese hombre superará en virtud a las virtudes que se dan en la mayoría de los hombres, de manera que casi sobrepasará a las virtudes humanas hasta alcanzar una categoría más elevada que la del hombre; a éste los antiguos lo han llamado «divino». En cambio, al hombre contrario a éste, aquel que está predispuesto para todos los malos actos que por la costumbre han afianzado en él las disposiciones de estas malas acciones, ellos casi lo hacen pasar de la maldad humana a lo que es todavía peor que ella; por el exceso de maldad no le dan ningún nombre, aunque a veces lo llaman «bestia feroz» y otros nombres semejantes[30].

Pero raramente existen estos dos extremos entre los hombres. Si existiese el primero, sería para ellos de un rango más elevado que un político, que está al servicio de las ciudades; antes al contrario, él gobernaría a todas las ciudades, pues sería en realidad el rey. Si ocurriera que existiese el segundo, no gobernaría ciudad alguna ni estaría a su servicio, sino que debería ser expulsado de todas las ciudades.

13. Algunas disposiciones y predisposiciones naturales hacia una virtud o un vicio pueden, por la costumbre contraria, desaparecer completamente o alterarse, siendo reemplazadas firmemente en el alma por disposiciones [34] contrarias. Otras pueden quebrarse, debilitarse o menguar su fuerza, pero sin llegar a desaparecer completamente. Y otras, en cambio, no pueden desaparecer ni alterarse ni menguar su fuerza, pero puede oponerse por medio de la resignación y el control que el alma hace de sus actos, por la lucha y la resistencia, de manera que el hombre haga siempre las acciones contrarias. Del mismo modo, cuando los hábitos morales son malos y se han afianzado en el alma por la costumbre, también pueden dividirse de la misma manera.

30. Cf. *Et. Nic.*, VII, 1, 1145a 27-30. La traducción árabe de este texto de Aristóteles utiliza los mismos términos de los que se sirve aquí al-Fârâbî, cf. Aristóteles (1979: 233:8-10).

14. Entre el que es continente[31] y el que es virtuoso hay diferencia. El continente, aunque realiza actos virtuosos, lleva a cabo buenas acciones, pero siente amor y deseo por las malas acciones, porfiando con su deseo y haciendo en su obrar lo contrario de aquello a lo que le impulsan su disposición y apetito; hace, sí, buenas acciones, pero sufre al hacerlas. El virtuoso, en cambio, sigue en sus actos aquello a lo que le impulsan su disposición y apetito; hace buenas acciones deseándolas y amándolas, y no sufre sino que experimenta placer en ellas.

La misma diferencia hay entre quien soporta un gran dolor que tiene[32] y quien no sufre ni siente dolor. Y así también difieren el moderado y el continente. El moderado [35] solamente hace aquello a que le obliga la ley respecto al comer, beber y copular, sin que apetezca y desee cosa distinta a lo que obliga la ley. El continente, en cambio, en su deseo de estas cosas va más allá, pues llega a algo distinto de aquello a lo que obliga la ley; hace, sí, las acciones de la ley, pero su deseo es contrario a ellas. Sin embargo, el continente en muchos casos ocupa el lugar del virtuoso.

15. Quien posee hábitos morales laudables, aquel que no se inclina hacia ningún vicio, y el continente difieren acerca del merecimiento de la superioridad. Si quien gobierna las ciudades está dotado de hábitos morales laudables y sus actos loables se convierten en su alma en hábitos, será superior al continente. Si el político y aquel por el que la ciudad se hace próspera es un continente según aquello a lo que obliga la ley[33], será superior a aquel en quien las virtudes están por naturaleza en él. La causa de esto está en que el continente y responsable ante la ley merece la virtud del esfuerzo; si comete una falta, siendo ciudadano pero no gobernante, entonces los gobernantes lo corrigen y su pecado

31. Traduzco así la expresión *al-dâbit li-nafsi-hi*, puesto que en la versión árabe el *enkratés* de *Et. Nic.*, VII, 2, 1146a 10 es traducido por *al-dâbit*. Aristóteles (1979: 236:13).

32. En la edición de Dunlop: «que un cierto hombre le produce».

33. Mientras que antes al-Fârâbî ha estado utilizando el término más islámico de *sunna* para referirse a la ley, aquí utiliza el término *nâmûs*, transliteración del griego *nómos*.

y su desliz no trascienden de él. La causa está también en que la rectitud del gobernante es general a los habitantes de su reino; si comete una falta, su pecado trasciende a la mayoría de ellos; es necesario entonces que tenga las virtudes por naturaleza y por hábito y le baste la satisfacción de lo que permanece en quienes corrige[34].

16. Las malas acciones desaparecen de las ciudades o por las virtudes que se afianzan en las almas de los hombres, o porque ellos se convierten en continentes. Cualquier hombre del que proceda una mala acción que no pueda desaparecer ni por la virtud afianzada en su alma ni por su continencia, habrá de ser expulsado de las ciudades.

17. Es difícil, e incluso imposible, que exista un hombre que tenga innata [36] una predisposición hacia ciertas acciones, sin que pueda realizar luego las acciones contrarias. Sin embargo, cualquier hombre que tenga innatas disposiciones y predisposiciones hacia los actos de una virtud o de un vicio, ciertamente es capaz de hacer lo contrario y realizar el acto que procede de la predisposición opuesta, pero le es difícil hacerlo hasta que le sea hacedero por la costumbre y sea fácil, como le ocurre a quien tiene arraigado un hábito. Abandonar lo que se ha hecho usual y hacer lo contrario de ello es posible, pero difícil hasta que se adquiera la costumbre[35].

18. Los actos que son buenas acciones son los equilibrados e intermedios[36] entre dos extremos malos a la vez los dos, uno por exceso y otro por defecto. Dígase lo mismo de las virtudes, que son disposiciones del alma y hábitos intermedios entre dos disposiciones que son vicios las dos, una por exceso y otra por defecto[37]. Por ejemplo, la templanza es intermedia entre la avidez y el no sentir el placer: una es exceso, la avidez, y la otra es defec-

34. Este *fasl* no se encuentra en la edición de Dunlop.

35. «Según lo que hemos dicho», añade la edición de Dunlop.

36. Es decir, el «término medio» aristotélico. De ahora en adelante lo traduciré, según convenga, por «intermedio» o por «término medio».

37. Cf. *Et. Nic.*, II, 6, 1106a 28-30 y 1106b 15-27.

to; la liberalidad es intermedia entre la avaricia y la prodigalidad; la valentía es intermedia entre la temeridad y la cobardía; la galanura es intermedia entre la jocosidad y la broma, y otras cosas cuyos géneros están entre la procacidad y el libertinaje y entre la necedad; la modestia es un hábito moral intermedio entre la arrogancia y la vileza; el respeto y el ser honrado son intermedias entre el orgullo, la jactancia y la presunción, por una parte, y la bajeza, por otra; la longanimidad es intermedia entre [37] la ira excesiva y el no airarse en absoluto; el pudor es intermedio entre la desvergüenza y el apuro; la afabilidad es intermedia entre lo odioso y la adulación. Y así ocurre con el resto.

19. Equilibrado y término medio se dicen de dos maneras: término medio en sí mismo y término medio por relación y respecto a otra cosa. Ejemplo de término medio en sí mismo es el seis, que está entre el diez y el dos, porque el exceso de diez sobre seis es el mismo que el exceso de seis sobre dos[38]. Éste es el término medio en sí mismo, el que está entre dos extremos. Igual sucede a todo número semejante a éste. Este término medio ni aumenta ni decrece, porque término medio entre diez y dos no puede ser en ningún momento ningún otro número que el seis.

El término medio por relación, en cambio, puede aumentar y decrecer en diferentes momentos y de acuerdo con las diferentes cosas a las que se refiere. Por ejemplo, el alimento equilibrado para un niño y el alimento equilibrado para un hombre adulto y trabajador, que difieren por relación a la diferencia de sus cuerpos: el término medio para uno ha de ser diverso del término medio para el otro en medida y cantidad, en aspereza y en suavidad, en pesadez y en ligereza y, en general, en cantidad y cualidad. De la misma manera, la atmósfera ha de ser equilibrada con relación a los cuerpos. Es también el caso de lo equilibrado e intermedio en los alimentos y medicinas[39], pues sólo han de aumentar y decrecer en [38] cantidad y cualidad según los cuerpos que han de ser tratados, según su fuerza, según el oficio del enfermo, el país en que vive, sus costumbres previas, su edad, la virtud del me-

38. Cf. *Et. Nic.*, II, 6, 1106a 33-35.
39. Cf. *Tanbîh*, p. 10.

dicamento y su estado anímico, de tal manera que en un mismo enfermo un mismo medicamento puede diferir en cantidad según sus diferentes edades.

Es este término medio el que se ha de aplicar en las acciones y en los hábitos morales. La cantidad de actos sólo debe ser valorada en número y medida y su cualidad en intensidad o debilidad, según la relación al agente, a aquello a lo que tiende el acto y a la causa del acto, y según el momento y el lugar. Por ejemplo, lo equilibrado de la ira será según el estado de quien se aíra, según la cosa por cuya causa hay ira y según el momento y el lugar en que aquél se aíra. Del mismo modo, el castigo y las penas deben ser valorados en cantidad y cualidad según el que castiga y el castigado, según el delito por el que se castiga y según el instrumento con que se castiga. Dígase lo mismo de las restantes acciones.

El término medio en toda acción se ha de medir por relación a las cosas que circunscriben la acción, pues las cosas con que se comparan [39] y valoran las diversas acciones no son unas en número en toda acción, sino que esta acción, por ejemplo, se ha de valorar con relación a cinco cosas, mientras que otra acción con relación a menos de cinco o a más de cinco.

20. De la misma manera que el término medio en cuestión de alimentos y medicinas es intermedio y equilibrado respecto de la mayoría de los hombres en la mayor parte de las épocas, aunque unas veces sea equilibrado para un grupo y no para otro en un determinado momento y otras veces lo sea para cada cuerpo en un solo tiempo, largo o breve, así también lo intermedio y equilibrado en cuestión de acciones es unas veces equilibrado para todos los hombres o para la mayoría en gran parte del tiempo o en todo él, otras veces lo es para un grupo y no para otro en un determinado momento, otras para cada grupo en otro determinado momento y, en fin, otras es equilibrado para cada hombre en un solo momento.

21. Quien deduce e infiere el término medio y lo equilibrado en cualquier clase de alimentos y medicinas es el médico; el arte por el que infiere esto es la medicina. Quien infiere el término medio y lo equilibrado en los hábitos morales y en las acciones es

el gobernante de las ciudades y el rey; el arte por el que deduce esto es la Ciencia Política y el arte real.

22. [40] Por «ciudad» y «casa» los antiguos no entendían solamente el emplazamiento[40], sino también a quienes el emplazamiento alberga, cualesquiera que fuesen las viviendas y sus clases, dónde estuvieran —bajo tierra o sobre ella—, fuesen de madera o barro, de lana, pelos de animal o cualquier otra cosa con que están hechos los emplazamientos que albergan hombres.

23. Los emplazamientos generan en sus habitantes hábitos morales diferentes. Por ejemplo, las viviendas de pelo de animal y de pieles en los desiertos generan en sus habitantes los hábitos de la precaución y la discreción y, a veces, el asunto llega a generar la valentía y la osadía; y las viviendas inexpugnables y fortificadas generan en sus habitantes los hábitos de la cobardía, la seguridad y el ser temeroso. Es necesario, por tanto, que el gobernante vigile los emplazamientos, aunque sea accidentalmente, por razón de los hábitos morales de sus habitantes y sólo a la manera de ayuda[41].

24. La casa consta de partes y grupos determinados, que la hacen próspera y floreciente[42]. Son cuatro grupos: marido y mujer, amo y esclavo, padre e hijos, propiedad y propietario. El que gobierna estas partes y grupos, integrando unas con otras y uniendo a cada uno con el otro, [41] de modo que resulte un todo común en acciones y en mutua ayuda para perfeccionar un solo fin y para completar la prosperidad de la casa con bienes y conservarlos para ellos, es el señor y gobernador de la casa; se le llama paterfamilias[43], y es en la casa lo mismo que el gobernante de la ciudad en la ciudad.

40. Traduzco aquí el término *maskan* por «emplazamiento», porque lo que propiamente indica aquí es el lugar o sitio en que está situada la ciudad o casa, según se deduce del contexto. Después lo traduzco por «vivienda», por aludir al lugar material donde residen los habitantes de la ciudad o de la casa.

41. Este *fasl* no se encuentra en la edición de Dunlop.

42. Cf. Aristóteles, *Polit.*, I, 3, 1253b 1-22. Este pasaje de al-Fârâbî es uno de los que nos plantea el problema de si conoció la *Política* o parte de ella.

43. Literalmente «señor de la casa».

25. La ciudad y la casa tienen, cada una de ellas, parecido con el cuerpo humano. Pues, el cuerpo está compuesto de partes diferentes, determinadas en número, unas superiores y otras inferiores, adyacentes unas a otras y ordenadas en grado, que realizan cada una de ellas una determinada función, y cuyas funciones todas concurren en mutua cooperación para perfeccionar el fin en el cuerpo del hombre. Así también, la ciudad y la casa se componen, cada una de ellas, de partes diferentes, determinadas en número, unas inferiores y otras superiores, adyacentes unas a otras y ordenadas en grados diferentes, que realizan cada una de ellas una determinada función independientemente, y cuyas acciones concurren en mutua cooperación para perfeccionar el fin en la ciudad o en la casa.

Ahora bien, como la casa es parte de una ciudad y las casas están en la ciudad, sus fines también han de ser diferentes, si bien estos diferentes fines, cuando son perfectos y están bien combinados, concurren en mutua cooperación para perfeccionar [42] el fin de la ciudad. También en esto se parecen al cuerpo, pues cabeza, pecho, vientre, espalda, brazos y piernas son al cuerpo lo que las casas de la ciudad son a la ciudad. La función propia de cada uno de los miembros principales es distinta de la función del otro, pero las partes de cada uno de estos miembros principales, mediante sus distintas acciones, ayudan a perfeccionar el fin de ese miembro principal; luego, de los distintos fines de los miembros principales, cuando se han perfeccionado, y de sus diferentes funciones se consigue la cooperación para perfeccionar el fin de todo el cuerpo. Similar es la situación de las partes de la casa respecto de la casa y la situación de las casas respecto de la ciudad, de modo que todas las partes de la ciudad, mediante su asociación, son útiles para la ciudad y útiles para la subsistencia de unas por medio de otras, tal como sucede con los miembros del cuerpo.

26. El médico prescribe tratamiento a cada miembro enfermo sólo según su relación a todo el cuerpo y a los miembros que están próximos y vinculados a él, puesto que le prescribe un tratamiento que le reportará salud, de la cual se aprovechará todo el cuerpo y de la que se beneficiarán los miembros próximos y vincu-

lados a él. De la misma manera, el gobernante de la ciudad debe regir cada una de las partes de la ciudad, sea pequeña, como un solo hombre, o grande, como una sola casa; [43] ha de ponerle tratamiento y proporcionarle el bien con relación a toda la ciudad y a cada una de las demás partes de la ciudad, puesto que ha de procurar hacer lo que proporcione a esa parte un bien que no perjudique a toda la ciudad ni a ninguna de las restantes partes, sino que aproveche a la ciudad entera y a cada una de sus partes según el grado en que es útil a la ciudad.

Cuando el médico no observa esto, sino que intenta proporcionar salud a uno de los miembros, prescribiéndole tratamiento sin parar mientes en cómo será la situación de los otros miembros cercanos, o prescribiéndole un tratamiento que perjudica a todos los otros miembros, entonces le procura una salud cuya acción no resulta beneficiosa al cuerpo entero ni a aquellos miembros cercanos y vinculados a él, y que deteriora a ese miembro y echa a perder a los miembros cercanos a él; su daño se abatirá desde él a los restantes miembros, de modo que se corromperá el cuerpo entero. Lo mismo ocurre en la ciudad. Pues[44], así como cuando un solo miembro está afectado por la corrupción, temiéndose que se extienda a todos los otros miembros cercanos a él, es amputado y es inútil pedir que permanezca ese otro, así también, cuando una parte de la ciudad está afectada de corrupción, lo que hace temer que se extienda a otra distinta, debe ser expulsada y alejada de allí donde está, para mantener el buen orden de la restante.

27. [44] No se puede negar que el hombre tenga capacidad por sí solo para inferir el término medio en las acciones y hábitos morales, como tampoco se puede negar que el hombre tenga capacidad por sí solo para inferir el término medio y equilibrado respecto de los alimentos con que se sustenta. Este acto suyo es una acción médica, pues él es capaz de una parte de la medicina. Así también, quien por sí solo infiere lo equilibrado respecto de los hábitos morales y las acciones, lo hace solamente en tanto que está capacitado para una parte de la Ciencia Política.

44. Desde aquí hasta el final falta en la edición de Dunlop.

Pero cuando el que tiene capacidad para inferir lo equilibrado para uno de sus miembros no se cuida de que lo descubierto no sea perjudicial para las restantes partes del cuerpo ni repara en que sea útil para todo el cuerpo y para sus partes, su descubrimiento es parte de una medicina corruptora. De la misma manera, el hombre que tiene capacidad para inferir lo equilibrado, especialmente respecto de los hábitos morales y las acciones, si en lo que descubre no busca el interés de la ciudad ni de sus demás partes, sino que no lo tiene en cuenta o, teniéndolo en cuenta, no presta atención a lo que es perjudicial para ella, entonces ese descubrimiento suyo será parte de una ciencia política corruptora.

28. [45] La ciudad puede ser necesaria o virtuosa. La ciudad necesaria[45] es aquella cuyas partes se ayudan mutuamente sólo para alcanzar lo que es indispensable para la subsistencia del hombre, para vivir y conservar la vida. La ciudad virtuosa es aquella cuyos habitantes se ayudan mutuamente para alcanzar la más excelente de las cosas por la que se da la existencia del hombre, su subsistencia, su vida y la conservación de su vida. Creen unos que lo más excelente es disfrutar de los placeres; otros creen que son las riquezas; otros piensan que la suma de esas dos cosas es lo más excelente.

Sócrates, Platón y Aristóteles son de la opinión de que el hombre tiene dos vidas: la subsistencia de una se debe a los alimentos y demás cosas externas que precisamos hoy para subsistir, y ésta es la vida primera; la subsistencia de la otra se debe a su esencia misma, sin que para subsistir su esencia tenga necesidad de cosas externas a ella, sino que se basta a sí misma para permanecer conservándose, y es la última vida. Ciertamente el hombre tiene dos perfecciones, primera y última; la última sólo nos llega, no en esta vida, sino en la última vida, siempre que la perfección primera la haya precedido en esta vida.

La perfección primera consiste en [46] que el hombre realice las acciones de todas las virtudes, no en que esté solamente dotado de una virtud sin realizar sus acciones; la perfección consiste en actuar, no en adquirir los hábitos por los que se dan los

45. Cf. *Madîna*, p. 254; Alonso (1985: 97) y *Siyâsa*, p. 88.

actos, tal como la perfección del escribiente es realizar el acto de escribir y no es adquirir la escritura, y tal como la perfección del médico es realizar el acto de la medicina y no es adquirir la medicina solamente; lo mismo ocurre en cada arte. Por medio de esta perfección obtendremos la perfección última. Ésta es la felicidad suprema y el bien absoluto; es lo preferible y apetecible por sí mismo, no por ninguna otra cosa en ningún momento. Las demás cosas que se escogen, sólo se escogen precisamente por su utilidad para alcanzar la felicidad. Toda cosa es un bien sólo cuando es útil para alcanzar la felicidad, mientras que todo lo que aparte de ella de alguna manera es un mal.

Para ellos, la ciudad virtuosa es aquella en la que sus habitantes se ayudan mutuamente para alcanzar la perfección última, que es la felicidad suprema. Se sigue de aquí que sus habitantes están especialmente dotados de virtudes sobre las restantes ciudades, porque en la ciudad cuyos habitantes intentan ayudarse mutuamente para alcanzar riquezas o disfrutar de los placeres no necesitan de todas las virtudes para conseguir su fin, sino que tal vez no necesiten ni siquiera una sola virtud; a saber, la concordia y la justicia que a veces practican entre sí no es en realidad virtud[46], sino algo que se parece a la justicia pero que no es justicia. Y lo mismo ocurre con las otras cosas afines a las virtudes que practican entre sí.

29. [47] Las acciones equilibradas y en el término medio, valoradas con relación a sus circunstancias, aparte de las demás condiciones suyas, deben ser útiles para conseguir la felicidad; el que las hace debe tener como objeto de sus miradas la felicidad, y luego debe reflexionar cómo conviene ponderar las acciones, de manera que sean provechosas a todos los ciudadanos en general o a algunos de ellos, en orden a conseguir la felicidad, tal como hace el médico, que tiene por objeto de sus miradas restablecer la salud siempre que intenta descubrir lo equilibrado en los alimentos y en las medicinas que prescribe como tratamiento al cuerpo.

46. En la edición de Dunlop se lee aquí «justicia», lo que estaría más conforme con lo que se dice en las próximas líneas.

30. El rey verdadero es aquel cuyo fin y cuya intención, respecto de la ciencia con que gobierna las ciudades, consisten en que se proporcione a sí mismo y proporcione a los demás ciudadanos la verdadera felicidad. Tal es el propósito y el fin del arte real. Se sigue entonces necesariamente que el rey de la ciudad virtuosa ha de ser el más perfecto de ellos en felicidad, puesto que es la causa de que los ciudadanos sean felices.

31. Creen algunos que el fin buscado en reinar y gobernar las ciudades es la gloria, el honor, el dominio, la eficacia en mandar y prohibir, y en ser obedecido, engrandecido y alabado, eligiendo el honor por sí mismo y no por otra cosa que deseen obtener. Hacen de las acciones con las que gobiernan las ciudades acciones con las que poder alcanzar ese fin, y de las leyes de la ciudad hacen leyes con las que poder alcanzar ese fin a través de los ciudadanos. Algunos llegan a eso practicando la virtud [48] con los ciudadanos, haciéndoles el bien, llevándoles hacia aquellos bienes que los ciudadanos tienen como bienes, conservándoselos y prefiriendo que los tengan a que no los tengan; consiguen así grandes honores y entre los jefes del honor éstos son los jefes más excelentes. Otros piensan que por la riqueza serán merecedores del honor y luchan por ser los ciudadanos más ricos e, incluso, por ser los únicos ricos, para así alcanzar el honor. Otros creen que serán honrados sólo por la alcurnia. Y aun otros hacen eso mediante la violencia contra los ciudadanos, dominándolos, subyugándolos y amedrentándolos.

Entre los gobernantes de las ciudades hay otros que piensan que el fin de gobernar las ciudades son las riquezas. Hacen de las acciones con las que gobiernan las ciudades acciones con las que alcanzar la riqueza y de las leyes de los ciudadanos hacen leyes con las que poder obtener las riquezas a través de los ciudadanos. Si escogen cierto bien o si hacen algo perteneciente a eso, sólo lo escogen y lo hacen para alcanzar por ello la riqueza. Es sabido que existe una gran diferencia entre quien prefiere la riqueza para ser honrado por ella y quien prefiere los honores y el hacerse obedecer para enriquecerse y afanar la riqueza. Estos últimos son llamados habitantes del gobierno vil. Hay también, entre los gobernantes de las ciudades, quienes piensan que el fin de gobernar las ciudades es disfrutar de los placeres. Y aun hay otros que creen que es la suma de estas tres cosas: el honor, la riqueza y los placeres; las acaparan y convierten [49] a los ciudadanos en cuasi-instrumentos suyos para obtener placeres y riquezas. Ninguno de éstos es llamado rey por los antiguos[47].

32. El rey es rey por el arte real[48], por la ciencia de gobernar las ciudades y por la capacidad de practicar la ciencia real en cualquier tiempo en que viniese a estar al frente de la ciudad, tanto si es conocido por su ciencia como si no lo es, tanto si existen instrumentos para usar como si no existen, tanto si existen gentes que reciban de él como si no, sea obedecido o no lo sea. Pues, de la misma manera que el médico es médico por el arte de la medicina, lo conozcan por ella o no, disponga para ello de instrumentos de su ciencia o no, haya quien le sirva cumpliendo sus acciones o no, haya enfermos que reciban sus palabras o no, y no es imperfecta su medicina por no tener ninguna de estas cosas; así también el rey es rey por el arte y la capacidad de practicar la ciencia, gobierne o no gobierne a algunos, goce o no goce de honores, sea rico o pobre.

Hay quienes creen que no se ha de dar el nombre de rey a quien tiene el arte real, sin [50] que sea obedecido u honrado en la ciudad. Otros añaden a esto la riqueza. Y otros piensan que hay que sumarle el dominio por la violencia, la sujeción, la intimidación y el amedrentamiento. Sin embargo, ninguna de estas cosas pertenece a las condiciones del rey, aunque a veces son causas que dependen[49] del arte real y se piensa por ello que forman parte de la realeza.

33. Tanto la parte racional teórica como la parte racional reflexiva[50] tienen, cada una de ellas, su correspondiente virtud. La virtud de la parte teórica es el intelecto teórico, la ciencia y la

47. Cf. *Madîna*, pp. 254-256; Alonso (1985: 97-98); *Siyâsa*, pp. 87-101.

48. Cf. Platón, *Político*, 259a-b. Sobre la relación de al-Fârâbî con el *Político* de Platón, cf. Dunlop (1961: 17-18).

49. En la edición de Dunlop: «Cosas que son útiles».

50. Cf. *Et. Nic.*, VI, 3-11.

sabiduría. La virtud de la parte reflexiva es el intelecto práctico[51], la prudencia[52], el entendimiento[53], la excelente deliberación[54] y la rectitud de opinión.

34. El intelecto teórico es una facultad por la que de modo natural, sin investigación y sin razonamiento[55], nos llega el conocimiento cierto de las premisas universales necesarias, que son los principios de las ciencias. Sabemos así, por ejemplo, que el todo es mayor que su parte, que cantidades iguales [51] a una tercera son iguales entre sí, y otras premisas semejantes. De éstas es de donde partimos y llegamos a conocer el resto de los seres especulables de cuya naturaleza es existir sin el concurso del hombre[56].

51. Para comprender la distinción entre intelecto teórico e intelecto práctico conviene tener en cuenta lo que dice en *Fî l-ʿaql*, pp. 4-12, donde, al señalar los diversos sentidos que tiene el término «intelecto», reconoce su origen en textos distintos de Aristóteles, cf. Ramón Guerrero (1981: 399-415).

52. El término *taʿaqqul*, nombre de acción de la forma V, alude propiamente al «acto de intelección», a la *intellectio*, cf. Goichon (1938: 233, n.º 440). Sin embargo, al-Fârâbî introduce en su *Fî l-ʿaql*, p. 4, Ramón Guerrero (1981: 399), este término vinculado al sentido de «prudencia», de «mostrarse inteligente» en tanto que se tiene sagacidad y rectitud moral; desempeña un papel importante en su teoría política, puesto que está asociado en la función real al conocimiento de las cosas universales, en tanto que capacidad procedente de la experiencia y que conduce al particular, cf. *Milla*, pp. 58-60. Sobre este término en al-Fârâbî, cf. Massignon (1929) y Jolivet (1977: 252). En la traducción árabe de *Et. Nic.*, el término que traduce la *frónesis* aristotélica es *fitna* (Aristóteles [1979: 211:7 y *passim*]).

53. Traduzco así el término árabe *dihn*, que parece corresponder al griego de *Et. Nic*, VI, 10, 1142b 34, aunque la versión árabe lo traduce por *dakâʾ* (Aristóteles [1979: 224:3]).

54. El término que traduzco por «deliberación» es *raʾy*, cuyo sentido más propio es el de «opinión», «concepto», «idea», «punto de vista», al ser un nombre perteneciente a la raíz *r-ʾ-y*, «ver», pero aquí parece corresponder a *Et. Nic.*, VI, 9, 1142b 1, traducida en la versión árabe por la palabra *ruʾya*, perteneciente a la misma raíz (Aristóteles [1979: 222:7 ss.]).

55. Traduzco así la expresión *wa-lâ bi-qiyâs*, que literalmente significaría «sin analogía» o «sin silogismo», precisamente porque este intelecto del que aquí habla al-Fârâbî no requiere del razonamiento silogístico para adquirir sus objetos de conocimiento, ya que, como en *Fî l-ʿaql*, p. 8, Ramón Guerrero (1981: 407), no es más que la inducción de los primeros principios. Corresponde al *nous* del que Aristóteles habla en *Anal. Post.*, II, 9, 100b 5-17.

56. Literalmente «teóricos», «especulativos», es decir, aquellos que pueden

Este intelecto puede estar en potencia, cuando estos principios no se han realizado aún para él, pero, cuando los ha conseguido, se convierte en intelecto en acto, y su predisposición se refuerza para descubrir lo que queda[57]. En esta facultad no cabe error en lo que le resulta, sino que todos los conocimientos a los que llega son verdaderos y ciertos, sin que pueda ser de otro modo.

35. A muchas cosas se aplica el nombre de ciencia. Sin embargo, la ciencia que es una cierta virtud de la parte teórica, consiste en que llegue al alma la certeza de la existencia de aquellos seres cuya existencia y subsistencia no dependen del concurso del hombre en absoluto, qué es y cómo es cada uno de ellos, a partir de demostraciones formadas de premisas verdaderas, necesarias y universales, primeros principios por los que se obtiene certeza y llega lo cognoscible de modo natural al intelecto[58]. Esta ciencia es de dos clases: una, aquella por la que se obtiene certeza de la existencia de la cosa, la causa de su existencia y que no pueden ser de otra manera en absoluto ni ella ni [52] su causa; la segunda, aquella por la que se obtiene certeza de su existencia y que no puede ser de otra manera, sin ocuparse de la causa de su existencia.

36. La auténtica ciencia es la verdadera y cierta en todo tiempo, no la que lo es en un tiempo y no en otro, ni la que existe en un tiempo y puede dejar de existir después. Pues, si conocemos algo existente ahora, pero, después de haber transcurrido un cierto tiempo, ha podido desaparecer, entonces no sabemos si existe o no y nuestra certeza se torna en duda o falsedad, y lo que puede ser falso no es ciencia ni certeza. Por eso, los antiguos no reputaban como ciencia la percepción de lo que puede cambiar de un estado a otro, como, por ejemplo, sabemos que este hombre está sentado ahora, pero puede cambiar y ponerse de pie después de haber estado sentado. Antes al contrario, reputaban como cien-

ser pensables y que no pueden ser cambiados ni alterados por la acción del hombre; cf. *fasl* 7.

57. En la edición de Dunlop se lee «lo que le está preparado».

58. Cf. *Et. Nic.*, VI, 3, 1139b 19-37.

cia la certeza de la existencia de algo que no puede cambiar[59], como que el tres es un número impar, pues la imparidad del tres no puede cambiarse, porque el tres nunca se convierte en par en ningún caso, ni el cuatro en impar. Si a aquello se le llama ciencia o certeza, es por metáfora.

37. La sabiduría[60] es la ciencia de las causas remotas por las que existen todos los demás seres y existen las causas próximas de las cosas que tienen causa; es decir, tenemos certeza [53] de la existencia de ellos y conocemos qué son, cómo son y que, aunque sean muchas, se remontan gradualmente hasta un único Ser que es la causa de la existencia de estas cosas[61] remotas y de aquellas cosas próximas que están bajo ellas; que este Uno es el Primero verdadero y su subsistencia no es por la existencia de otra cosa, sino que es suficiente por sí mismo, sin adquirir de otro la existencia[62]; que no puede ser cuerpo en absoluto ni estar en cuerpo; que su existencia es una existencia distinta, ajena a la existencia de los demás seres, no participando con ninguno de ellos en significado alguno, sino que, al contrario, si participa, es sólo en cuanto al nombre, no en cuanto al significado comprendido de ese nombre; que no puede ser sino Uno solamente y que es el Uno en verdad y aquel que da a los restantes seres la unidad por la que llegamos a decir que cada ser es uno; que es la Verdad primera que da a los otros la verdadera realidad y es suficiente por

59. Para Aristóteles, el objeto de la ciencia es lo necesario: «Todos pensamos que aquello de que tenemos ciencia no puede ser de otra manera; de lo que puede ser de otra manera, cuando están fuera del alcance de nuestra observación, no sabemos si es o no. Por consiguiente, lo que es objeto de ciencia es necesario» (*Et. Nic.*, VI, 3, 1139b 21-24).

60. Este *fasl* se encuentra copiado en la famosa obra de magia y alquimia, conocida por el nombre de *Picatrix*, obra compuesta en al-Andalus a comienzos de la segunda mitad del siglo XI, lo que prueba el conocimiento de las obras farabianas en la España musulmana a partir de este momento. Cf. Ramón Guerrero (1991).

61. Aquí y en la línea siguiente, en la edición de Dunlop, se lee «causas» (*al-asbâb*), en lugar de «cosas (*al-ašyâ'*). El texto del *Picatrix* confirma la lectura de «cosas».

62. *Picatrix* añade: «y que no puede adquirir la existencia absolutamente de ningún otro», lo que también se halla en la ed. de Dunlop (1961: 127:1).

su realidad, sin adquirir de otro la verdadera realidad; que no es posible imaginarse perfección más completa que la suya y mucho menos que exista, ni existencia más consumada que la suya, ni verdadera realidad más grande que la suya, ni unidad más acabada que la suya. <Por la sabiduría> conocemos, además, cómo los restantes seres adquieren de él la existencia, la verdadera realidad y la unidad, qué parte [54] de existencia, verdadera realidad y unidad tiene cada uno de ellos, y cómo las demás cosas adquieren de él el ser cosa[63]. Conocemos los grados de todos los seres: que entre ellos hay primero, intermedio y último; el último tiene causas, pero no es causa de nada bajo él; el intermedio tiene causa por encima de él y es causa de cosas que están bajo él; el primero es causa de lo que está bajo él, pero no tiene otra causa por encima de él. Conocemos además cómo el último se eleva hasta los intermedios, cómo los intermedios se elevan de uno a otro hasta llegar al primero, y luego cómo se inicia el gobierno desde el Primero y se transmite a cada uno de los restantes seres según un orden, hasta llegar a los últimos. Ésta es la verdadera sabiduría. A veces este nombre es usado metafóricamente y a quienes están muy versados en las artes y son perfectos en ellas se les llama sabios[64].

38. El intelecto práctico es una facultad por la que de las múltiples experiencias de las cosas y de la prolongada observación de las cosas sensibles adquiere el hombre premisas por las que le es posible ocuparse de lo que conviene elegir o evitar en cada una

63. El término árabe usado aquí es *šay'iyya*, abstracto formado sobre *šay'*, «cosa», que significa el estado de la cosa en tanto que tal, aquello por lo que una cosa es cosa, la «coseidad». Cf. Goichon (1938, n.º 353: 172-173). En *Picatrix* y otras variantes del texto se lee «y cómo las restantes causas han adquirido de él la causalidad».

64. Este *fasl* quiere tratar de la virtud intelectual de la «sabiduría», *hikma*, según es tratada por Aristóteles en *Et. Nic.*, VI, 7, donde la describe como «la excelencia de un arte» o como «el más perfecto de los modos de conocimiento». Sin embargo, aquí al-Fârâbî introduce su propia consideración de la sabiduría, que ha de consistir en el conocimiento de todas las causas, por lo que incluye toda su metafísica teológica, en el sentido neoplatónico que adquiere en el filósofo árabe y que éste expone en la primera parte de *Madîna* y *Siyâsa*, y tal como ha programado en *Milla*.

de las cosas cuya acción nos compete. Algunas de estas premisas son universales, las cuales contienen bajo cada una [55] de ellas cosas que deben ser elegidas o evitadas, mientras que otras son singulares y particulares, que son usadas por el hombre como semejanzas de aquellas cosas que no ha podido observar y de las que quiere ocuparse.

Este intelecto es sólo intelecto en potencia mientras la experiencia no se ha realizado; pero, cuando las experiencias se han dado y se han conservado, se convierte en intelecto en acto. Este intelecto que ya está en acto se acrecienta con el aumento de las experiencias durante cada una de las edades[65] de la vida del hombre.

39. La prudencia es la capacidad de deliberar con excelencia y de descubrir las cosas que son más excelentes y mejores en aquello que se hace en orden a que el hombre adquiera un bien verdaderamente grande y un fin noble y virtuoso, sea éste la felicidad o algo indispensable para alcanzar la felicidad.

El talento es la capacidad de descubrir con excelencia lo mejor y más apto para alcanzar ciertos bienes menores. La astucia es la capacidad de reflexionar rectamente para descubrir lo que es mejor y más excelente para completar algo grande [56] que se supone un bien, sea riqueza, placer u honor. La doblez, el dolo y el disimulo consisten en la excelencia en descubrir lo más eficaz y excelente para completar la acción de una cosa vil que se supone un bien, sea una ganancia vil o un vil placer. Todas estas cosas sólo son cosas que conducen al fin, pero no son el fin. Lo mismo ocurre en toda deliberación. El hombre sólo fija en primer lugar el fin que ama y desea como objeto de su pensamiento; luego, después de eso, reflexiona sobre las cosas con que alcanzar ese fin, cuántas son, qué son y cuáles son.

40. Tanto en el cuerpo como en el alma hay cosas placenteras y cosas dolorosas. Las placenteras de cada uno de ellos son cosas convenientes y provechosas; las dolorosas son cosas contrariantes y repulsivas. Cada una de las cosas placenteras y dolorosas

65. En la edición de Dunlop se lee «en cada una de las ocasiones».

son por esencia o por accidente. Lo placentero por esencia es la existencia de algo conveniente, y lo placentero por accidente es la ausencia de algo doloroso y contrariante. Lo doloroso por esencia es la existencia de algo repugnante, y lo doloroso por accidente es la ausencia de algo placentero y conveniente[66].

41. Así como a los enfermos en los cuerpos la perturbación de sus sentidos les hace imaginar y creer que lo dulce es amargo y que lo amargo es dulce, y conciben lo conveniente en forma [57] de inconveniente y lo inconveniente en forma de conveniente, así también los malos y dotados de defectos, al tener enfermas sus almas, imaginan que lo malo es bueno y que lo bueno es malo.

El que es virtuoso por las virtudes éticas, solamente desea y ama siempre los fines que son bienes verdaderos y hace de ellos su objetivo y su propósito. El malo siempre ama los fines que son males verdaderos y se los imagina como bienes por razón de la enfermedad de su alma. Se sigue de esto que el prudente es virtuoso por las virtudes éticas, y también el que es talentoso, pero el astuto y el hipócrita son malos y defectuosos, de manera que el prudente rectifica el fin por la virtud que hay en él y enmienda lo que conduce al fin por medio de una excelente deliberación.

42. La prudencia es de muchas clases. Una consiste en la excelente deliberación para gobernar la casa; es la prudencia económica[67]. Otra consiste en la excelente deliberación sobre lo más eficaz para gobernar las ciudades; es la prudencia política[68]. Otra es la excelente deliberación sobre lo mejor y más apropiado para alcanzar excelentes medios de vida y para que se obtengan los bienes humanos, [58] como riquezas, grandeza y otros, después de suponer que son un bien y que tienen utilidad para alcanzar la felicidad. Otra es consultiva y consiste en descubrir no lo que el

66. Este *fasl* no se encuentra en la edición de Dunlop.

67. Cf. *Et. Nic.*, VI, 8, 1141b 31. La expresión árabe *al-ta'aqqul al-manzilî* traduce el término griego *oikonomía*. En la versión árabe de *Et. Nic.* es traducido por *al-iqtisâd al-manzilî* (Aristóteles [1979: 219:17]).

68. *Et. Nic.*, mismo lugar. *Al-ta'aqqul al-madanî* traduce el griego *politiké*, aunque, en la versión árabe de *Et. Nic.*, este término es traducido por *al-siyâsa* (Aristóteles [1979: 220:1]).

hombre ha de utilizar para sí mismo, sino para aconsejar con ello a otro en el gobierno de una casa, o de una ciudad o de otra cosa distinta. Otra es la litigiosa[69], que es la capacidad para descubrir una correcta y excelente opinión para oponerse o combatir con ella al enemigo y al antagonista en general.

Parece que en todo lo que le concierne el hombre necesita de una cierta prudencia, sea poca o mucha, dependiendo del asunto de que se ocupe. Si es mucho o importante, necesita una prudencia más eficaz y consumada; si es poco o nimio, bastará con una prudencia exigua. La gente vulgar llama «intelecto» a la prudencia; cuando esta facultad se encuentra en un hombre, es llamado «inteligente»[70].

43. La rectitud de opinión consiste en que siempre que el hombre constate una cosa, la rectitud se hallará siempre en su opinión por el hecho de que la cosa constatada no puede ser sino como es.

44. El entendimiento[71] es la capacidad de encontrar el recto juicio respecto de aquellas [59] opiniones difíciles[72] sobre las que se disputa y la facultad de revisarlo. Es la excelencia en descubrir aquellas opiniones que son rectas. Es, entonces, una de las especies de prudencia[73].

45. La excelente deliberación consiste en que el hombre esté dotado de opinión o de excelente opinión. Es decir, que el hombre sea virtuoso y bueno en sus acciones; luego, que sus dichos,

69. En la edición de Dunlop se lee *al-majsûs*, «prudencia especial», mientras que en nuestra edición se lee *al-jasûmî*, «discutidor», «contencioso», «litigioso», lo que tiene más sentido con el objetivo que le asigna a esta clase de prudencia. Sobre estas dos últimas clases de prudencia, cf. Aristóteles: *Polit.*, IV, 4, 1291a 27-40, donde, al hablar de las partes de la ciudad, señala que en ella deben existir las partes «consultiva» o «deliberativa» y «la que juzga en caso de litigio».

70. Cf. *Fî l-'aql*, pp. 4-7; Ramón Guerrero (1981: 399-405).

71. Cf. antes, *fasl* 33, nota 53.

72. En la edición de Dunlop se lee «usuales».

73. En *Et. Nic.*, VI, 10, sin embargo, Aristóteles afirma que no son lo mismo entendimiento y prudencia, aunque se aplica lo mismo que ella.

opiniones y consejos puedan ser experimentados muchas veces y se encuentren justos y rectos, llevando al hombre, cuando los pone en práctica, a resultados laudables, y pueda ser aceptado su dicho por eso mismo, esto es, a causa de la verdad que se constata frecuentemente en él, de tal manera que su conocida virtud, su recto juicio y su acertado consejo permiten prescindir de pruebas o demostraciones sobre lo que dice o aconseja. Es evidente, entonces, que aquel que tiene una deliberación correcta y se preocupa de su rectitud, hace esto por la prudencia. Ésta es, entonces, una especie de prudencia.

46. Los principios de que se sirve el que reflexiona para descubrir aquello sobre lo que delibera, son dos: las cosas conocidas y aceptadas por todos o por la mayoría, [60] y las cosas que consigue por la experiencia y la observación.

47. Inexperto es quien tiene una sana imaginación de aquellas cosas conocidas que deben ser elegidas o evitadas, pero que no tiene experiencia en los asuntos prácticos que son conocidos por la experiencia. El hombre puede ser inexperto en una clase de asuntos y no serlo en otra.

48. Demencia[74] es tener siempre una imaginación de lo que se debe elegir o evitar opuesta a las cosas conocidas y a lo que es habitual; a veces le sucede, además, que se imagina, en muchas de las cosas sensibles, lo contrario de lo conocido en las demás cosas existentes.

49. Necedad es tener una imaginación sana de las cosas conocidas, haber conservado experiencias, tener una imaginación sana de los fines que desea y ama y poseer deliberación, pero es una deliberación que le hace siempre imaginar que conduce a aquel fin lo que en realidad no conduce, [61] o le hace imaginar que conduce a lo opuesto de aquel fin, cuando en realidad conduce a él; su acción y su consejo están conformes con lo que su corrompida reflexión le hace imaginar. De aquí que el necio, a

74. En la edición de Dunlop se lee «perplejo», «confuso».

simple vista, tiene la forma del hombre inteligente y su intención es recta, pero con frecuencia su deliberación le hace caer en el mal[75], aunque no se propusiera caer en él.

50. La agudeza mental[76] es la excelencia en intuir algo con prontitud y sin tiempo, o en muy poco tiempo.

51. Tanto la prudencia como el talento necesitan cada una de ellas una predisposición natural que sea innata al hombre. Cuando un hombre está predispuesto de manera innata para la prudencia perfecta, pero luego se habitúa a los vicios, cambia y se altera, y en lugar de la prudencia aparecen la astucia, la perfidia y el engaño.

52. Hay gentes que llaman «sabios» a los prudentes. La sabiduría es el más excelente conocimiento de los seres más excelentes. Puesto que la prudencia sólo atañe a las cosas humanas, no debe ser sabiduría, a no ser, claro está, que el hombre sea lo mejor del mundo y el más excelente de los seres[77]. Pero, como el hombre no es así, [62] la prudencia no es sabiduría, excepto por metáfora y semejanza.

53. Puesto que la sabiduría consiste propiamente en conocer las causas últimas que tiene cada ser posterior, y puesto que el fin último por cuya razón ha sido hecho existir el hombre es la felicidad, siendo el fin una de las causas, la sabiduría, por consiguiente, ha de ocuparse de aquello que es la verdadera felicidad. Además, puesto que la sabiduría sola da a conocer el Uno, el Primero, del que los demás seres adquieren la virtud y la perfección, y da a conocer cómo la adquieren de él y en qué medida participa cada uno la perfección que obtiene, y puesto que el hombre es uno de los seres que adquiere la perfección del Uno Primero, entonces ella da a conocer la perfección más grande que el hombre adquie-

75. En Dunlop se lee «en una cosa».

76. Esta virtud intelectual, que fue enumerada en el *fasl* 8, no aparecía, sin embargo, en la enumeración del *fasl* 33.

77. Cf. *Et. Nic.*, VI, 7, 1141a 18-22.

re del Primero, y ésa es la felicidad. Por consiguiente, la sabiduría se ocupa de la verdadera felicidad, mientras que la prudencia se ocupa de aquello que hay que hacer para alcanzar la felicidad. Ambas, por tanto, colaboran mutuamente en el perfeccionamiento del hombre, de manera que la sabiduría es la que da el fin último y la prudencia da aquello con lo que se obtiene ese fin.

54. La retórica[78] es la capacidad de hablar por medio de locuciones, por la que se da excelencia en persuadir sobre algunas de las cosas posibles cuya naturaleza consiste en ser elegidas [63] o evitadas. Sin embargo, el virtuoso que posee esta facultad se sirve de ella para las buenas acciones, mientras que el astuto se sirve de ella para las malas.

55. La excelencia en poder evocar imágenes[79] es distinta de la excelencia en persuadir. La diferencia entre ellas consiste en que con la excelencia en persuadir se intenta que el oyente haga algo después de asentir a ello, y con la excelencia en poder evocar imágenes se pretende excitar en el alma del oyente el deseo de lo imaginado y huir de ello, o tender hacia ello o aborrecerlo, aunque no haya asentimiento, como cuando un hombre detesta algo al ver que se parece a lo que de verdad detesta, aunque esté cierto de que lo que ve no es aquello mismo que detesta.

La excelencia en poder evocar imágenes es empleada en lo que causa indignación y satisfacción, miedo y confianza, en lo que aplaca o endurece el alma, y en las restantes afecciones del alma. Con la excelencia en poder evocar imágenes se pretende inducir [64] al hombre a aceptar[80] algo y a ir hacia ello, aunque su conocimiento de eso precise de lo contrario de lo que se le ha evocado en su imaginación. La mayoría de los hombres sólo aman y odian algo, sólo lo eligen y lo rechazan, por la imaginación, no por la deliberación, sea porque carecen de deliberación por naturaleza o porque la han rechazado en sus asuntos.

78. Sobre la importancia que la retórica tiene para la política en al-Fârâbî, Avicena y Averroes, cf. Butterworth (1984).
79. Es decir, la poética. Cf. *Ihsâ'*, p. 43; trad. p. 29.
80. En Dunlop se lee «hacer».

56. Toda poesía sólo ha sido producida para hacer excelente por medio de ella el poder evocar imágenes de algo. Es de seis clases, tres laudables y tres vituperables.

De las tres laudables, una es aquella con la que se pretende mejorar la facultad racional y que sus acciones y pensamientos se dirijan hacia la felicidad, poder evocar imágenes de cosas divinas y buenas acciones, poder evocar de manera excelente las virtudes, embellecerlas y honrarlas, y reprobar y menospreciar las malas acciones y los vicios. La segunda es aquella con la que se pretende mejorar y corregir las afecciones del alma que se refieren a la fortaleza, destruirlas de ella hasta que lleguen al equilibrio y dejen de ser excesivas; estas afecciones son, por ejemplo, la ira, el orgullo, la crueldad, la soberbia, la desvergüenza, el amor de honores, de predominio y de avidez, y otras cosas semejantes; quienes padecen estas afecciones son llevados a emplearla [65] en cosas buenas y no en malas. La tercera es aquella con la que se tiende a mejorar y corregir las afecciones que se refieren a la debilidad y a la molicie; son las pasiones, los bajos placeres, la endeblez y flojera del alma, la compasión, el miedo, la congoja, la aflicción, la vergüenza, la lujuria, la blandura y otras semejantes, de manera que sean destruidas y dejen de ser excesivas, a fin de llegar al equilibrio y ser llevados a emplearla en cosas buenas y no en malas.

Las tres vituperables son las contrarias de las tres laudables. Aquéllas corrompen todo cuanto éstas mejoran, apartándolo del equilibrio hacia el exceso. Las diferentes clases de melodías y cantos siguen las mismas clases de poesías y se dividen de la misma manera.

57. Las partes de la ciudad virtuosa son cinco[81]: los hombres ilustres, los competentes en cuestiones de lenguaje[82], los medidores, los guerreros y los que producen la riqueza[83]. Los hombres ilustres son los sabios, los prudentes y los que saben delibe-

81. Sobre esta división, cf. Kraemer (1987: 297-298).

82. Traduzco así la expresión árabe *dawû al-alsina*, que literalmente significaría «los dotados de los lenguajes». Dunlop la traduce por «interpreters».

83. Traduzco así el término *al-mâliyyûn*, que literalmente significa «ricos», «financieros», porque no alude a las gentes que poseen riqueza, sino a aquellos que producen la riqueza del Estado, como expresa unas líneas más adelante.

rar[84] sobre asuntos importantes. Siguen luego los titulares de la religión[85] y los competentes en cuestiones de lenguaje: los retóricos, los oradores, los poetas, los que reprenden las faltas del lenguaje[86], los secretarios y quienes son como ellos y se cuentan entre ellos. Los medidores son los aritméticos, los geómetras, los médicos, los astrónomos y quienes son como ellos. Los guerreros son los que combaten, los guardianes y otros semejantes que se cuentan entre ellos. Los que producen la riqueza son los que obtienen los bienes [66] para la ciudad, como los agricultores, los pastores, los comerciantes y otros como ellos.

58. Los jefes y gobernantes de esta ciudad son de cuatro clases. Una clase es el rey verdadero; es el jefe primero, aquel que reúne las siguientes seis condiciones[87]: sabiduría, prudencia perfecta, excelencia en persuadir, excelencia en poder evocar imágenes[88], capacidad para la guerra[89] en persona, y que no haya en su

84. La expresión árabe que traduzco de esta manera es *dawû al-ârâ'*, literalmente «los dotados de las opiniones». Dunlop la traduce por «those with ideas».

85. *Hamalat al-dîn*; vuelve a citarlos en el § 66. ¿Se referirá a los sacerdotes y adivinos de Platón (*Político*, 290d-e)?

86. El término *mulahhin* significa «compositor» de música, por lo que Dunlop traduce «los músicos». Sin embargo, como está hablando de los que dominan la lengua y como el verbo significa también, en su forma II, «reprender o echar en cara una falta de lenguaje», creo que debe ser traducido de esta manera.

87. Cf. estas seis cualidades con las doce que describe en *Madîna*, pp. 246-247; Alonso (1985: 92-93). En *Tahsîl*, p. 44:14, Mahdi (1969: 48) dice que Platón ha indicado en *República* las condiciones exigidas para ser perfecto filósofo. Cf. comentario de Walzer, *Madîna*, pp. 444-446, donde señala los pasajes de la obra platónica.

88. Al afirmar estas dos cualidades del jefe primero, le está reconociendo su capacidad para instituir una religión, única que se sirve de estos dos métodos —el retórico y persuasivo y el poético— para dar a conocer la verdad a los miembros del Estado incapaces de la filosofía.

89. El término que utiliza al-Fârâbî aquí es *ŷihâd*, habitualmente usado para designar la «guerra santa», pero que, en realidad, tiene más el sentido de esfuerzo que se hace para conseguir algo. En Averroes (1956: 208-209), donde también se enumeran estas mismas cualidades que ha de poseer el rey verdadero, Rosenthal traduce el término hebreo correspondiente por «Holy War»; Lerner (1974: 105-106) y Cruz Hernández (1986: 104-105), sin embargo, lo traducen por «guerra» sin más calificativos. Sobre el uso de *ŷihâd* por los filósofos, especialmente al-Fârâbî, cf. Kraemer (1987: 290-294 y 297-318).

cuerpo nada que le impida dedicarse a los asuntos de la guerra. Aquel en quien se hallen reunidas todas estas cosas será el modelo y el ejemplar en su conducta y acciones, cuyos dichos y consejos deben ser aceptados; propio de él es gobernar según lo que piensa y como quiere.

La segunda clase: cuando no existe un hombre en quien estén reunidas todas estas condiciones, sino que se encuentran dispersas en un grupo, puesto que uno proporciona el fin, un segundo proporciona los medios que llevan a ese fin, un tercero tiene excelencia en persuadir y excelencia en poder evocar imágenes, y otro tiene capacidad para la guerra. Este grupo, juntos todos ellos, ocupan el lugar del rey. Son llamados jefes buenos y virtuosos y su sistema de gobierno se llama gobierno de los ilustres.

[67] La tercera clase: cuando tampoco existen estos hombres, el jefe de la ciudad ha de ser, entonces, aquel que reúna en sí esto, a saber, ser conocedor de las leyes y tradiciones precedentes que establecieron los primeros dirigentes[90] y con las que gobernaron las ciudades; tener, además, excelencia en poder discernir las circunstancias y casos en que deben usarse esas tradiciones, de acuerdo con los propósitos de los primeros dirigentes; tener también capacidad para inferir lo que no está explícito en las tradiciones antiguas que se conservan de memoria o por escrito, imitando lo que ya se descubrió anteriormente de ellas; tener excelente deliberación y prudencia en los acontecimientos que suceden, uno por uno, que no se encuentran en los modos de proceder[91] antiguos para preservar la prosperidad de la ciudad; tener excelencia en persuadir y en poder evocar imágenes y tener, además, capacidad para la guerra. Éste es llamado «rey de la tradición» y su sistema de gobierno «monarquía tradicional».

La cuarta clase: cuando no existe ni un solo hombre que reúna en sí todas estas cosas, sino que se encuentran dispersas en un grupo. Todos ellos juntos han de ocupar el lugar del rey de la tradición y los de este grupo son llamados «jefes de la tradición».

90. El término del que se sirve aquí al-Fârâbî, *a'imma*, plural de *imâm*, ha servido para que algunos piensen que se está refiriendo a los cuatro primeros califas del islam.

91. En Dunlop se lee «tradiciones».

59. En cada parte de la ciudad habrá un jefe, por encima del cual no habrá otro jefe entre los habitantes de ese grupo, y habrá un subordinado que no tendrá autoridad sobre ningún otro hombre. Habrá también quien sea jefe respecto de quien esté por debajo de él y subordinado respecto de quien esté por encima de él.

60. De diferentes modos se preceden unos grados a otros en la ciudad virtuosa. [68] Uno es cuando un hombre realiza una acción para alcanzar un cierto fin y resulta que se sirve de algo que es el fin de una acción de la que se ocupa otro hombre; el primero es jefe y precede en rango[92] al segundo. Un ejemplo de esto es la equitación, cuyo fin es el excelente uso de las armas; quien la practica es un jinete, que utiliza las riendas y los arreos del caballo, que son, a su vez, la finalidad del arte de fabricar las riendas; por tanto, él es jefe que precede a quien ha fabricado las riendas y también al preparador del caballo[93]. Lo mismo ocurre en las restantes prácticas y artes.

Otro es cuando hay dos hombres cuyo fin es uno y el mismo, pero uno de ellos es más consumado en imaginar ese fin, más perfecto en virtud, tiene especial prudencia para inferir todo lo que le lleva a ese fin y está mejor dotado para utilizar al otro para que le consiga el fin. Pues bien, este tal será jefe del segundo, que carece de eso. Por debajo de él estará quien imagine el fin espontáneamente, pero carezca de deliberación perfecta por la que llegue a todo aquello con lo que se obtiene el fin; sin embargo, cuando se le da un asomo de deliberación, porque se le esboza algo de lo que debe hacer, entonces, en aquello que se le da, imita [69] el modelo que se le ha esbozado y llega a inferir el resto. Por debajo de éste estará quien no imagina el fin espontáneamente ni tampoco tiene deliberación, pero, cuando se le da el fin y se hace que lo imagine, dándosele luego un asomo de deliberación, es capaz de imitar en el resto el modelo que se le ha esbozado y realiza la acción o utiliza a otro para ello. Por debajo de éste estará quien no imagina el fin ni tiene deliberación ni, cuando se le da

92. «Ciudad» en Dunlop.

93. Aristóteles dice al comienzo de *Et. Nic.*, I, 1, 1094a 10-12, que la fabricación de frenos y demás arreos del caballo se subordinan a la equitación.

un asomo de deliberación, tampoco es capaz de inferir el resto, pero, cuando se le encomienda todo aquello que se debe hacer para alcanzar ese fin, recuerda el encargo y es humilde y obediente para apresurarse a hacer todo lo que se le ha encomendado, y, aunque desconozca a qué fin lleva esa acción, tiene buena aptitud para hacer aquello que se le encomienda. Éste será siempre sirviente de la ciudad; nunca será jefe, sino que por naturaleza será esclavo[94]; aquéllos, en cambio, son subordinados y jefes. En todo aquello en que el esclavo y el sirviente sea hábil en hacerlo, el jefe también debe ser hábil en emplear a otro en eso.

El tercero es cuando dos realizan cada uno de ellos una acción y las acciones de los dos son utilizadas por un tercero para completar un cierto fin, pero uno de los dos hace algo que es más noble e imprescindible para [70] completar el fin del tercero. Pues bien, aquel cuya acción es más noble e imprescindible precede en su rango a aquel que sólo se encarga de una acción que es inferior y menos imprescindible para aquel fin.

61. Las partes de la ciudad y los grados de sus partes están unidos y vinculados unos con otros por la amistad[95], mientras que permanecen sujetos y protegidos por la justicia y los actos de justicia. La amistad puede ser natural, como el amor de los padres por los hijos, y puede ser voluntaria, en tanto que su inicio sean cosas voluntarias a las que sigue la amistad. La voluntaria es triple: por compartir la virtud, por razón de interés, y por razón de placer[96]. La justicia es la que sigue a la amistad.

En esta ciudad virtuosa la amistad se da primeramente por compartir la virtud, y esto se adquiere por participar en las opi-

94. Antes usó el término, que traduzco por «sirviente», *jâdim*, cuya raíz tiene el sentido de «estar al servicio de», «trabajar para», mientras que aquí utiliza el término *'abd*, «siervo» o «esclavo», cuya raíz significa tanto «servir» como «esclavizar».

95. Traduzco por «amistad» el término *mahabba*, que propiamente significa «amor», y así lo traduce Dunlop por «love». Sin embargo, éste es el término utilizado por el traductor árabe de *Et. Nic.* para verter el griego *filía* de la que Aristóteles se ocupa en los libros VIII y IX. Cf. Aristóteles (1979: 272 ss.). En 1155a 22-24, Aristóteles dice: «La amistad también parece mantener unidas las ciudades, y los legisladores se afanan más por ella que por la justicia».

96. Cf. *Et. Nic.*, VIII, 1, 1155a 16-18; 3, 1155b 6-1156a 10.

niones y en las acciones. Las opiniones que deben ser compartidas son tres: sobre el comienzo, sobre el final y sobre lo que media entre ellos. La conformidad de opinión respecto al comienzo consiste en la conformidad de sus opiniones sobre Dios Altísimo, los seres espirituales, sobre los hombres piadosos que fueron modelo, sobre cómo comenzó el universo y sus partes, cómo llegó a ser el hombre, luego los grados de las partes del universo y la relación de unas con otras, su situación respecto de Dios Altísimo y respecto de los seres espirituales, y luego la situación [71] del hombre respecto de Dios y de los seres espirituales. Éste es el comienzo[97]. El final es la felicidad. Lo que media entre ellos son las acciones por las que se obtiene la felicidad.

Si las opiniones de los ciudadanos coinciden en estas cosas y luego se perfecciona esto por las acciones con que mutuamente se obtiene la felicidad, entonces se sigue de esto necesariamente la amistad mutua. Y, puesto que ellos son vecinos en una sola morada y necesitan unos de otros y unos prestan beneficio a otros, entonces también se sigue de esto la amistad que es por razón de interés. Luego, por razón de participar ellos en las virtudes y porque unos prestan beneficio a otros y unos producen placer a otros, se sigue de eso también la amistad que es por razón de placer. Por este motivo se unen y se mantienen vinculados.

62. La justicia consiste primeramente en la distribución de los bienes comunes que los ciudadanos tienen entre todos; luego, en conservar lo que se ha distribuido entre ellos. Estos bienes son la seguridad, riquezas, honor, dignidades y demás bienes que pueden ser compartidos por ellos. A cada uno de los ciudadanos corresponde una parte de estos bienes equivalente a sus méritos. Disminuirla o aumentarla será injusticia. Disminuirla será una injusticia contra él; aumentarla será una injusticia contra los ciudadanos; es posible que disminuirla sea también una injusticia

97. Cf. esta breve descripción del contenido de estas opiniones o doctrinas con las expuestas en los «capítulos» de *Madîna*, Ramón Guerrero (1987a: 15-16), o en *Milla*, pp. 61-62. Señala nuevamente la necesidad de la metafísica para la política, puesto que sin conocer los principios del universo, el fin para el que existe el hombre carece de sentido, no pudiéndose realizar entonces la ciudad virtuosa.

contra [72] los ciudadanos. Cuando se ha hecho la distribución y se ha fijado a cada uno su parte, debe después conservarse tal parte para cada uno de ellos, bien por el hecho de que no salga de su mano, bien por el hecho de que, si sale de su mano, que lo haga en tales condiciones y circunstancias que no se siga para él o para la ciudad perjuicio alguno. La parte de bien que sale de la mano de un hombre puede salir voluntariamente, como por venta, por regalo o por préstamo, o involuntariamente, como por ser robado o forzado. En cada uno de estos dos casos deben existir normas por las que en la ciudad[98] permanezcan guardados para ellos aquellos bienes. Esto sólo sucede cuando se vuelve a cambiar lo que sale de su mano, voluntaria o involuntariamente, por un bien equivalente a aquel que salió de su mano, de la misma clase que el que salió de su mano o de otra clase.

Lo que se devuelve, o bien se devuelve a él mismo en particular, o bien a la ciudad[99]. Por cualquiera de los dos casos en que se le devuelva el equivalente [73], la justicia es aquella por la que esos bienes distribuidos permanecen conservados para los ciudadanos, y la injusticia consiste en que salga de su mano su parte de bienes sin que se le devuelva el equivalente ni a él ni a los ciudadanos. Lo que se le devuelve a él mismo en particular debe ser útil para la ciudad o, al menos, no perjudicial para ella. El que hace salir de su propia mano o de la mano de otro su parte de bienes, cuando ello es perjudicial para la ciudad, también es injusto y se le debe prohibir. Mucho de lo que ha de ser prohibido exige para su prohibición la aplicación de penas y castigos. Las penas y castigos deben ser ponderadas, a fin de que a cada injusticia se le imponga un castigo adecuado y proporcionado a ella. Cuando al que hace un mal[100] se le aplica una parte proporcionada de mal, hay justicia; si se le aumenta, habrá injusticia contra él en particular, y si se le disminuye, habrá injusticia contra los ciudadanos, siendo posible que el aumento sea injusticia también contra los ciudadanos.

98. En la edición de Dunlop se lee «en las manos de los ciudadanos», lo que explica el «para ellos» que sigue a continuación.

99. «A los ciudadanos» en la edición de Dunlop.

100. «Injusticia» en la edición de Dunlop.

63. Algunos de los que gobiernan las ciudades piensan que toda injusticia que ocurre en la ciudad es injusticia contra los ciudadanos. Otros piensan que una injusticia incumbe sólo a aquel a quien se le ha hecho injusticia. Otros dividen la injusticia en dos clases, una que incumbe [74] a un solo individuo, y con ella se hace también injusticia a los ciudadanos; otra clase es la que se considera injusticia contra él en particular, pero no perjudica a la ciudad. Por esto, algunos gobernantes de las ciudades piensan que no se debe perdonar al culpable, aunque le perdone aquel a quien le hizo la injusticia. Otros piensan que se debe perdonar al culpable cuando le perdone aquel a quien le hizo la injusticia. Y otros piensan que se debe perdonar a unos y a otros no; a saber, cuando alguien estima digno de mal al culpable, si se considera el derecho del afectado por la injusticia y no el derecho de los ciudadanos, y ese hombre le perdona, sólo a él le incumbe hacerlo y no a otro; pero si se considera el derecho de los ciudadanos o de todos los otros hombres, entonces aquel a quien le ha afectado la injusticia no podrá perdonar.

64. El término «justicia» se aplica a veces de otra manera más general, a saber, cuando un hombre emplea actos de virtud en su relación con otro, sea cual fuere la virtud. La justicia que consiste en distribuir y la que consiste en conservar lo distribuido es una especie de la justicia más general, y la más particular es llamada también por el nombre de la más general[101].

65. A cada uno de los que viven en la ciudad virtuosa se le debe confiar [75] un solo arte del que se ocupe y un solo trabajo al que se aplique, sea en el grado de servicio o en el de jefatura, limitándose a ello. A ninguno de ellos se le permitirá ocuparse de muchos trabajos ni de más de un solo arte, por tres causas. Primera, porque no sucede siempre que todo hombre sea apto para todo trabajo y para todo arte, sino que a veces un hombre y no otro es apto para un trabajo y no para otro trabajo[102]. Segunda,

101. Estos *fusûl* que versan sobre la justicia están extractados del libro V de *Et. Nic.*
102. Cf. *Rep.*, 370a-b.

porque todo hombre que desempeña un trabajo o un arte lo realizará de manera más perfecta y excelente y llegará a ser más hábil y experto en la faena, cuando la hace de manera exclusiva y desde su niñez se ha ejercitado en ella sin ocuparse de otras cosas distintas. Tercera, porque muchos trabajos requieren su momento oportuno; si son postergados, se pasa el momento; a veces sucede que hay dos trabajos para ser hechos en un mismo tiempo, y, si alguien se ocupa de uno de ellos, no podrá hacer el otro, ni podrá ser hecho en un segundo momento. De aquí que cada una de las cosas que deben ser hechas han de asignarse a un solo hombre, de manera que cada una de ellas sea realizada en su momento oportuno y no quede sin hacer[103].

66. [76] La provisión de la ciudad consiste en tener riquezas preparadas para aquellos grupos a los que no incumbe adquirir riqueza. Quienes son de esta manera y para quienes en primer lugar, de primera intención y según la opinión de todos los gobernantes de las ciudades, se aprestan riquezas, son aquellas partes de la ciudad que no tienen como fines de su arte, de primera intención, el adquirir riquezas. Ejemplos de ellos son los titulares de la religión[104], los secretarios, los médicos y otros semejantes. Pues éstos en la ciudad están entre las partes más importantes y tienen necesidad de riquezas; según opinión de algunos gobernantes de las ciudades, también [hay que incluir] a los enfermos crónicos y a quienes carecen de fuerza para adquirir la riqueza. Piensan otros que no hay que dejar en la ciudad a quien no puede de ninguna manera realizar tarea útil alguna. Y otros gobernantes de las ciudades opinan que hay que establecer en la ciudad, respecto de las riquezas, dos clases de provisiones: una para aquellos que no tienen como fines de su arte, de primera intención, el adquirir las riquezas; otra para los enfermos crónicos y gentes parecidas. De dónde y de qué manera han de tomarse estos fondos es algo que debe estudiarse.

103. Aquí finaliza la primera parte del libro. Algunos mss. lo señalan expresamente.

104. Cf. antes la nota 84.

67. La guerra se hace o para rechazar a un enemigo que ataca la ciudad desde fuera; o para adquirir desde fuera un bien que es digno de la ciudad[105], tomándolo de quien lo posee; o para llevar y forzar a la gente a lo que es mejor y más excelente para ellos mismos, aparte de los otros, cuando ellos no lo conocen espontáneamente ni se dejan llevar por quien lo conoce [77] y los invita de palabra a ello; o guerra contra quien no se somete a la servidumbre y al servicio de aquellos cuyo grado en este mundo es más que servir y ser siervos; o guerra contra quienes, no siendo habitantes de la ciudad y teniendo un derecho, se niegan a aceptarlo[106].

Esto es algo que implica dos cosas a la vez: adquirir un bien para la ciudad y que sean llevados a hacer justicia y equidad. Hacer ellos la guerra para castigar un delito que han perpetrado, para que su ejemplo no cunda y para que otros no se atrevan contra la ciudad ni esperen hacerlo, es algo que entra en el adquirir un cierto bien para los habitantes de la ciudad, llevar a estas gentes a su dicha y a lo mejor para ellos, y defenderse de un enemigo por la fuerza. En cuanto a hacer la guerra para aniquilarlos fácilmente y extirparlos de raíz, a causa de que su permanencia perjudica a los habitantes de la ciudad, también es adquisición de un bien para los ciudadanos.

La guerra[107] que un gobernante hace contra hombres sólo con el fin de humillarlos, someterlos a él y que así le honren, sin más utilidad que el dar órdenes y que le obedezcan, o sólo para que le honren por el mero hecho de honrarlo, o para ser jefe de ellos y gobernarlos según le parezca y ellos lleguen a estar informados de lo que desea, sea lo que fuere, ésta es una guerra injusta. De igual manera, si hace la guerra para dominar, sólo para establecer

105. En *Política*, I, 8, 1256b 33, Aristóteles dice que el arte de la guerra es un arte adquisitivo por naturaleza.

106. Como las ha expresado Kraemer (1987: 313), se trata de las diversas causas por las que la guerra es justa: 1) la defensiva; 2) la ofensiva por interés de la nación; 3) como misión civilizadora para llevar a los pueblos al bienestar; 4) la basada en el principio de la esclavitud natural; 5) para imponer la justicia y la equidad; 6) la punitiva; y 7) la de aniquilación de quienes perjudican a los ciudadanos de la ciudad virtuosa.

107. Señala ahora diversos motivos por los que se emprenden guerras y que las hacen injustas.

como fin el dominio, también ésta es una guerra injusta. Igualmente, si hace la guerra o mata sólo para remediar la cólera o por el placer que obtiene en su victoria y no por otra cosa, también ésta es injusta. De modo similar, si algunos lo han enojado por una injusticia y lo que merecen por esa injusticia es inferior a la guerra y a la muerte, entonces la guerra y la muerte son injustas [78] sin duda. Muchas veces quien intenta remediar su cólera con la muerte, no mata a quien lo ha enojado, sino a otros que no le han enojado, a causa de que intenta apartar el daño que le ha causado el enojo.

68. Las primeras divisiones son tres: lo que no puede no existir; lo que no puede existir en absoluto; y lo que puede existir y no existir[108]. Las dos primeras son extremas, mientras que la tercera es intermedia entre ambas, pues es un conjunto que muestra la necesidad de las dos extremas. Todos los seres están incluidos en dos de estas divisiones: unos seres no pueden no existir y otros pueden existir y no existir[109].

69. Lo que no puede no existir es así en su esencia y naturaleza. Lo que puede existir y no existir también es así en su esencia y naturaleza. Es imposible que lo que no puede no existir llegue a la existencia; sólo llegaría a ser así en el caso de que su esencia y naturaleza fueran distintas de como son y entonces le sucedería que llegaría a ser así. Dígase lo mismo de lo que puede existir y no existir. Las clases de los seres son tres: los seres exentos de materia, los cuerpos celestes y los cuerpos materiales[110]. Lo que no puede no existir es de dos clases: lo que por su naturaleza y esencia existe en un tiempo determinado y en ese tiempo no puede ser otra cosa que lo que es, y lo que no puede no existir en cualquier tiempo. Los seres espirituales pertenecen a la segunda clase de lo que no puede no existir; los cuerpos celestes a la clase primera; los cuerpos materiales pertenecen a la división de lo que

108. Se trata de las tres categorías básicas de la filosofía árabe oriental: lo necesario, lo imposible y lo posible. Cf. *Siyâsa*, p. 56.
109. Es la división del ser en necesario y posible.
110. En Dunlop se lee «espirituales».

puede existir y no existir. Los mundos son tres: espiritual, celeste y material.

70. Las primeras divisiones son cuatro: lo que absolutamente no puede no existir, lo que absolutamente no puede existir, lo que no puede no existir en un cierto momento y lo que puede existir [79] y puede no existir[111]. Lo que no puede no existir[112] en un cierto momento, también puede existir en [otro] momento. Las dos primeras son extremos que se oponen, mientras que lo que puede existir, puede no existir.

71. Los seres[113] existentes pertenecen a estas tres divisiones: lo que no puede no existir en absoluto, lo que no puede no existir en un cierto momento y no puede existir en otro momento, y lo que puede existir y no existir. El más excelente, noble y perfecto de ellos es el que no puede no existir en absoluto. El más bajo e imperfecto es el que puede existir y no existir. El que no puede no existir en cierto momento sólo es intermedio entre los dos, porque es más imperfecto que el primero, pero es más perfecto que el tercero. Lo que puede existir y no existir es de tres clases, según lo más, según lo menos y según lo igual. El más excelente es el que es según lo más; el más bajo, el que es según lo menos; el que es según lo igual es intermedio entre ambos.

72. Que una cosa tenga privación es una imperfección en su existencia, y que para ser necesite de otra cosa distinta también es una imperfección en la existencia. Todo lo que tiene semejante en su especie es imperfecto en la existencia, por la razón de que esto sólo se da en aquello en lo que no hay suficiencia para existir solo en su especie y en lo que es insuficiente para que esa

111. Antes había establecido tres categorías metafísicas. Ahora, a la luz de la distinción hecha en el parágrafo anterior, distingue el ser necesario que no puede no existir absolutamente, o ser necesario por sí, y el que no puede no existir en un determinado tiempo, o ser necesario por otro. Cf. Fackenheim (1977: 303-316) y Marmura (1985: 83-85).

112. En la edición de Dunlop hay aquí una laguna y lee siguiendo la traducción hebrea: «lo que no puede existir en un cierto momento».

113. En la edición de Dunlop este parágrafo forma parte del anterior.

existencia sea perfecta por sí sola, de manera que solamente es perfecta una parte de ese ser, pero no hay suficiencia en él para que sea perfecto todo él. Tal es, por ejemplo, lo que ocurre en el hombre: puesto que la existencia del hombre no puede realizarse por uno solo en número, es necesario más de uno en un mismo tiempo. En cambio, todo aquello en lo que hay suficiencia para perfeccionar una cierta cosa, no necesita tener un segundo para esa cosa. [80] Y si la cosa es suficiente para perfeccionar su existencia, su esencia y su substancia, es imposible que haya otra cosa de su especie; y si eso ocurre en su acción, ninguna otra cosa tendrá en común su acción con ella[114].

73. Todo lo que tiene contrario es de existencia imperfecta, porque todo lo que tiene contrario tiene privación, ya que el significado de «contrarios» es éste: que cada uno de ellos elimina al otro si se encuentran o son unidos; es decir, que para existir requieren que desaparezca su contrario. Su existencia también puede tener un impedimento, por lo que él solo no es suficiente para existir. Lo que no tiene privación, no tiene contrario; y lo que no necesita de nada en absoluto, sino de sí mismo, tampoco tiene contrario.

74. El mal no existe en absoluto, ni está en cosa alguna de estos mundos; en general, no está en aquello cuya existencia no se debe a la voluntad del hombre en absoluto, sino que todo ello es un bien[115]. Y esto es así porque el mal es de dos clases: primero, la desdicha, que se opone a la felicidad, y, segundo, todo aquello mediante lo cual se alcanza la desdicha. La desdicha es un mal en tanto que es el fin al que se llega, más allá del cual no hay otro mal mayor que aquel al que se llega por la desdicha. El segundo son los actos voluntarios cuya naturaleza es tal que conducen a la desdicha. A estos dos males se oponen, de modo similar, dos bienes: primero, la felicidad, que es un bien en tanto que es el fin

114. Sobre este *fasl* y los siguientes, cf. Druart (1987: 37).

115. Por un argumento *a contrario* hay que afirmar entonces que el mal sólo se da en lo que depende de la voluntad del hombre, esto es, en el ámbito de la moralidad.

más allá del cual no hay otro fin que sea buscado por la felicidad; el bien segundo es todo lo que sirve de una cierta manera para alcanzar la felicidad. Éste es el bien que se opone [al mal] y ésta es la naturaleza de cada uno de los dos; el mal no tiene otra naturaleza que la que hemos dicho. Los dos males son, por tanto, voluntarios, e igualmente los dos bienes que se oponen a ellos dos.

El bien que hay en los mundos es la Causa Primera, cuanto de ella procede, cuanto procede de lo que de ella procede y aquello cuya existencia procede de lo que de ella procede [81] hasta llegar a las últimas consecuencias, y, según estos grados, cualquier cosa que sea. Todas estas cosas son según orden y justicia en mérito. Y todo lo que procede de mérito y de justicia es bueno.

Algunos piensan que la existencia de cualquier clase es un bien, y que la no existencia de cualquier clase es un mal; se forjan por sí mismos existencias imaginarias y las tienen por un bien, y no existencias y las tienen por un mal. Otros creen que los placeres de cualquier clase son bienes, y que el dolor de cualquier clase es malo, en particular el dolor que afecta al sentido del tacto. Se equivocan todos ellos: la existencia sólo es un bien cuando es por mérito, y la no existencia es un mal cuando es sin mérito; y lo mismo respecto a los placeres y al dolor. La existencia y la no existencia sin mérito son un mal. Nada de esto existe en cosa alguna de los mundos espirituales. Nadie piensa que en los mundos espiritual y celeste suceda algo sin mérito. Respecto a las cosas posibles naturales, nada sucede en ellas sin mérito, en tanto que son conservadas por el mérito que hay en ellas, y no se debe buscar en ellas méritos que sean voluntarios. En las cosas naturales posibles los méritos son o por la forma o por la materia. Lo que cada cosa merece es o según lo más, o según lo menos o según lo igual, y lo que reciben no va más allá de eso. Por consiguiente, todas ellas son un bien. Los bienes son, pues, de dos clases: uno que no se opone al mal en absoluto, y otro que se opone. Así, toda cosa natural cuyo origen sea una acción voluntaria, puede ser buena y puede ser mala. Pero aquí estamos hablando de lo que es propiamente natural, no de lo que participa de lo voluntario.

75. [82] Hay quienes piensan que todas las afecciones del alma y lo que procede de la parte apetitiva del alma son males.

Otros opinan que las facultades concupiscible e irascible son males. Hay otros que afirman eso de las otras facultades en que se dan pasiones del alma, como la envidia, la crueldad, la mezquindad, el deseo de honores y otras semejantes. También todos éstos se equivocan, pues lo que es idóneo para ser utilizado respecto del bien y respecto del mal a la vez, no es ni un bien ni un mal, pues no es más apto para uno que para el otro: o es un bien o un mal a la vez, o no es ninguno de ellos; antes al contrario, cada una de éstas es un mal sólo cuando se utilizan para obtener la desdicha, pero cuando se utilizan para obtener la felicidad no son un mal, sino que todas ellas son bienes[116].

76. Hay[117] quienes dicen que la felicidad no es una recompensa por aquellas acciones que conducen a la felicidad, ni que es una compensación por aquellas acciones que se dejan de hacer al no conducir a la felicidad. Sucede como con el conocimiento que resulta de aprender, que no es una recompensa que se reciba por el previo aprender, ni es una compensación por la comodidad que habría tenido [el hombre] si no lo hubiera aprendido, pero dejó [la comodidad] y prefirió el esfuerzo en su lugar. Si al conocimiento que resulta de aprender le siguiera un placer, tampoco este placer sería remuneración por aprender, ni compensación por el esfuerzo y el dolor que le han afectado cuando prefirió aprender y dejó la comodidad, de manera que este placer fuera compensación de otro placer que hubiera dejado, para que ese otro le resarciera de aquél. Antes al contrario, la felicidad es un fin cuya naturaleza es ser obtenido por las acciones virtuosas, tal como el conocimiento es resultado de aprender y estudiar y tal como las artes son resultado de aprender y de ser asiduo en su práctica. La desdicha no es castigo por haber dejado las acciones virtuosas, ni remuneración por hacer acciones viles.

116. De este parágrafo parece deducirse la doctrina de la intencionalidad de la acción. No es mala la facultad humana, sino que es indiferente, igual que lo es la acción; sólo cuando ésta se dirige a la felicidad o a la desdicha, la acción puede ser calificada de buena o mala.

117. En la edición de Dunlop este parágrafo ofrece varias lagunas, por lo que su traducción varía notablemente de la que aquí ofrezco.

[83] De aquí que todo aquel que crea esto de la felicidad y sostenga, además, que lo que pierde por lo que abandona es del mismo género que lo que abandona, sus virtudes son equivalentes a sus vicios. En el continente que se abstiene de todos los placeres o de algunos de ellos sólo para que, en vez de lo que deja, se le recompense con otro placer del mismo género pero más grande que el que dejó, la codicia y avidez por incrementar el placer le llevan a dejar lo que deja; además, se debe creer que lo que deja es suyo y que sólo lo deja para alcanzar un placer semejante y un aumento del provecho que saca, pues, de otra manera, ¿cómo es recompensado por dejar lo que no es suyo? En la probidad sucede lo mismo. La probidad que se utiliza para dejar riquezas y no aceptarlas, sólo es codicia y avidez por lo que se obtiene y por la recompensa que se alcanza al dejarlas. Sólo las deja por la codicia de ganar y ver recompensado lo que deja con algo que aumenta mucho más lo dejado. Es como si creyera que todas las riquezas son suyas, tanto las que están en su poder como las de los demás hombres, pero se las deja a ellos cuando tiene capacidad y poder para arrebatárselas, con el fin de obtener el doble que al principio. Esto es como lo que hace el usurero[118]: pues no adquiere la probidad y la continencia en tanto que son un bien en sí, ni deja de hacer aquellas acciones malas y viles que deja de hacer por sí, porque sean abominables en sí. Y lo mismo sucede en el valiente entre ellos: piensa que pierde los placeres por los que desea la vida transitoria, para ser recompensado con otros placeres de la misma clase, pero mucho más grandes que los que pierde, y prefiere el mal que aborrece por temor a un mal más grande que ése; piensa que preferir la muerte es un mal, pero teme un mal más grande que ella.

Por esto vemos que lo que algunos creen [84] que son virtudes, en realidad está más cerca de ser vicios y bajezas que virtudes. Y esto es así porque su esencia y naturaleza no es verdaderamente la naturaleza de las virtudes, pues ni siquiera está cerca de ellas, sino que pertenecen a la clase de los vicios y cosas despreciables.

118. Dunlop, de acuerdo con la variante hebrea, traduce «gobernante de la ciudad».

77. Tan sólo con la muerte pierde el virtuoso la capacidad de multiplicar las acciones con que ir aumentando su felicidad después de la muerte. Por eso, su desasosiego por la muerte no es como el desasosiego de quien piensa que con la muerte le sobrevendrá un mal muy grande, o como el desasosiego de quien piensa que con la muerte pierde un bien grande ya obtenido y que se le escapa de entre sus manos. Antes al contrario, piensa que con la muerte no le viene ningún mal y piensa también que el bien que ha obtenido hasta el momento de su muerte permanecerá con él y no se separará de él por la muerte. Más bien, su desasosiego es tan sólo el desasosiego de quien ve que lo que pierde es una ganancia de lo que ya había obtenido, que, si perdura, se añadirá al bien que ya poseía; y es semejante al desasosiego de quien ve que lo que pierde no es una riqueza capital, sino una ganancia que había previsto y que esperaba. No tiene miedo en absoluto, pero le gustaría vivir más para poder aumentar las acciones del bien con que adquirir más felicidad.

78. El virtuoso no debe precipitar la muerte, sino que debe esforzarse por sobrevivir cuanto sea posible, para poder aumentar los actos con que se adquiere felicidad y para que los habitantes de la ciudad no echen de menos la utilidad que para ellos tiene su virtud. Debe preferir la muerte solamente cuando para los habitantes de la ciudad sea más beneficiosa su muerte que su seguir viviendo. Cuando forzosamente le llegue la muerte, no debe afligirse, sino ser virtuoso; en modo alguno debe desasosegarse ni temer por ello, de manera que descuide sus deberes.

Sólo están angustiados por la muerte los habitantes de las ciudades ignorantes e inmorales. Los primeros, por la pérdida de los bienes del mundo presente que dejan: placeres, riquezas, [85] honores y otros bienes propios de las ciudades ignorantes. El inmoral, por doble motivo: por la pérdida de las cosas terrenales que deja, y porque ve que con su muerte perderá la felicidad. Esto les causa más angustia que a los ignorantes, porque éstos desconocen absolutamente la felicidad después de la muerte, pues creen que la perderán, mientras que aquéllos, los inmorales, ya la conocen y en el momento de su muerte se ven afectados por la angustia y la pena de pensar que la pierden, y por la gran tristeza que les invade por lo que hicieron antes durante su vida; cuando mueran, se verán apenados de muchas maneras.

79. Cuando el combatiente virtuoso se arriesga, no lo hace con la idea de no morir con esa acción suya, pues eso sería necedad; tampoco se preocupa por si morirá o vivirá, pues eso sería temeridad. Antes al contrario, piensa que puede no morir y que puede quedar con vida, pero no se angustia con la muerte ni se desasosiega si llega el caso. No se arriesga sabiendo o pensando que lo que desea lo obtendrá sin riesgo alguno, sino que sólo se arriesga cuando sabe que lo que desea puede perderlo y no obtenerlo si no se arriesga; piensa que, si se arriesga, puede obtenerlo, o piensa que los habitantes de la ciudad lo obtendrán sin duda alguna por medio de esa acción suya, muera o viva él. Piensa también que, si se salva, lo compartirá con ellos y, si muere, ellos lo obtendrán y él conseguirá la felicidad por su virtud anterior y por haberse sacrificado ahora.

80. Cuando el virtuoso muere o es matado, no hay que lamentarse por él, sino que hay que lamentarse por los habitantes de la ciudad en la medida en que les era imprescindible en ella y regocijarse por el estado al que ha llegado en la medida de su felicidad. Propio del combatiente que muere en la guerra[119] es que sea alabado además por haberse sacrificado a sí mismo con exclusión de los habitantes de la ciudad y por haber preferido la muerte.

81. [86] Creen algunos hombres que quien no es sabio solamente llega a ser sabio por la separación del alma y del cuerpo, en tanto que el cuerpo queda sin alma, cosa que es la muerte. Y si antes de esto era sabio, su sabiduría aumentará con ello, completándose y perfeccionándose, o llegará a ser más perfecta y excelente. Por esto creen que la muerte es una perfección y que la unión del cuerpo y del alma es un mal[120].

119. Aquí no utiliza para «guerra» el término *ŷihâd*, como antes ha hecho en el parágrafo 58, cf. nota 89, sino *harb*, lo que me parece que prueba que no está pensando en la guerra santa.

120. En Dunlop se lee: «la separación del alma y del cuerpo es una necesidad».

Hay otros que piensan que el hombre malo sólo es malo por la unión del cuerpo y del alma, y que con su separación vendrá a ser bueno. Se sigue necesariamente entonces que éstos deben matarse y matar a los hombres y a continuación buscarán refugio en decir: «Somos gobernados por Dios, por los ángeles y por los amigos de Dios, pues no tenemos poder por nosotros mismos para unir ni separar alma y cuerpo; la disolución debemos esperarla de quien los unió y no hacernos cargo nosotros de su disolución, porque quienes nos gobiernan conocen mejor nuestros asuntos».

Para otros, la separación de cuerpo y alma no es una separación espacial ni ideal, ni que el cuerpo perezca y permanezca el alma o que perezca el alma y permanezca el cuerpo sin alma; más bien, la separación del alma significa que para subsistir ella no necesita que el cuerpo sea su materia, y que para ninguna de sus operaciones necesita servirse de un instrumento que sea cuerpo, ni utilizar ninguna facultad en un cuerpo, ni para ninguna de sus operaciones precisa recurrir a la operación de una facultad en cuerpo alguno, pues mientras necesite de alguna de estas cosas, no está separada. Tan sólo ocurre esto en el alma que es propia del hombre, que es el intelecto especulativo. Cuando alcanza esta situación, se separa del cuerpo, tanto si este cuerpo vive por el hecho de alimentarse y sentir, como si aquella facultad por la que se alimenta y vive [87] ha caído en desuso. Cuando para ninguna de sus operaciones tenga necesidad ni de sentir ni de imaginar, ya habrá llegado a la vida postrera. Será entonces cuando su concepción[121] de la esencia del Primer Principio será más perfecta, puesto que sólo entonces el intelecto se apoderará de su esencia sin necesidad de concebirla mediante comparaciones o analogías. No llega a esta situación a no ser por la previa necesidad que tiene de servirse de facultades corporales y de sus operaciones para realizar sus propias operaciones. Tal es la vida futura, en que el hombre verá a su Señor, y no se perjudicará ni se atormentará por verlo[122].

121. Sobre el término *tasawwur*, cf. Wolfson (1943).

122. ¿Es la vida futura de la que habla al-Fârâbî un cierto estado de éxtasis místico, en el que se percibe directamente la Suprema Realidad, puesto que claramente dice que el cuerpo no ha muerto cuando se alcanza esta vida postrera?

82. Todo aquello en cuyo ser entre la composición y la combinación de cualquier clase que sean, es imperfecto en el ser, por razón de que para subsistir necesita de aquellas cosas de las que está compuesto, sea composición de cantidad, de materia y forma o cualquier otra clase de composición.

83. Que una cosa sea hecha por otra quiere decir seguirse necesariamente esta otra de aquélla y hacer una cosa a otra quiere decir seguirse necesariamente esta otra de aquélla. Una cosa es agente de otra, cuando ésta se sigue necesariamente de ella. El agente de una cosa es aquello de lo que se sigue necesariamente esa cosa. Aquello en[123] lo que otro es hecho es aquello de lo que no puede seguirse necesariamente ese otro, en tanto que no es movido. Y esto, siempre que haya adquirido por su movimiento un estado por el que actúe por sí solo, o un estado que se añada a lo que tenía anteriormente; entonces esa otra cosa es hecha por la unión del segundo y el primero; por la reunión de los dos se hace [88] ese otro. Esto sólo ocurre en aquello que tiene inicialmente insuficiencia para obrar, a menos que se le añada otra cosa. Y, aquello que solamente hace otra cosa por el hecho de ser movido, está necesitado y es insuficiente por sí mismo para que de él se siga necesariamente otra cosa cuya naturaleza consiste en seguirse necesariamente de él, para que de él proceda aquello cuya naturaleza consiste en proceder de él, y para hacer aquello cuya naturaleza consiste en que lo haga. Por consiguiente, todo aquello que por sí y por el ser que tiene es suficiente para hacer otra cosa, no hace lo que hace ni se sigue de él lo que necesariamente se sigue por el hecho de ser movido en absoluto.

84. Todo agente de una cierta cosa sabe que hacerla en un determinado momento es mejor o es bueno, o que no es mejor o es malo; por tanto, sólo se retrasará en hacerla por un obstáculo que le impida hacerla. El obstáculo que puede impedirle hacerla es el quebranto que, de hacerla en ese preciso momento, ve y sabe que le sucederá a esa cosa. Así, pues, debe saber cuál es la

123. En la edición de Najjar se lee *fî-hi*, mientras que en la de Dunlop se lee *bi-hi*.

causa del quebranto en ese momento y cuál es la causa del éxito después. Si no hay causa para el quebranto, que no exista no es más conveniente que su existir, y entonces, ¿cómo no tiene lugar? Además, ¿tiene poder su hacedor para eliminar el quebranto que acarrearía hacerla en ese preciso momento, o no? Si tiene poder, entonces que tuviese lugar la cosa sería más conveniente que el hecho de que no tuviese lugar, y su generación en algún momento no es imposible para su hacedor. Si no tiene poder para eliminar el quebranto, entonces la causa del quebranto es más poderosa y el hacedor no tiene por sí mismo suficiencia consumada para que esa cosa exista de modo absoluto, teniendo, además, un contrario para su acción y un obstáculo contra ella. Entonces, de ningún modo es suficiente por sí solo para completar esa acción, sino más bien la desaparición de la causa del quebranto y la presencia de la causa del éxito. Pues, si por sí solo fuese causa del éxito, entonces el éxito de la acción no debería retrasarse en el tiempo, sino que los dos serían simultáneamente. De aquí se sigue necesariamente que, cuando el agente es [89] suficiente por sí solo, una cierta cosa procede de él, sin que el ser de esa cosa sea posterior al ser del agente.

85. Se dice que un hombre es inteligente y que entiende, cuando se da en él la conjunción de dos cosas: una, que tenga excelente discernimiento respecto a aquellas acciones que han de ser elegidas o evitadas; segunda, que haga uso de la mejor manera de todo aquello que ha conocido por su excelente discernimiento[124]. Pues cuando tiene excelente discernimiento, pero hace un uso muy malo y reprobable de aquello que discierne, entonces se dice de él que es un propagandista, un mentiroso o un perverso.

Nuestra expresión «Fulano tiene entendimiento ahora» se emplea a veces en lugar de «ha caído en la cuenta de lo que había olvidado», y en lugar de «ha comprendido lo que quería decir la frase de quien le hablaba y se ha impresionado en su alma». Decimos a veces que es un «intelecto», queriendo decir con ello que los inteligibles se han actualizado en él concebidos e impresionados en su alma; y decimos de él que es «inteligente», queriendo

124. Cf. *Fî l-'aql*, pp. 4-7; Ramón Guerrero (1981: 399-405).

decir con tal expresión que los inteligibles se han actualizado en su alma, a saber, que conoce los inteligibles. Pues no hay aquí diferencia entre decir «intelecto» y «conocimiento», entre «inteligente» y «cognoscente», y entre «inteligibles» y «cognoscibles». El prudente es el que tiene excelente deliberación para descubrir las acciones virtuosas que, según la opinión de Aristóteles, deben hacerse en el momento de algún accidente, cuando, además, es excelente por sus virtudes morales[125].

En cuanto a lo que los dialécticos[126] quieren expresar cuando dicen «esto lo requiere el intelecto o lo niega el intelecto», quieren decir con ello lo conocido sin más reflexión[127] por todos, pues a lo sin más reflexión compartido por todos o por la mayoría lo llaman ellos «intelecto».

86. Algunos dicen respecto de la Causa Primera que no entiende ni conoce nada fuera de sí[128]. Otros afirman que todos los inteligibles universales le están presentes de una sola vez, que los conoce y entiende conjuntamente sin tiempo alguno, y que todos ellos están reunidos en su esencia [90], siendo conocidos por ella desde siempre e incesantemente en acto[129].

Otros sostienen que, aunque los inteligibles le estén presentes, conoce todos los particulares sensibles, pues los concibe y se le impresionan; y que concibe y conoce lo que no existe ahora pero existirá después, lo que fue en el pasado y ha dejado de ser, y lo que existe ahora. De lo que éstos dicen se sigue necesariamente que la verdad y falsedad y las convicciones contradictorias se suceden en dicha Causa al modo de todos sus inteligibles; que sus inteligibles son infinitos; que el que es afirmativo puede llegar a ser negativo y así también el negativo puede llegar a ser afirmativo en otro momento; que en el pasado conoció cosas infinitas:

125. Sobre todo esto, cf. los *fusûl* n.$^{os}$ 38-41.

126. Con el término *ŷadaliyyûn* se refiere aquí a los *mutakallimûn*, es decir, los teólogos, puesto que son los que usan argumentos puramente dialécticos, como sostiene en varias obras, y porque esta misma es la opinión que les atribuye en *Fî l-ʿaql*, pp. 7-8; Ramón Guerrero (1981: 405-407).

127. En árabe: *fî bâdi' al-ra'y*, literalmente «al comienzo de la opinión».

128. Tal es, por ejemplo, la opinión de Aristóteles en el libro XII de *Met.*

129. Sobre la presciencia de Dios en al-Fârâbî, cf. Marmura (1985).

de unas supo que serían en el futuro, de otras supo que existen ahora, y de otras supo que ya han existido en tiempos infinitos antes de este ahora, es decir, el tiempo supuesto, y después en tiempos infinitos conoce esos inteligibles de modo diferente de lo que había sabido de ellos mismos en otro tiempo. Pondré un ejemplo para que esto sea claro y evidente para ti. Tómese como ejemplo de esto la época de Hermes o la época de Alejandro: lo que conoció en tiempos de Alejandro como siendo en el tiempo presente, cercano al «ahora» en aquel momento, y que ya había conocido en una época muy anterior que sería así, luego conoció, en otro tiempo después, que ya había sido. Por consiguiente, conoció esa cosa en el tiempo que hubo en la época de Alejandro como existiendo en tres tiempos con tres modos de conocimiento: antes de la época de Alejandro supo que sería; en la época de Alejandro mismo supo que ella estaba siendo actualmente; y después supo que ya había sido, luego de haber cesado y pasado. Igual ocurre cuando se mide el caso de cada tiempo, año, mes o día, a pesar de sus muchos números y diferentes circunstancias. [91] Igual es también el caso de los individuos y de los diferentes cambios que se suceden en cada individuo, como, por ejemplo, conoce que Zayd es amigo de Dios, obediente y beneficioso para sus amigos, y luego lo conoce como enemigo de Dios, desobediente y pernicioso para sus amigos. Y así también respecto de los casos de los lugares, los movimientos locales de los cuerpos y transformaciones de uno en otro. Los partidarios de esta opinión llegan a cosas absurdas y detestables, pues de ella derivan ideas inicuas, que son causa de grandes males junto con su repugnancia, y de ello se siguen necesariamente diferentes alteraciones y transformaciones en el alma del cognoscente, sucesión de acontecimientos en ella y otras cosas por el estilo.

87. Muchas gentes sostienen diferentes creencias acerca de la Providencia de Dios sobre su creación. Hay quienes afirman que se ocupa de su creación tal como el rey se ocupa de sus súbditos y del bienestar de ellos, sin mirar por cada cosa en particular y sin mediar entre él, su compañero o su esposa, sino que para esto pone a quien se encargue de ello y lo realice, haciendo en cada asunto lo que sea conforme a derecho y justicia.

Piensan otros que esto es insuficiente, de manera que ha de ocuparse directamente de ellos y hacerse cargo de organizar a cada una de sus creaturas en cada una de sus acciones y de su bienestar, sin abandonar a ninguna de sus creaturas al cuidado de otro, pues, en caso contrario, éstos otros serían sus compañeros y asistentes en la organización de sus creaturas. ¡Que sea exaltado sobre los compañeros y asistentes! De esto se seguiría necesariamente que Él sería responsable de muchas acciones imperfectas, censurables y detestables, del error de quien se equivoca y de abominables dichos y hechos. Pues cuando cualquiera de sus creaturas pretendiera embaucar a alguno de sus amigos o invalidar el discurso de quien dice verdad por vía de argumentación, Él le ayudaría y sería responsable de dirigirlo y guiarlo, pues le guiaría hacia la fornicación, el asesinato, el robo y cosas más detestables que otras como las acciones de los niños, de los borrachos y de los dementes. Y si niegan que respecto de algunas de estas cosas le dirija o ayude, deberán negarlo [92] de todas ellas. Éstos son principios propios de malas opiniones y causa de doctrinas detestables e inmorales[130].

88. La política[131] en sentido absoluto no es un género respecto de las demás clases de política, sino que es el nombre homónimo de muchas cosas que convienen en el nombre, pero se diferencian en sus esencias y naturalezas. Así, nada hay en común entre la política virtuosa y las otras clases de políticas ignorantes.

89. La política virtuosa es aquella por la que los gobernantes políticos adquieren una clase de virtud que no puede ser adquirida más que por medio de ella y es la mayor de las virtudes que el hombre puede obtener. Los gobernados adquieren para su vida temporal y para la vida futura virtudes que no pueden obtenerse sino por medio de ella. Por lo que se refiere a su vida terrena, sus cuerpos gozan de las más excelentes disposiciones que se pueden

130. Propone aquí dos opiniones sobre la Providencia divina, de las cuales rechaza la segunda, con lo que él podría sostener la primera de ellas.

131. El término que utiliza aquí es *siyâsa*. Sobre su significado, véase la introducción.

recibir en la naturaleza de cada uno de ellos, y sus almas gozan de los más excelentes estados que son posibles en la naturaleza de cada alma individual y en su facultad respecto de las virtudes que son causa de la felicidad en la vida futura. La vida de ellos es la más agradable y placentera de todas las clases de vida y modos de vivir que otros pueden tener.

90. Difícil e improbable es que las acciones de alguno de los gobernantes de las ciudades ignorantes sigan necesariamente uno solo de los diversos tipos de políticas ignorantes, de forma pura y sin mezclarse con los otros tipos, puesto que las acciones de cada uno de ellos proceden exclusivamente de sus opiniones y pareceres y de las exigencias de su alma, no de conocimiento ni de arte adquirido. De aquí que lo que realmente existe son las políticas mezcladas de estas políticas ignorantes o de muchas de ellas.

91. Los antiguos solamente legislaron estas políticas ignorantes, porque la ciencia sólo es conservada y regulada por las leyes universales, aunque las políticas ignorantes que existen [93] son, en su mayoría, políticas compuestas. Porque quien conoce la naturaleza de cada política particular puede conocer de qué elementos está compuesta la política existente y juzgar de ella según los componentes que encuentre y según lo que ya conoce de la naturaleza de cada una de las clases de política simple. Similar es el caso en todas las cosas prácticas[132], como la retórica, la sofística, la dialéctica y el arte poético; pues el que las utiliza sin tener conocimiento de ellas, y solamente piensa y cree que utiliza la demostración, muchas veces lo que realmente hace es usarlas mezcladas de diferentes maneras.

92. Cada una de las clases de las políticas ignorantes incluye varias clases muy diferentes entre sí: unas son el colmo de la maldad, mientras que otras apenas son perjudiciales y su beneficio es grande para ciertas gentes. La situación de las políticas y su relación a las almas es como la situación de las estaciones y su relación a los cuerpos que poseen diferentes temperamentos.

132. Dunlop añade «científica».

Pues de la misma manera que a unos cuerpos les conviene por su temperamento y condición la estación del otoño, a otros el verano, a otros les es muy conveniente el invierno y a otros la primavera, así también es la situación del alma y su relación a las políticas. Sin embargo, los principios de que se componen los cuerpos son mucho más reducidos que las disposiciones y conductas [del alma]. Es a saber, que las disposiciones y conductas están compuestas de cosas naturales y voluntarias, que son casi infinitas, unas intencionadamente y otras al azar. La mayoría de los que siguen las tradiciones[133] viven en la desdicha sin saberlo, mientras que a los enfermos y a los que están dotados de mal temperamento apenas se les oculta eso, ni tampoco a quienes investigan sus condiciones.

93. Las clases de la facultad fundada en la experiencia varían según los diferentes lugares en que se utiliza, según las artes a las que está vinculada y según los que la emplean, tal como varía el arte [94] de la escritura según las artes en las que se utiliza y según quienes lo emplean. Es decir, quien se sirve de las dos clases a la vez para la administración de las ciudades virtuosas, será excelente en sumo grado. El que es prudente se sirve de la facultad fundada en la experiencia para desarrollarse, tratar con libertad ante el gobernante primero y considerar detenidamente la política virtuosa; de ahí surgirá una facultad muy noble, útil para la política virtuosa, que llevará finalmente a gobernar a aquel en quien el gobierno virtuoso estaba en potencia hasta convertirlo en gobierno en acto. La más noble de las clases de escritura es aquella que se utiliza para el servicio del gobernante primero y del rey virtuoso, pero en nobleza y excelencia está bajo la facultad fundada en la experiencia que el gobernante primero utiliza. Lo absolutamente noble respecto de la facultad fundada en la experiencia es más noble que lo noble respecto del arte de escribir.

133. En el texto *ahl al-sunan*; dudo que se refiera a los *sunníes* musulmanes, puesto que la expresión usual para designarlos es la de *ahl al-sunna*. En la edición de Dunlop se lee *ahl al-siyar*, los ciudadanos que siguen una regla de vida.

Aquella parte de la facultad fundada en la experiencia que se utiliza para la más baja de las políticas ignorantes, que es la política del dominio, es más mala y más detestable que todas las que se emplean para los demás lugares[134]. Igualmente, aquella escritura que es utilizada para la política del dominio es más mala y más detestable que las clases de escritura utilizadas para las restantes políticas y artes y lo que emplea el vulgo. Y, así como la nobleza de la escritura empleada para el servicio del rey virtuoso y del gobierno virtuoso es superior al resto de las demás clases de escritura empleadas en la ciudad, así también la bajeza de la escritura utilizada para el servicio del dominio, su perniciosidad y el incremento de su maldad y tribulación, es superior al resto de las clases de escritura. Proporcional a la nobleza de la facultad fundada en la experiencia que utilizan el prudente y el gobernante primero respecto de la escritura de que se sirven, así será la bajeza de la facultad fundada en la experiencia que utiliza el del dominio respecto de la escritura de que se sirve[135].

En suma, toda nobleza supera a lo que está bajo ella en su mismo género [95] cuando es empleada para el gobierno virtuoso, pero es baja y perniciosa, aumentando en bajeza y perniciosidad sobre el resto de lo que pertenece a su género, cuando es utilizada para la política del dominio. Igual sucede con las restantes facultades del alma por las que el hombre se ennoblece, como la discreción y lo que le sigue, que en los hombres buenos es causa de todo bien, pues es muy noble y excelente, pero en los hombres malos es causa de todo mal y corrupción. En el rey del dominio ellas son causa de múltiples males que ocasionan en quien no es gobernante. De aquí que ellos [los antiguos] no llamen virtud reflexiva a la facultad reflexiva[136] por la que se descubre lo que es muy apto para un fin que es malo, sino que la llaman con otros nombres, como malicia, pillería y astucia.

134. Cf. Platón, *Rep.*, 576e; *Político*, 302e; Aristóteles, *Et. Nic.*, VIII, 10, 1160b 10-12.

135. La traducción de este párrafo es conjetural, por las dificultades que plantea su correcta interpretación.

136. No se trata de la facultad fundada en la experiencia, sino la parte reflexiva del alma de la que había hablado en el *fasl* 33.

Aquellas cosas humanas que son los bienes voluntarios más grandes, y las artes, son en la ciudad del dominio males, desastres y causas de los desastres que tienen lugar en el mundo. De aquí que le esté prohibido al hombre virtuoso permanecer en las políticas inmorales y debe emigrar a las ciudades virtuosas, si es que existen de hecho en su época[137]. Si no existieran, el virtuoso será entonces un extraño en este mundo y su vida será un mal, y le será preferible antes morir que seguir viviendo.

94. Varias razones hay sobre la utilidad de la parte especulativa en la filosofía y de cuán necesaria es para la parte práctica[138]. Una es que una acción sólo es virtuosa y correcta cuando el hombre ya conoce las virtudes que son verdaderamente virtudes, cuyo conocimiento es verdadero, y conoce también las virtudes que se supone son virtudes pero que no son tales, siendo también verdadero su conocimiento; cuando se ha habituado [96] a las acciones de las virtudes verdaderas, de manera que se produce en él una cierta disposición; cuando conoce los grados y los méritos de los seres, pone a cada uno de ellos en su lugar correspondiente y les asigna su derecho, que es cuanto se les da, y su grado entre los grados del ser; y cuando elige lo que se debe elegir y evita lo que se debe evitar, y no elige lo que se supone ha de elegirse y no evita lo que se supone ha de evitarse. Es éste un estado que no se logrará ni se perfeccionará si no es después de la experiencia, del conocimiento perfecto basado en la demostración, y del perfeccionamiento en la Física y en la Metafísica, según su grado y orden, hasta alcanzar finalmente el conocimiento de la verdadera felicidad, aquella que es buscada por sí misma y en ningún momento es buscada por otra cosa[139].

Conocerá entonces cómo las virtudes teóricas y las virtudes reflexivas son causa y principio de la existencia de las virtudes prác-

137. Sobre esta posible alusión autobiográfica, véase introducción. Cf. también Kraemer (1987: 311-312).

138. Este *fasl* está bastante corrompido en el ms. que sirve de base a la edición de Dunlop, por lo que su traducción varía bastante de la aquí ofrecida.

139. En este párrafo está resumida la doctrina de al-Fârâbî: el conocimiento tiende a la consecución de la felicidad, que es el fin último deseado por sí mismo y no por otra cosa.

ticas y de las artes; todo esto no existirá a no ser por el ejercicio de la especulación y ascendiendo de un peldaño a otro y de una posición a otra. Sin esto no es posible lo siguiente: que quien desea aprender la filosofía teórica, comience[140] por los números; pase luego a las magnitudes; luego a las demás cosas que son inherentes esencialmente a los números y a las magnitudes, como la óptica y las magnitudes que se mueven; luego a los cuerpos celestes, a la música, a los pesos y a la mecánica[141]. Éstas son cosas que pueden ser comprendidas y concebidas sin materia. Asciende poco a poco en las cosas que para ser comprendidas y concebidas necesitan de la materia, hasta llegar a los cuerpos celestes. Se verá forzado luego a introducir principios distintos del qué, por qué y cómo, para ayudarle a utilizar las cosas que son difíciles o imposibles de ser entendidas sin estar en materias. Y llegará a una zona limítrofe [97] o intermedia entre el género que no tiene principios del ser, aparte de los principios de su ser, y el género cuyas especies tienen los cuatro principios[142]. Se le manifestarán entonces los principios naturales; los pondrá en práctica y estudiará los seres naturales y los principios del conocimiento[143] que tienen, hasta llegar a los principios del ser. Los principios del ser que adquiera llegarán a ser para él como un medio y como principios del conocimiento; pero los principios del ser que haya adquirido sólo llegarán a ser principios del conocimiento con relación a dos cosas. Luego ha de pasar a conocer las causas del ser de los cuerpos naturales y a examinar sus esencias, sus substancias y sus causas.

Cuando llega a los cuerpos celestes, al alma racional y al intelecto agente, pasa entonces a otro grado y el estudio acerca de los principios de su ser le obliga a investigar principios que no son naturales. Lo que adquiera de los principios del ser de este tercer grado también se convierte en principios del conocimiento de estos seres que son más perfectos en cuanto al ser que los

140. Aquí se reproducen textos de *Tahsîl*, pp. 10-15; Mahdi (1969: 19-24).

141. Cf. *Ihsâ'*, cap. 3.°, pp. 54-76; pp. 39-53 de la traducción castellana.

142. Las cuatro causas.

143. O «principios de la enseñanza», *mabâdi' al-ta'lîm*. Cf. *Anal. Post.*, I, 2, 71b 34-72a 6; *Et. Nic.*, VI, 3, 1139b 25-36. Cf. Mahdi (1969: 133, nota [5] 1); Druart (1987: 30).

naturales. Llegará también a una zona intermedia entre dos ciencias, la Física y la Metafísica, en el grado de la investigación y del conocimiento. Investigará igualmente sus principios, por cuya razón han llegado a ser, y el fin y la perfección por cuya razón el hombre ha llegado a ser. Conocerá que los principios físicos que hay en el hombre y en el universo son insuficientes para que por ellos el hombre llegue a la perfección por razón de cuya consecución se da la existencia del hombre, y conocerá que el hombre tiene necesidad para eso de principios intelectuales por los que el hombre se dirige hacia esa perfección.

El hombre se va aproximando a la consecución del rango y del estado del conocimiento teórico por el que logrará la felicidad, y la especulación le llevará de dos modos a la vez hasta llegar a un ser que no puede [98] tener en absoluto ninguno de estos principios, sino que es el Ser Primero, el principio primero de todos los seres de los que hemos hablado antes[144]. Él es aquello por lo que, desde lo que y para lo que ellos tienen su ser por el más perfecto de los modos por el que una cosa es principio de los seres, modos a los que no les alcanza imperfección alguna. Adquiere así el conocimiento de los seres por sus últimas causas, y ésta es la consideración metafísica de los seres. Además, investigará no sólo el objetivo por cuya razón se da la existencia del hombre, la perfección que el hombre debe conseguir, sino también todas las cosas con que el hombre alcanza esa perfección. Es entonces cuando puede pasar a la parte práctica y puede comenzar a hacer lo que debe hacer.

En cuanto a aquel a quien es dada la parte práctica por medio de una revelación[145], por la que es conducido hacia la determinación de cada cosa de lo que debe hacerse o evitarse, esto es otro camino. Si ambos son llamados «cognoscentes», sin embargo el nombre de «conocimiento» se les aplica equívocamente, como también se aplica equívocamente al físico y al adivino, que da a conocer lo que sucederá a partir de las posibilidades. Es decir, el

144. Cf. Druart (1987: 34-35).

145. Señala la diferencia entre el filósofo, que adquiere su conocimiento por la razón, y el profeta o inspirado, que es el que recibe su conocimiento sólo por revelación, aplicándoseles a ambos el término de «cognoscentes» de manera equívoca.

adivino no tiene capacidad para conocer todas las posibilidades individuales, porque las posibilidades individuales son infinitas y es absurdo que el conocimiento abarque completamente lo que es infinito; sólo tiene capacidad para alcanzar el conocimiento de lo que es posible que suceda según lo que le viene a las mientes o según lo que le viene a las mientes de quien le ha preguntado. Y puesto que el conocimiento de lo que es posible es un conocimiento contrario a la naturaleza de lo posible, el adivino no tiene por eso conocimiento de la naturaleza de lo posible, sino que sólo el físico conoce la naturaleza de lo posible. En consecuencia, el conocimiento de ambos no se refiere a una misma cosa, sino a dos cosas contrarias. Lo mismo sucede en el caso de quien ya ha perfeccionado el conocimiento teórico y en el caso de aquel a quien se le ha revelado la determinación de los actos de los habitantes de una o más ciudades, sin que tenga ningún conocimiento de la ciencia especulativa. Entre aquel a quien se le ha dado una revelación y ha perfeccionado la ciencia especulativa, y aquel a quien se le ha dado una revelación, pero no [99] es perfecto en la ciencia especulativa, no hay relación ni conveniencia verdaderas, sino que sólo hay conveniencia en el nombre.

95. La virtud reflexiva[146] es aquella por la que el hombre tiene capacidad para ser excelente en descubrir lo que es más provechoso para un fin virtuoso, común a varias naciones, a una nación o a una ciudad en el momento en que algo sucede en común. Parte de ella es la que descubre lo que cambia en corto período de tiempo y ésta es llamada la facultad para las clases de regímenes particulares y temporales en el momento en que suceden cosas ocasionalmente a varias naciones, a una nación o a una ciudad. En cuanto a la facultad reflexiva por la que se descubre lo que es más provechoso para un fin que es malo, no es virtud reflexiva.

96. Así como nuestros cuerpos no pueden adquirir todas las clases de salud y sus temperamentos[147] por razón de su naturaleza, por sus costumbres, por el estado de indigencia que les es propio,

146. Texto en *Tahsîl*, pp. 21-22; Mahdi (1969: 28).
147. En la edición de Dunlop: «por sus temperamentos».

por el arte con que se ganan la vida o por otras cosas semejantes, y éste es el caso de la mayoría de los cuerpos, y habiendo lugares en donde sus habitantes no pueden obtener sino una escasa parte de las clases de salud, así también es la situación de las almas: en ellas hay algo por lo que no pueden adquirir las virtudes o la mayoría de ellas, no pudiendo obtener sino una escasa parte de ellas.

No pertenece ni al gobernante virtuoso ni al jefe primero procurar virtudes a una naturaleza cuya alma y esencia sea incapaz de virtudes, pues sólo le compete alcanzar, para la mayoría de almas como ésta, respecto de las virtudes, hasta donde sea posible para ellas y sus esencias, de acuerdo con lo que sea provechoso para los habitantes de esa ciudad. De la misma manera, no pertenece al médico virtuoso alcanzar, para los cuerpos [100] cuyo estado es el que he descrito, el más perfecto de los grados de la salud y el más elevado de sus niveles; sólo le compete alcanzar para ellos respecto de la salud hasta donde sea posible para su naturaleza y esencia y de acuerdo con las acciones del alma. Pues el cuerpo existe por razón del alma y el alma existe por razón de la perfección última, que es la felicidad, y está en la virtud. El alma existe, por tanto, por razón de la sabiduría y de la virtud[148].

97. Artículo de Abû Nasr, que, como apéndice, se encuentra en un manuscrito de al-Jattâbî[149], en el reverso del libro. Dijo: Ningún hombre existe dotado por naturaleza de la perfección desde el principio, de tal modo que no se encuentre en él defecto alguno y que todas sus acciones, su obrar y sus hábitos morales tengan lugar según la justicia y la equidad, sin tender a ninguno de los extremos o sin predominio de un contrario sobre otro. Y esto es así porque la naturaleza está hecha de contrarios, a los que la misma composición fuerza a unirse; pues, si sus naturalezas

148. Aquí finaliza el ms. de Diyâr Bakir, que es el que ha servido para el establecimiento del texto. Los restantes *fusûl* se encuentran en el ms. Chester Beatty (fols. 28r-29v). Como se deduce claramente de sus primeras palabras, no parece que formaran parte del original de al-Fârâbî, sino que han sido tomados por el copista de algún otro texto.

149. Este al-Jattâbî parece haber sido un joven contemporáneo de al-Fârâbî, autor de la obra *al-Gârib al-hadît al-bayân fî i'ŷâz al-Qur'ân*, ed. A. Al-Alim, Aligarh, 1372/1953. Sobre este autor, cf. Brockelmann, GAL, I, 165.

fuesen aisladas e iguales, no habría armonía nunca, por la gran desemejanza, discrepancia y diferencia que hay entre ellos; y, a pesar de su forzada unión, su más o menos grande aversión puede ser causa de una falta de equilibrio en la constitución natural. Cualquier naturaleza en la que la aversión entre sus elementos sea pequeña está más próxima al equilibrio, y cuanto mayor sea la aversión, más alejada estará del equilibrio, de tal manera que las dotes naturales dependerán de proporciones iguales de aversión y equilibrio en razón de la aversión y el equilibrio de las naturalezas.

98. De la doctrina de Abû Nasr, que Dios se apiade de él. Supónganse dos hombres, de los cuales uno ya conoce lo que hay en todos los libros de Aristóteles sobre física, lógica, metafísica, política y matemáticas, pero todas sus acciones o las más de ellas difieren de lo que es bueno a primera vista y en opinión de todos, mientras que todas las acciones del otro están de acuerdo con lo que es bueno a primera vista y en opinión de todos, aun cuando no conozca las ciencias que el primero conoce. Pues bien, este segundo hombre está más cerca de ser filósofo que el primero, cuyas acciones todas difieren de lo que es bueno a primera vista y en opinión de todos, y está más capacitado para poseer lo que el primero ya posee de lo que éste lo está para poseer lo que el segundo ya posee.

A primera vista la filosofía consiste realmente en que el hombre consiga las ciencias especulativas y en que todas sus acciones sean conformes con lo que es bueno a primera vista en opinión común y en realidad. Las costumbres arraigadas en aquel que se limita a las ciencias especulativas sin que todas sus acciones estén de acuerdo con lo que es bueno a primera vista y en opinión común, le impedirán [101] realizar las acciones que son buenas a primera vista en opinión de todos. Por ello, es muy probable que sus costumbres le impidan que sus acciones estén de acuerdo con lo que es bueno en realidad. En cambio, las costumbres de aquel cuyas acciones habituales están de acuerdo con lo que es bueno a primera vista en opinión de todos, no le impedirán aprender las ciencias especulativas ni que sus acciones lleguen a ser conformes con lo que es bueno en realidad, puesto que a primera vista se sigue que hace en realidad lo que es obligatorio hacer, mucho más que hacer lo que a primera vista es una opinión que no ha sido bien examinada. Lo que en realidad es opinión, es opinión bien examinada y corregida después de sometida a examen. A primera vista exige que la opinión bien examinada sea más correcta que a primera vista.

99. [Tomado] también de la doctrina de Abû Nasr, la misericordia de Dios sobre él. En la asociación para la virtud no puede haber en absoluto oposición ni discrepancia, porque el objetivo en la virtud es uno solo: el bien que es deseable por sí mismo y no por otra cosa distinta. Si el deseo y la intención de los dos [hombres] sólo es por razón de ese objetivo, que es el bien mismo, entonces el camino de los dos hacia él será el mismo y su amor por la cosa misma es uno solo. Mientras que su objetivo sea uno sólo, nunca habrá discrepancia; la discrepancia sólo tendrá lugar por la diferencia de los deseos y por la diversidad de los objetivos. Habrá entonces un comportamiento con el que no podrá haber asociación, porque el objetivo de uno será distinto del objetivo del otro y sus caminos serán diferentes. A pesar de sus semejanzas, serán corruptores y malos, no un bien como el objetivo primero y como la asociación primera, para buscar la verdad, alcanzar la felicidad y amar la ciencia y las cosas virtuosas. La segunda asociación es la asociación para el lucro y el mutuo apoyo en los negocios y en los tratos comerciales, porque cada uno de los comerciantes y de los socios quiere hurtar al otro su parte para aumentar la suya propia; igualmente, el otro también quiere eso mismo y espera obtenerlo; surge entonces la discrepancia. Los dos primeros no se asociaban por algo fuera de ellos mismos, ni por algo que necesitaran en otro, y no hay vínculo con otros. Nunca habrá discrepancia entre ellos mientras que su objetivo sea uno solo, tal como nunca habrá asociación entre aquellos otros mientras que sus objetivos sean diferentes.

Y también, puesto que la verdad, así como el bien y la virtud, es el objetivo al que se tiende en toda cosa, los que buscan la verdad se habrán informado ya y habrán conocido su propósito y no habrá desacuerdo acerca de él —pues lo que no es verdad ni virtud es el camino que no hay que seguir y si el hombre se empeña en seguirlo, errará y quedará perplejo—, pero, si no se aplican a su objetivo, estarán en desacuerdo por la diversidad de sus objetivos y seguirán un camino distinto del que lleva a su propósito, aunque ellos no lo han conocido, porque para el alma es algo natural buscar la verdad, aunque a veces sea incapaz de alcanzarla. ¿No ves que si propones a cada uno de ellos la virtud de la verdad y del conocimiento, ciertamente la admitirá y la reconocerá, aunque por sus defectos y por las afecciones que padece no la practique aún?

100. [102] Al descuidado y al que aparenta descuido les sucede lo mismo, porque el descuido lleva al descuidado al fracaso y la inadvertencia lleva al que aparenta descuido al fracaso; ambos coinciden en el resultado, que es el fracaso. De nada le sirve al que aparenta descuido conocer aquello de lo que él aparenta descuido, puesto que no lo usa en lo que debe; ni en nada perjudica al descuidado olvidar aquello que no conoce, puesto que no lo usará en lo que debe[150]; ambos coinciden en la relación, pero difieren en el conocimiento y en la ignorancia.

150. Suplo conjeturalmente la laguna existente en este lugar, señalada por Dunlop, pero no por Najjar.

# BIBLIOGRAFÍA

### *Ediciones de las obras de Al-Fârâbî*


Fârâbî, *Alfarabi's philosophische Abhandlungen*, ed. F. Dieterici, Leiden, J. Brill; reimp., Osnabrück, Biblio Verlag, 1982. Traducciones: Dieterici (1892), Alonso (1959, 1960, 1963, 1969), Ramón Guerrero (1983, 1984).

*Falsafat Aflâtûn*, Alfarabius *De Platonis Philosophia*, ediderunt F. Rosenthal et R. Walzer, Londinii, In Aedibus Instituti Warburiani, 1943. Reimp. Nendeln/Liechtenstein, Kraus Reprint, 1973. (Nueva edición en A. Badawi: *Aflâtûn fî l-Islâm*, Tehran, 1974, pp. 5-27). Traducción: Mahdi (1969).

*Falsafat Aristûtâlîs*, ed. M. Mahdi, Beirut, Dar Majallat Shi'r, 1961. Traducción: Mahdi (1969).

*Fî l-'aql*: *Risâla fî ma'ânî l-'aql*, ed. M. Bouyges, Beirut, Imprimerie Catholique, 1938. Traducciones: Lucchetta (1974), Ramón Guerrero (1981).

*Fusûl*: *Fusûl muntaza'ah (Selected Aphorisms)*, texto árabe, ed., introducción y notas de F. M. Najjar, Beirut, Dar el-Machreq, 1971.

*Hurûf*: *Kitâb al-hurûf*, ed. M. Mahdi, Beirut, Dar el-Machreq, 1969.

*Ihsâ'*: *Ihsâ' al-'ulûm: Catálogo de las ciencias*, edición del texto árabe, con traducción castellana y edición de la traducción latina medieval por A. González Palencia, Madrid/Granada, CSIC, $^{2}$1953.

*Jitâba: Al-Fârâbî. Deux ouvrages inédits sur la Réthorique*, I. *Kitâb al-khatâba*; II. *Didascalia in Rethoricam Aristotelis ex glosa Alpharabi*, ed. J. Langhade y M. Grignaschi, Beirut, Dar el-Machreq, 1971.

*Madîna*: Al-Fârâbî *on the Perfect State. Abû Nasr al-Fârâbî's Mabâdi' ârâ' ahl al-madîna al-fâdila*, texto revisado, introducción, traducción y comentario de R. Walzer, Oxford, Clarendon Press, 1985. (La *editio princeps* fue publicada por F. Dieterici: *Alfârâbî's Abhand-*

*lung: Der Musterstaat*, Leiden, J. Brill, 1895). Traducción: Alonso (1985).

*Mantiq*: *Al-Mantiq 'ind al-Fârâbî*, vols. I, II y III, ed. D. R. Al-'Ayam; vol. IV ed. M. Fakhry, Beirut, Dâr al-Mašriq, 1985-1987. Traducciones: Ramón Guerrero (1986-1987, 1987, 1990).

*Milla*: *Kitâb al-milla wa-nusûs ujrâ*, ed. M. Mahdi, Beirut, Dar el-Machreq, 1968. Traducciones: Ramón Guerrero (1987a), Mallet (1989).

*Siyâsa*: *Al-Fârâbî's The political Regime (Al-siyâsa al-madaniyya also known as the Treatise on the Principles of Beings)*, texto árabe, ed., introducción y notas F. M. Najjar, Beirut, Imprimerie Catholique, 1964. (*Editio princeps*: Haydarabad, Dâ'irat al-ma'ârif al-'Uṯmaniyya, 1346/1927.) Traducción parcial: Lerner y Mahdi (1975).

*Tahsîl*: *Tahsîl al-sa'âda*, Haydarabad, Dâ'irat al-ma'ârif al-'Uṯmaniyya, 1346/1927. Traducción: Mahdi (1969).

*Taljîs Nawâmis*: Alfarabius *Compendium Legum Platonis*, edidit et latine vertit F. Gabrieli, Londini, In Aedibus Instituti Warburgiani, 1952. (Hay nueva edición en A. Badawi: *Aflâtûn fî l-Islâm*, Tehran, 1974, pp. 34-83.)

*Tanbîh*: *Kitâb al-tanbîh 'alà sabîl al-sa'âda*, Haydarabad, Dâ'irat al-ma'ârif al-'Uṯmaniyya, 1346/1927; trad. española de R. Ramón Guerrero, *El camino de la felicidad*, Madrid, Trotta, 2002.

### *Otras fuentes*

Aristóteles, *Al-Ajlâq*, versión árabe de la *Et. Nic.*, ed. A. Badawi, Kuwait, 1979.

Avempace, *El régimen del solitario*, ed. y trad. de Miguel Asín Palacios, Madrid/Granada, Escuelas de Estudios Árabes, 1946; nueva ed., trad. y notas de J. Lomba, *El régimen del solitario*, Madrid, Trotta, 1997.

Averroes, *Commentary on Plato's Republic*, ed., introducción, trad. y notas de E. I. J. Rosenthal, Cambridge, Cambridge University Press, 1956.

Averroes, *Tahafut al-tahafut (The Incoherence of the Incoherence)*, introducción, trad. y notas de S. van den Bergh, London, Luzac, 1954; repr. Cambridge, Cambridge University Press, 1978.

Averroes, *Epitome in Physicorum libros*, edidit J. Puig, Madrid, IHAC-CSIC, 1983. Traducción: Puig (1987).

Averroes, *La medicina de Averroes: Comentarios a Galeno*, trad. de M.ª C. Vázquez de Benito, Zamora, Colegio Universitario, 1987; nueva trad. y ed. de M.ª C. Vázquez de Benito y C. Álvarez Morales, *El libro de las generalidades de la Medicina*, Madrid, Trotta, 2003.

Avicena, *Al-Šifâ'. Ilâhiyyât (La Métaphysique)*, texto fijado y editado por M. Y. Moussa, S. Dunya y S. Zayed, revisión e introducción de I. Madkour, El Cairo, Organisation Générale des Imprimeries Gouvernementales, 1960.

Ibn Abi Usaybi'a (1299/1882), *'Uyûn al-anbâ' fî tabaqât al-atibbâ'*, ed. A. Müller, El Cairo, Matba'a al-Wahabiyya, 1299/1882.

Ibn al-Nadim, *Fihrist*, El Cairo, 1348 h.

Ibn al-Qifti, *Ta'rîj al-hukamâ'*, ed. J. Lippert, Leipzig, Dieterich'sche Verlagsbuchhandlung, 1903.

Ibn Jallikan, *Wafayât al-a'yân*, 8 vols., ed. Ihsân Abbas, Beirut, Dâr al-Ṯaqâfa, 1972.

Ibn Tufayl, *El filósofo autodidacto*, nueva traducción española por Á. González Palencia, Madrid, Escuelas de Estudios Árabes de Madrid y Granada, 1948; nueva ed. de E. Tornero *El filósofo autodidacto*, Madrid, Trotta, ³2003.

Kindi, al-, *Rasâ'il al-Kindî al-falsafiyya*, ed. M. Abu Rida, El Cairo, vol. I, 1950.

Maimónides, *Cinco epístolas de Maimónides*, introducción, trad. y notas de M.ª J. Cano y D. Ferre, Barcelona, Riopiedras, 1988.

Sa'id al-Andalusí, *Tabaqât al-umam*, ed. H. B. Alwan, Beirut, Dâr al-Talî'a, 1985; trad., notas e índices de E. Llavero Ruiz, *Historia de la filosofía y de las ciencias o Libro de la categorías de las naciones*, Madrid, Trotta, 2000.

### *Estudios y traducciones*

Allard, M., «Comment al-Kindî a-t-il lu les philosophes grecs?», *Mélanges Université Saint Joseph*, 46 (1970), pp. 453-465.

Alonso, M., «'Al-qiwân' y 'al-anniyya' en las traducciones de Gundisalvo», *Al-Andalus*, 22 (1957), pp. 377-405.

Alonso, M., «Los 'Uyûn al-masâ'il' de al-Fârâbî», *Al-Andalus*, 24 (1959), pp. 251-273.

Alonso, M., «El 'Kitâb fusûs al-hikam' de al-Fârâbî», *Al-Andalus*, 25 (1960), pp. 1-40.

Alonso, M., «Las Cuestiones Diversas de al-Fârâbî», *Pensamiento*, 19 (1963), pp. 333-360.

Alonso, M., «Al-Fârâbî. Concordia entre el divino Platón y el sabio Aristóteles», *Pensamiento*, 25 (1969), pp. 21-70.

Alonso, M., «El 'Al-Madîna al-fâdila' de al-Fârâbî», *Al-Andalus*, 26

(1961), pp. 337-388 y 27 (1962), pp. 181-227; reproducida, con presentación de M. Cruz Hernández, Madrid, Tecnos, 1985.

Anawati, G. C., «La notion d'al-wujud (existence) dans le Kitâb al-Hurûf d'al-Farabi», en *Actas del V Congreso Internacional de Filosofía Medieval*, Madrid, Editora Nacional, 1979, pp. 505-519.

Arkoun, M. y Gardet, L., *L'Islam, hier-demain*, Paris, Buchet/Chastel, [2]1982.

Arkoun, M., *Ouvertures sur l'Islam*, Paris, J. Grancher, 1989.

Arnaldez, R., «Métaphysique et Politique dans la pensée d'al-Fârâbî», *Annales de la Faculté des Lettres. Université Ibrahim Pacha*, 1 (1951), pp. 143-157.

Arnaldez, R., «L'âme et le monde dans le système de Fârâbî», *Studia Islamica*, 43 (1976), pp. 53-63.

Arnaldez, R., «Pensée et langage dans la philosophie de Fârâbî (à propos du Kitâb al-Hurûf)», *Studia Islamica*, 45 (1977), pp. 57-65.

Arnaldez, R., *Réflexions chrétiennes sur la mystique musulmane*, Paris, OEIL, 1989.

Ates, A., «Farabi Eserlerinin bibliografyasi», *Türk Tarih Kurumu Belleten*, 15 (1951), pp. 175-192.

Atiyeh, G., *Al-Kindî: the Philosopher of the Arabs*, Rawalpindi, Islamic Research Institute, 1966.

Badawi, A., *Histoire de la philosophie en Islam*, 2 vols., Paris, J. Vrin, 1972.

Baffioni, C., *La tradizione araba del IV libro dei «Meteorologica» di Aristotele*, Napoli, Istituto Orientale, 1980.

Bell, R. y Watt, W. M., *Introducción al Corán*, trad. M.ª Mercedes Lucini, Madrid, Encuentro, 1987.

Berman, L. V., «The political interpretation of the maxim: The purpose of philosophy is the imitation of God», *Studia Islamica*, 15 (1961), pp. 53-61.

Berman, L. V., «Quotations from al-Farabi's lost 'Rethoric' and his 'al-Fusul al-Muntaza'a», *Journal of Semitic Studies*, 12 (1967), pp. 268-272.

Berman, L. V., «Maimonides, the disciple of Alfarabi», *Israel Oriental Studies*, 4 (1974), pp. 154-178.

Blachère, R., *Livre des catégories des nations*, Paris, Larose, 1935; trad. franc. de *Tabaqât al-umam* de Sâ'id al-Andalusi.

Blachère, R., *Le Coran*, Paris, PUF, 1966.

Booth, E., *Aristotelian aporetic ontology in Islamic and Christian thinkers*, Cambridge, Cambridge University Press, 1983.

Bouamrane, C. y Gardet, L., *Panorama de la pensée islamique*, Paris, Sindbad, 1984.

Brewster, D. P., «Al-Farabi's 'Book of Religion'», *Abr-Nahrain*, 14 (1973-1974), pp. 17-31.

Butterworth, Ch. E., «The Rhetorician and his Relationship to the Community: Three Accounts of Aristotle's *Rhetoric*», *Islamic Theology and Philosophy: Studies in Honor of George F. Hourani*, ed. M. Marmura, Albany, Suny Press, 1984, pp. 111-136.

Butterworth, Ch. E., «The Study of Arabic Philosophy Today», en Th.-A. Druart, ed., *Arabic Philosophy and the West Continuity and Interaction*, Washington, Georgetown University, 1988, pp. 55-140.

Cabanelas, D., «Al-Fârâbî y su *Libro de la concordancia entre Platón y Aristóteles*», *Verdad y Vida*, 8 (1950), pp. 325-350.

Cahen, Cl., «La changeante portée sociale de quelques doctrines religieuses», en *L'élaboration de l'Islam*, Colloque de Strasbourg, juin 1959, Paris, PUF, 1961, pp. 5-22.

*The Cambridge History of Medieval Political Thought*, Introducción de J. H. Burns, Cambridge, Cambridge University Press, 1988.

Corbin, H., *Avicenne et le récit visionnaire*, Teheran/Paris, Librairie d'Amérique et d'Orient A. Maisonneuve, 1954.

Corbin, H., *Histoire de la philosophie islamique*, Paris, Gallimard, 1964; trad. castellana de A. López, M.ª Tabuyo y F. Torres, *Historia de la filosofía islámica*, Madrid, Trotta, ²2000.

Cruz Hernández, M., *La Metafísica de Avicena*, Granada, Publicaciones de la Universidad, 1949.

Cruz Hernández, M., «El problema filosófico del puesto del Islam en la historia de las religiones», en *Homenaje a X. Zubiri*, Madrid, Moneda y Crédito, 1970, vol. I, pp. 379-420.

Cruz Hernández, M., *Historia del pensamiento en el mundo islámico*, 2 vols., Madrid, Alianza, 1981.

Cruz Hernández, M., Averroes: *Exposición de la «República» de Platón*, estudio preliminar, trad. y notas de M. Cruz Hernández, Madrid, Tecnos, 1986.

Cunbur, M., *Farabi bibliografyasi*, Ankara, 1973.

Daiber, H., «Prophetie und Ethik bei Fârâbî (gest. 339/950)», en *L'homme et son univers au Moyen Âge*, Actes du VIIᵉ Congrès International de Philosophie Médiévale, ed. Chr. Wenin, Louvain-la-Neuve, Éditions de l'Institut Supérieur de Philosophie, 1986, vol. II, pp. 729-753.

Daiber, H., *The Ruler as Philosopher: A new interpretation of al-Fârâbî's view*, Amsterdam, North Holland Publishing, 1986.

Davidson, H. A., «Maimonides' Shemonah Peraqim and al-Fârâbî's Fusûl al-Madanî», *Proceeding of the American Academy for Jewish Research*, 31 (1963), pp. 33-50; reimp. en *Essays in Medieval Jewish and Islamic Philosophy*, selección e introducción de A. Hyman, New York, Ktav Publishing House, 1977, pp. 116-133.

Denny, F. M., «The meaning of Ummah in the Qur'ân», *History of Religions*, 15 (1975), pp. 34-70.

Dieterici, F., *Alfarabi's philosophische Abhandlungen*, Leiden, J. Brill, 1892; reimp., Osnabrück, Biblio Verlag, 1982.

Dieterici, F. y Brönnle, P., *Die Staatsleitung von Alfarabi*, Leiden, J. Brill, 1904.

Druart, Th.-A., «Al-Fârâbî's Causation of the Heavenly Bodies», *Islamic Philosophy and Mysticism*, ed. de P. Morewedge, Delmar, NY, Caravan Books, 1981, pp. 35-45.

Druart, Th.-A., «Le traité d'al-Fârâbî sur les buts de la 'Métaphysique' d'Aristote», *Bulletin de Philosophie Médiévale*, 24 (1982), pp. 38-43.

Druart, Th.-A., «Al-Farabi and Emanationism», en *Studies in Medieval Philosophy*, ed. de John F. Wippel, Washington, The Catholic University of America Press, 1987, pp. 23-43.

Druart, Th.-A., «Substance in Arabic Philosophy: al-Fârâbî's Discussion», *Proceeding of the American Catholic Philosophical Association*, 61 (1987a), pp. 88-97.

Dunlop, D. M., «Al-Fârâbî's Introductory Sections on Logic», *The Islamic Quarterly*, 2 (1955), pp. 264-282.

Dunlop D. M., *Al-Fârâbî: Fusûl al-madâni (Aphorism of the Stateman)*, ed., trad. inglesa, introducción y notas de D. M. Dunlop, Cambridge, Cambridge University Press, 1961.

Fackenheim, E. L., «The possibility of the universe in al-Farabi, Ibn Sina and Maimonides», en *Essays in Medieval Jewish and Islamic Philosophy*, selección e introducción de A. Hyman, New York, Ktav Publishing House, 1977, pp. 303-334.

Fakhry, M., «Al-Fârâbî and the reconciliation of Plato and Aristotle», *Journal of the History of Ideas*, 26 (1965), pp. 469-478.

Fakhry, M., *A History of Islamic Philosophy*, New York, Columbia University Press, ²1983.

Frank, R. M., «Reason and Revealed Law: A sample of parallels and divergences in Kalâm and Falâsifa», *Recherches d'Islamologie*, recueil d'articles offerts à G. C. Anawati et L. Gardet par les collègues et amis, Louvain, Peeters, 1977, pp. 123-138.

Galston, M., «A Re-examination of al-Fârâbî's Neoplatonism», *Journal of the History of Philosophy*, 15 (1977), pp. 13-32.

Galston, M., «Al-Fârâbî on Aristotle's Theory of Demonstration», *Islamic Philosophy and Mysticism*, ed. de P. Morewedge, Delmar, NY, Caravan Books, 1981, pp. 23-34.

García-Junceda, J. A., «Los *Meteorologica* de Aristóteles y el *De Mineralibus* de Avicena», en *Milenario de Avicena*, Actas del Coloquio Internacional celebrado en marzo de 1980, Madrid, IHAC, 1981.

Gardet, L., *Dieu et la destinée de l'homme*, Paris, J. Vrin, 1967.

Gardet, L., *La Cité musulmane. Vie sociale et politique*, Paris, J. Vrin, 1954, [4]1976.

Gardet, L., «La révélation comme guide pour l'agir humain et la politique», en *Proceedings of the Twenty-Seventh International Congress of Orientalists*, ed. de D. Sinor, Wiesbaden, Otto Harrassowitz, 1971.

Gaudefroy-Demombynes, M., *Mahomet*, Paris, Albin Michel, 1957.

Genequand, Ch., «La Umma et les falâsifa», en *Cahiers de Civilisation Islamique* I. *Islam Communautaire. (Al-Umma) Concept et réalités*, Genève-Paris, Éditions Labor et Fides/Publications Orientalistes de France, 1984.

Georr, Kh., «Fârâbî, est-il l'auteur des Fuçûç al-hikam?», *Révue des Études Islamiques*, 15 (1941-1946), pp. 31-39.

Gibb, H. A. R., «An Interpretation of Islamic History», en *Studies on the civilization of Islam*, London, Routledge & Kegan Paul, 1962.

Gilson, É., *La filosofía en la Edad Media*, Madrid, Gredos, [2]1965.

Goichon, A. M., *La distinction de l'essence et l'existence d'après Ibn Sînâ*, Paris, Desclée de Brouwer, 1937.

Goichon, A. M., *Lexique de la langue philosophique d'Ibn Sînâ*, Paris, Desclée de Brouwer, 1938.

Gómez Nogales, S., *La Política como única ciencia religiosa en al-Fârâbî*, Madrid, IHAC, 1980.

Gómez Nogales, S., «Papel de la educación en el sistema filosófico-religioso de al-Fârâbî», en *Actas de las II Jornadas de Cultura Árabe e Islámica (1980)*, Madrid, Instituto Hispano-Árabe de Cultura, 1985, pp. 241-249.

Gómez Nogales, S., «Síntesis aristotélico-platónica de al-Fârâbî», en *Actas del XII Congreso de la UEAI*, Madrid, 1986, pp. 315-333.

Grabmann, M., *Die mittelalterlichen Kommentaren zur Politik des Aristoteles*, München, 1941.

Hamesse, J., *Les Auctoritates Aristotelis. Un florilège médiéval. Étude historique et édition critique*, Louvain/Paris, Publications Universitaires/B. Nauwelaerts, 1974.

Horten, M., «Was bedeutet *ma'nâ* als philosophischer Terminus?», ZDMG, 64 (1910), pp. 391-396.

Jadaane, F., «Les conditions socio-culturelles de la philosophie islamique», *Studia Islamica*, 38 (1973), pp. 5-60.

Jaeger, W., *Aristóteles. Bases para la historia de su desarrollo intelectual*, México, FCE, 1946.

Jolivet, J., «L'intellect selon al-Fârâbî: Quelques remarques», *Bulletin d'Études Orientales*, 29 (1977), pp. 251-259.

Karam, J., «La 'Ciudad Virtuosa' de Alfarabi», *Ciencia Tomista*, 58 (1939), pp. 95-105.

Kraemer, J. L., «The *Jihâd* of the Falâsifa», *Jerusalem Studies in Arabic and Islam*, 10 (1987), pp. 288-324.

Lambton, A. K. S., *State and Government in Medieval Islam. An introduction to the study of Islamic political theory: the Jurists*, Oxford, Oxford University Press, 1981.

Langhade, J., «Grammaire, logique, études linguistiques chez al-Fârâbî», en *The History of Linguistics in the Near East*, ed. de C. H. M. Versteegh, K. Koerner y H.-J. Niederehe, Amsterdam/Philadelphia, John Benjamins Publishing Company, 1983, pp. 129-141.

Lerner, R. y Mahdi, M., eds., *Medieval Political Philosophy: A Sourcebook*, New York, The Free Press of Glencoe, 1963.

Lerner, R., *Averroes on Plato's «Republic»*, introducción, trad. y notas de R. Lerner, Ithaca, Cornell University Press, 1974.

Lewis, B., «The Return of Islam», *Middle East Review*, 12/1 (1979). Reimpreso en *Religion and Politics in the Middle East*, ed. de M. Curtis, Boulder, Col., Westview Press, 1981, pp. 9-29.

Lewis, B., «Siyâsa», en *In quest of an Islamic humanism*, ed. de A. H. Green, El Cairo, The American University of Cairo Press, 1984, pp. 3-14.

Lomba, J., *La filosofía islámica en Aragón*, Zaragoza, 1986.

Lucchetta, F., *Farabi. Epistola sull'intelletto*, introducción, trad. y notas, Padova, Antenore, 1974.

Madkour, I., *La place d'al-Fârâbî dans l'école philosophique musulmane*, Paris, A. Maisonneuve, 1934.

Mahdi, M., *Alfarabi's Philosophy of Plato and Aristotle*, Glencoe, The Free Press, 1962; ed. revisada, Ithaca, Cornell University Press, 1969.

Mahdi, M., «Science, Philosophy and Religion in Alfarabi's 'Enumeration of the Science'», en *The Cultural Context of Medieval Learning*, ed. de J. E. Murdoch y E. D. Sylla, Boston, Dordrecht, 1975, pp. 113-147.

Mahdi, M., «Alfarabi et Averroès: Remarques sur le commentaire d'Averroès sur la République de Platon», en *Multiple Averroès*, Paris, Les Belles Lettres, 1978, pp. 91-103.

Mahdi, M., «Al-Fârâbî and the foundation of Islamic Philosophy», en *Islamic Philosophy and Mysticism*, ed. de P. Morewedge, Delmar, Caravan Book, 1981, pp. 3-21.

Mahdi, M., «Man and his Universe in Medieval Arabic Philosophy», en *L'homme et son universe au Moyen Âge*. Actes du VII^e Congrès

International de Philosophie Médiévale, ed. de Chr. Wenin, Louvain-la-Neuve, Institut Supérieur de Philosophie, 1986, vol. I, pp. 101-113.

Mahfuz, H. A., *Mu'allafât al-Fârâbî*, Bagdad, 1975.

Mallet, D., «Le rappel de la voie à suivre pour parvenir au Bonheur», *Bulletin d'Études Orientales*, 39-40 (1987-1988), pp. 113-140.

Mallet, D., *Farabi. Deux traités philosophiques*, Damas, Institut Français de Damas, 1989.

Mansour, C., *L'autorité dans la pensée musulmane. Le concept d'Ijmâ' (consensus) et la problématique de l'autorité*, Paris, J. Vrin, 1975.

Marmura, M. E., «Divine Omniscience and Future Contingents in Alfarabi and Avicenna», en T. Rudavsky, ed., *Divine Omniscience and Omnipotence in Medieval Philosophy*, Dordrecht, Reidel Publishing Company, 1985, pp. 81-94.

Massignon, L., «Notes sur le texte original arabe du *De intellectu* d'al-Fârâbî», *Archives d'Histoire Doctrinale et Littéraire du Moyen Âge*, 4 (1929), pp. 151-158.

Massignon, L., «L'*Umma* et ses synonymes: Notion de 'Communauté sociale' en Islam», *Révue des Études Islamiques*, 15 (1941-1946), pp. 151-157.

Meyerhof, M. (1930), «Von Alexandrien nach Bagdad. Ein Beitrag zur Geschichte des philosophischen und medizinischen Unterrichts bei den Arabern», *Sitzungsberichte der Preussischen Akademie der Wissenschaften*, Phil.-Hist. Klasse., 33 (1930), pp. 389-429.

Moreau, J., *L'âme du monde de Platon aux Stoïciens*, Paris, 1939; reimp. Hildesheim, Georg Olms, 1965.

Munk, S., *Mélanges de philosophie juive et arabe*, Paris, A. Franck Librairie, 1859; reimp., Paris, J. Vrin, 1988.

Najjar, F., «Farabi's political philosophy and Shî'ism», *Studia Islamica*, 14 (1961), pp. 57-72.

Najjar, F., «*Siyâsa* in Islamic Political Philosophy», *Islamic Theology and Philosophy*, ed. de M. E. Marmura, Albany, State University of New York Press, 1984, pp. 92-110.

Nallino, A., *Raccolta di scritti editi e inediti*, vol. V, ed. de M. Nallino, Roma, 1944.

Paret, R., *Mohammed und der Koran*, Stuttgart, Kohlhammer, 1957.

Petraitis, C., *The Arabic Version of Aristotle's Meteorology*, Beirut, Dar el-Machreq, 1967.

Pines, S., «Aristotle's *Politics* in Arabic Philosophy», *Israel Oriental Studies*, 5 (1975), pp. 150-160.

Puig, J., Averroes: *Epítome de Física (Filosofía de la Naturaleza)*, trad. y estudio de J. Puig, Madrid, CSIC-IHAC, 1987.

Puig, J., «Un tratado de Zenón el Mayor. Un comentario atribuido a Al-Farabi», *La Ciudad de Dios*, 201 (1988), pp. 287-321.
Quadri, G., *La philosophie arabe dans l'Europe Médiévale. Des origines à Averroès*, trad. del italiano R. Huret, Paris, Payot, 1960.
Ramón Guerrero, R., *Contribución a la historia de la filosofía árabe: Alma e intelecto como problemas fundamentales de la misma*, Madrid, Universidad Complutense, 1981.
Ramón Guerrero, R., «El conocimiento o ciencia profética en al-Kindî y al-Fârâbî», en *Actas de las Jornadas de Cultura Árabe e Islámica (1978)*, Madrid, IHAC, 1981a, pp. 353-358.
Ramón Guerrero, R., «De la Razón en el Islam clásico», *Anales del Seminario de Historia de la Filosofía*, 3 (1982-1983), pp. 22-63.
Ramón Guerrero, R., «Al-Fârâbî y la 'Metafísica' de Aristóteles», *La Ciudad de Dios*, 196 (1983), pp. 211-240.
Ramón Guerrero, R., «Una introducción de al-Fârâbî a la filosofía», *al-Qantara*, 5 (1984), pp. 5-14.
Ramón Guerrero, R., «El compromiso político de al-Fârâbî. ¿Fue un filósofo šî'î?», en *Actas de las II Jornadas de Cultura Árabe e Islámica (1980)*, Madrid, Instituto Hispano-Árabe de Cultura, 1985, pp. 463-477.
Ramón Guerrero, R., *El pensamiento filosófico árabe*, prólogo de S. Gómez Nogales, Madrid, Cincel, 1985a.
Ramón Guerrero, R., «Los 'Artículos de necesario conocimiento para quien se inicie en el arte de la lógica' de Abû Nasr al-Fârâbî», *Anales del Seminario de Historia de la Filosofía*, UCM, 6 (1986-1988), pp. 143-153.
Ramón Guerrero, R., «Al-Fârâbî lógico. Su 'Epístola de introducción a la lógica'», en *Homenaje al Profesor Darío Cabanelas Rodríguez O.F.M. con motivo de su LXX aniversario*, Granada, Universidad de Granada, Departamento de Estudios Semíticos, 1987, pp. 445-454.
Ramón Guerrero, R., «Tres breves textos de Abû Nasr al-Fârâbî», *Al-Qantara*, 8 (1987a), pp. 7-27.
Ramón Guerrero, R., «Al-Fârâbî lógico: Su exposición de la 'Isagoge' de Porfirio», *Revista de Filosofía*, 4 (1990), pp. 45-67.
Ramón Guerrero, R., «Textos de al-Fârâbî en una obra andalusí del siglo XI: el 'Gâyât al-hakîm' de Abû Maslama al-Maŷritî», *al-Qantara*, 12 (1991), pp. 3-17.
Ramón Guerrero, R. y Tornero Poveda, E., *Obras filosóficas de al-Kindî*, Madrid, Coloquio, 1986.
Rescher, N., *Al-Fârâbî. An annotated Bibliography*, Pittsburgh, University of Pittsburgh Press, 1962.

Rescher, N., *Al-Fârâbî's Short Commentary on Aristotle's Prior Analytics*, Pittsburgh, University of Pittsburgh Press, 1963.
Rodinson, M., *Mahomet*, Paris, Seuil, 1961, ²1975.
Rodinson, M., *Les arabes*, Paris, PUF, 1979; trad. C. Caranci, *Los árabes*, Madrid, Siglo XXI de España, 1981.
Rosenthal, E. I. J., *El pensamiento político en el Islam medieval*, trad. C. Castro, Madrid, Revista de Occidente, 1967.
Rosenthal, E. I. J., «Some observations on al-Farabi's 'Kitâb al-Milla», *Études Philosophiques offerts au Dr. Ibrahim Madkour*, prefacio de O. Amine, El Cairo, Gebo, 1974, pp. 65-74.
Rosenthal, F., «Al-Kindî and Ptolemy», en *Studi orientalistici in onore di Giorgio Levi della Vida*, Roma, 1956, vol. I, pp. 436-456.
Salman, H., «Le 'Liber exercitationis ad viam felicitatis' d'Alfarabi», *Recherches de Théologie Ancienne et Médievale*, 1940, pp. 33-48.
Schacht, J., *The Origins of Muhammadan Jurisprudence*, Oxford, Clarendon Press, 1950.
Shehadi, F., *Metaphysics in Islamic Philosophy*, Delmar, NY, Caravan Book, 1982.
Steinschneider, M., *Al-Farabi (Alpharabius) des arabischen Philosophen Leben und Schriften*, St. Petersbourg, Mémoires de l'Académie Impériale des Sciences, VIIIᵉ série, tome XIII, n.º 4, 1869; reimp., Amsterdam, Philo Press, 1966.
Thillet, P., «Indices porphyriens dans la Théologie d'Aristote», *Le Néoplatonisme*, Paris, CNRS, 1971, pp. 293-302.
Tornero, E., «Religión y filosofía en al-Kindî, Averroes y Kant», *Al-Qantara*, 2 (1981), pp. 89-128.
Ullmann, W., *Historia del pensamiento político en la Edad Media*, trad. R. Vilaró, Barcelona, Ariel, 1983.
Vajda, G., «Langage, philosophie, politique et religion d'après un traité récemment publié d'Abû Nasr al-Fârâbî», *Journal Asiatique*, 258 (1970), pp. 247-260.
Vernet, J., *Mahoma*, Madrid, Espasa-Calpe, 1987.
Viguera Molins, M.ª J., «El mundo islámico», en *Historia de la Teoría Política*, 1, ed. F. Vallespín, Madrid, Alianza, 1990, pp. 325-369.
Walzer, R., «Al-Fârâbî's Theory of Prophecy and Divination», *Journal of Hellenic Studies*, 77 (1957), pp. 142-148.
Walzer, R., *Greek into Arabic*, Oxford, Bruno Cassirer, 1962.
Walzer, R., «Fârâbî», en *Encyclopédie de l'Islam*, nueva ed., Leiden, J. Brill, vol. II, 1965, pp. 797-800.
Watt, W. M., *Islamic Political Thought. The Basic Concepts*, Edinburgh, Edinburgh University Press, 1968.
Wolfson, H. A., «The Internal Senses in Latin, Arabic and Hebrew

Philosophical Texts», *Harvard Theological Review*, 28 (1935), pp. 69-133.

Wolfson, H. A., «Note on Maimonides' Classification of the Science», *Jewish Quarterly Review*, 26 (1936), pp. 369-377.

Wolfson, H. A., «The Terms *tasawwur* and *tasdîq* in Arabic Philosophy and their Greek, Latin and Hebrew Equivalents», *The Moslem World*, 33 (1943), pp. 1-15.

Wolfson, H. A., *Studies in the History of Philosophy and Religion*, 2 vols., Cambridge, Mass., Harvard University Press, 1973.

Wolfson, H. A., *The Philosophy of the Kalam*, Cambridge, Mass., Harvard University Press, 1976.

# ÍNDICE ONOMÁSTICO

Abû Bakr al-Sarrâŷ: 21
Abû Bišr Mattà: 21s
Al-'Amirî: 16
Albino: 27
Alejandro [Magno]: 216
Alejandro de Afrodisia: 26
Algazel: 11
Allard, M.: 18
Alonso, M.: 27s, 38, 44, 47s, 53, 58ss, 62ss, 68ss, 77, 80s, 84, 86s, 94s, 97, 106ss, 111ss, 118, 122, 127, 131, 135s, 140s, 148, 167, 180, 183, 195
Anawati, G. C.: 54
Aristóteles: 10, 16ss, 25ss, 30, 40, 45, 53, 58s, 61, 63, 70, 73, 78, 80, 95ss, 104, 114, 156, 158, 163ss, 172s, 177, 184, 186s, 189s, 197s, 203, 215, 220
Arkoun, M.: 11, 140
Arnaldez, R.: 21s, 36, 58
Ates, A.: 25
Atiyeh, G.: 19
Avempace: 112
Averroes: 20, 39, 56, 58, 113, 115, 118, 123, 151s, 164, 193, 195
Avicena: 17, 19s, 58, 193

Badawi, A.: 20, 25
Baffioni, C.: 96
Bell, R.: 11
Berman, L. V.: 33, 142
Blachère, R.: 11, 20, 40
Booth, E.: 72, 87
Bouamrane, C.: 11
Brewster, D. P.: 43, 135, 156
Brockelmann, C.: 225
Brönnle, P.: 38, 41
Butterworth, Ch.: 20, 25, 193

Cabanelas, D.: 27
Cahen, Cl.: 24
Corbin, H.: 24, 55
Cortés, J.: 11
Cruz Hernández, M.: 11, 17, 25, 69, 109, 112ss, 118, 122s, 164, 195
Cunbur, M.: 25

Daiber, H.: 32, 111
Dante: 55
Denny, F. M.: 12
Dieterici, F.: 19, 26ss, 38, 41, 47s
Druart, Th.-A.: 27, 39s, 53, 55, 58, 65, 81, 87s, 93, 96, 109, 206, 222s
Dunlop, D. M.: 23, 29, 46, 48,

63, 73, 164ss, 170s, 173s, 177, 179, 181, 183, 185s, 188ss, 200, 204s, 208s, 211, 213, 218s, 221, 224, 228

Eggers Lan, C.: 123

Fackenheim, E.: 82, 111
Fakhry, M.: 20, 27
al-Fârâbî: *passim*
Filón de Alejandría: 55
Filopono: 26
Frank, R.: 140, 146

Gabriel (Ángel de la Revelación): 56, 158
Galeno: 26
Galston, M.: 31, 65
García-Junceda, J. A.: 96
Gardet, L.: 11s, 22, 55, 140
Gaudefroy-Demombynes, M.: 11
Genequand, Ch.: 35
Georr, Kh.: 25
Gerardo de Cremona: 95
Gibb, H. A. R.: 22
Gilson, E.: 20
Goichon, A. M.: 53s, 63s, 66, 69, 79, 82, 164, 184, 187
Gómez Nogales, S.: 20, 22, 27, 102
Grabmann, M.: 10

Hamesse, J.: 61
Hermes: 216
Horten, M.: 69

Ibn Abî Usaybi'a: 20ss, 39, 46-48
Ibn al-Nadîm: 20
Ibn al-Qiftî: 20, 48
Ibn Jallikân: 19s, 22s
Ibn Mâsawayh: 48
Ibn Tufayl: 39, 44

Jadaane, F.: 15
Jaeger, W.: 58
al-Jattâbî: 225
Jolivet, J.: 59s, 184

Karam, J.: 22
al-Kindî: 17ss, 24, 28, 58, 70, 89
Kraemer, J. L.: 140, 194s, 203, 221

Lambton, A. K. S.: 14
Langhade, J.: 22
Lerner, R.: 40, 113ss, 118, 123, 164, 195
Lewis, B.: 10, 13
Lomba Fuentes, J.: 17
Lucchetta, F.: 60, 62

Mahdi, M.: 17s, 22, 32, 40ss, 47, 49, 53, 56, 99, 102, 104, 110, 137, 139, 146, 154, 169, 195, 222, 224
Mahfuz, H. A.: 25
Mahoma (Muhammad): 11, 13s, 140, 146
Maimónides: 39, 48
Mallet, D.: 31, 44
Mansour, C.: 14
Marmura, M.: 205, 215
Massignon, L.: 12, 184
Meyerhof, M.: 21
Moisés ibn Tibbon: 39, 41
Moliner, M.: 49
Moreau, J.: 78
Mu'awiya: 14
Munk, S.: 39
al-Muqtadir: 21

Nader, A.: 70
Najjar, F.: 13, 22, 25, 39, 40s, 46, 48s, 213, 228
Nallino, A.: 55

Numenio: 27

Paret, R.: 11
Petraitis, C.: 96
Philippowski, M.: 41
Pines, S.: 16, 95
Platón: 16, 18, 25ss, 32, 35s, 44, 58, 78, 114s, 118, 123, 136, 143, 180, 183, 195, 220
Plotino: 21, 27, 72
Plutarco: 123
Porfirio: 26, 27
Proclo: 58
Puig, J.: 25

Quadri, G.: 21

Ramón Guerrero, R.: 14, 16ss, 22ss, 27ss, 31, 33, 46s, 53, 59s, 62s, 67, 70, 73, 80, 89, 104, 137, 139, 184, 186, 190, 199, 214s
al-Râzî: 48
Rescher, N.: 25
Rodinson, M.: 9, 11s
Rosenthal, E. J.: 15, 38, 43, 135, 195
Rosenthal, F.: 18, 55

Sâ'id al-Andalusî: 20, 39, 40
Salman, H.: 31
Samuel b. Tibbon: 39
Sayf al-Dawla: 22s, 36
Schacht, J.: 15
Shehadi, F.: 54
Simplicio: 27
al-Sîrâfî: 22
Sócrates: 180
Steinschneider, M.: 19, 25

Thillet, P.: 63
Tornero, E.: 18s, 58, 70, 89

Ullmann, W.: 10

Vajda, G.: 22
Van den Bergh, S.: 64, 76
Vázquez de Benito, C.: 151
Vernet, J.: 11, 13, 56
Viguera, M. J.: 13, 15

Yahyà b. al-Bitrîq: 96
Yûhannà b. Haylân: 21

Walzer, R.: 20, 22, 25, 38s, 47, 54ss, 58, 62, 64s, 68ss, 78, 84, 87, 89, 93, 96, 103s, 106, 111s, 123, 135ss, 140, 144, 150, 195
Watt, W. M.: 11s, 16, 22
Wolfson, H. A.: 41, 64, 69, 75s, 95, 212

# ÍNDICE ANALÍTICO


accidente: 53, 189, 215
acción: 15, 17, 28, 31, 65, 67, 78, 87ss, 116, 131, 145ss, 157, 159, 167, 169, 174, 176, 179, 185, 188, 191, 197s, 206ss, 211, 214, 221
acto: 32, 45, 58ss, 64, 67, 70, 77ss, 89, 97, 103s, 106, 119, 126, 147, 153, 163ss, 170ss, 176, 179, 181, 184s, 188, 198, 201, 206, 210, 215, 219, 224
*'âda*: 164
*'adam*: 64, 81
*'adl*: 84
afección: 57, 104, 168, 193s, 207, 228
agente: 61, 67, 73, 84s, 88, 90, 170, 176, 213s, 222
*ahl*: 18, 32, 219
*ajlâq*: 48, 163s
Alejandría: 21, 55
Alepo: 23
alfaquí: 145s
alma: 29, 40, 44, 53s, 56ss, 62, 66s, 77, 97s, 103ss, 110s, 126, 138s, 141s, 157, 159, 163ss, 170ss, 185, 188s, 193s, 207s, 211s, 214ss, 218ss, 222, 225, 228
amistad: 37s, 57, 198s
amor: 21, 37s, 57, 72, 77, 114, 118, 121s, 168, 173, 194, 198, 227
*Analíticos Posteriores*: 21, 184, 222
animal: 58, 67, 86, 90ss, 97, 112s, 149s, 166, 168, 177
- irracional: 54, 56s, 63, 86, 91s, 96s
- político: 45
- racional: 54ss, 63, 87, 91s
- social: 45

*anniyya*: 63
*'aql*: 56, 58, 62
arte: 21s, 29s, 32, 34, 38, 42ss, 49, 56s, 106s, 113, 122, 126, 138, 144s, 148, 151s, 154, 160, 164ss, 168ss, 176s, 181ss, 187, 197, 201ss, 208, 218ss, 225
- arte real: 44, 136, 165, 177, 183

asociación: 33s, 36, 92ss, 113ss, 118, 178, 227
autoridad: 12, 14s, 73, 116s, 122s, 197

Bagdad: 21ss, 25, 46

belleza: 65ss, 71, 74
bien: 17, 34, 58, 73, 92, 97ss, 109, 117, 119, 121, 123ss, 135, 147ss, 155, 159s, 177, 179, 181s, 188s, 195, 199s, 203, 206ss, 220s, 225, 227
biología: 39
brotes: 105, 112, 128, 130s

califa, califato: 10, 21, 23, 35, 106, 196
calor: 87, 90, 151
cantidad: 43, 69, 78, 106, 122, 151, 175s, 184, 213
*Carta VII*: 35
castigo: 97
categoría: 46, 78, 81, 90, 172, 204, 205
*Categorías*: 63, 73
causa: 39, 54, 60s, 67ss, 72s, 77, 81s, 90, 95s, 141, 143, 153, 173, 176, 182s, 185ss, 192, 201, 203, 221ss
- Causa Primera: 40, 46s, 53s, 82, 104, 108s, 207, 215
- segunda: 53ss, 58s, 65s, 76s
cielo: 54, 56, 77, 79ss, 96
ciencia: 6, 15ss, 19s, 22, 26, 29ss, 38, 43ss, 48s, 137, 141s, 144, 146, 149, 153, 163ss, 168, 182ss, 218, 223s, 226s
- Ciencia Política: 32ss, 43ss, 48, 146ss, 153, 159, 165, 177, 179s
ciudad: *passim*
- comunitaria: 122, 125
- democrática: 122
- de la depravación: 113s
- de la disimulación: 136
- de la necesidad: 113s, 180
- de la vileza: 113s
- del error: 112, 127, 131
- del honor: 113, 115
- del poder: 113, 118, 120
- ignorante: 112ss, 118, 124s, 127ss, 131, 149s
- inmoral: 112, 127, 136
- no virtuosa: 40, 153
- tiránica: 120s
- virtuosa, perfecta o ideal: 22s, 26, 32s, 37s, 40ss, 46s, 103, 105s, 109s, 112, 118, 124s, 128, 130, 135, 137, 149ss, 153s, 157s, 160, 163, 180ss, 194, 197ss, 201, 203, 219, 221
compasión: 57, 168, 194
comunidad: 12s, 16, 26, 32, 34ss, 42ss, 92ss, 122, 135, 138, 140, 142, 144, 147s, 152, 154, 160
*Concordia entre el divino Platón y el sabio Aristóteles*: 27, 44
conocimiento: 17, 24, 28, 29ss, 33s, 38, 40, 43s, 56, 62, 70ss, 76, 97ss, 103, 131, 141s, 146, 149ss, 154, 184ss, 192s, 208, 215, 218, 221ss, 228
*Constitución de Medina*: 13
*Corán*: 11ss, 18, 56, 158
cosmología: 39
costumbre: 27, 29, 32, 45, 101, 110, 145, 147s, 153, 163s, 171s, 174s, 224, 226
Creador: 11, 33
cualidad: 30, 32, 43, 45, 78, 91, 106, 137s, 147s, 151s, 164, 175s, 195
cuerpo: 53ss, 57, 59, 61ss, 78, 80s, 85ss, 90, 97, 100, 104, 106s, 113s, 119, 125, 137, 148, 151, 157, 159, 163ss, 175s, 178ss, 186, 188s, 196, 204, 211s, 216ss, 222, 224s

– cuerpo celeste: 53ss, 66, 76ss, 85ss, 95ss, 109, 204, 222

Damasco: 46
*dâr al-harb*: 13
*dâr al-Islâm*: 13, 39
*De anima*: 54, 59, 61, 104
*De coelo*: 58, 61
*De generatione animalium*: 61
*De partibus animalium*: 61
deliberación: 184, 188, 189ss, 193, 196ss, 215
demostración: 30s, 72, 141s, 185, 191, 218, 221
derecho: 15, 42, 139, 142, 144ss, 154, 201, 203, 216, 221
deseo: 31, 72, 97s, 116s, 121, 123ss, 168, 173, 193, 208, 227
dialéctica: 142, 218
*dîn*: 11, 128, 140, 195
Dios: 11ss, 21, 30, 33s, 37, 43, 54, 131, 136s, 139, 144, 157ss, 199, 212, 215s, 226s
división: 69, 77, 168, 194, 204
dominación: 99, 115s, 121, 125ss, 129, 136
dominio: 12, 118ss, 125, 129, 182s, 204, 220s

emanación: 65, 72, 88
*Enéadas*: 21, 72, 156
Egipto: 22s, 46
enfermedad: 101, 108, 163ss, 189
entendimiento: 70, 168, 184, 190, 214
*Epinomis*: 58
*Epístola de introducción al arte de la lógica*: 29
esencia: 55, 58s, 64ss, 77s, 81, 89, 110, 139, 180, 189, 204, 206, 212, 215, 217, 222, 225
esfera: 54s, 58, 95s
especie: 57, 86s, 90ss, 96s, 150, 157, 167s, 190s, 201, 205s, 222
Espíritu Fiel: 55s, 158
Espíritu Santo: 55s
estado: 9ss, 13ss, 24s, 33ss, 40, 46, 89, 91, 93s, 106s, 113ss, 118, 123, 136, 144, 164, 169, 176, 185, 187, 194s, 211ss, 218, 221, 223ss
ética: 15, 17, 19, 26ss, 39, 45, 48, 146
*Ética a Nicómaco*: 16s, 48, 80, 93, 95, 97s, 104s, 164ss, 183ss, 189s, 192, 197s, 201, 220, 222
excelencia: 63, 66, 70, 72ss, 77s, 106, 111s, 144, 156, 169, 187s, 190, 192s, 195s, 219
existencia: 54, 57ss, 61, 64, 66, 69, 73, 79ss, 88ss, 109, 112, 131, 180, 185ss, 189, 204ss, 221, 223
existente: 45, 59, 69ss, 74ss, 81s, 131
experiencia: 43s, 146, 152ss, 184, 187s, 191, 219ss

facultad: 28s, 40, 44, 56ss, 61s, 97, 99ss, 104, 126s, 137, 139, 145, 148, 152ss, 167ss, 184s, 187, 190, 193s, 208, 212, 218ss, 224
– apetitiva: 56s, 67, 97ss, 167s, 170, 207
– concupiscible: 126, 208
– imaginativa: 57, 67, 98s, 110, 167s
– irascible: 126, 208
– nutritiva: 167
– racional o intelectual: 28s, 34, 56s, 60, 98s, 126, 167s

– sensible o sensitiva: 57, 62, 67, 98s, 167s
*fâdila*: 23, 26, 33, 42, 109
*fadl*: 63
*falsafa*: 19
*Falsafat Aflâtûn*: 26, 56
*Falsafat Aristûtâlîs*: 26, 53, 89, 97, 110
*fasl, fusûl*: 23, 45ss, 56, 144, 152, 155, 164, 174, 177, 185ss, 189s, 192, 201, 206, 215, 220s, 225
*fayd*: 65
felicidad: 26, 28, 31ss, 36ss, 40, 42s, 45, 47, 55, 60, 71s, 80, 97ss, 102ss, 106s, 109ss, 115, 122, 125, 127ss, 131, 135s, 138, 146ss, 153, 160, 163, 181s, 188s, 192ss, 199, 206ss, 218, 221, 223, 225, 227
*Fî l-'aql*: 53, 59s, 62, 67, 70, 80, 104, 184, 190, 214s
*Fî l-falsafat al-ûlà*: 18
figura: 74, 78, 89ss, 124
filosofía: *passim*
– griega: 15s, 18, 21, 24, 26s, 34, 58
– política: 18s
– práctica: 28, 140s, 146, 154, 222
– teórica: 28, 34, 44, 140s, 146, 154, 222
filósofo-gobernante: 32s, 35, 37
*Fiqh*: 15, 42
física: 26, 31, 39, 221, 223, 226
*Física*: 54, 61, 78
forma: 53s, 58, 61ss, 69, 78ss, 92, 166ss, 189, 192, 207, 213, 218
fortaleza: 119s, 169, 194
frío: 87, 90, 151
*Fusûl mabâdi' ârâ ahl al-madîna al-fâdila*: 137
*Fusûl al-madânî* o *muntaz'a*: 23, 26, 37s, 45ss, 56s, 81, 113, 137, 144, 150, 152, 155

gobernante: 32, 34, 36, 41ss, 45s, 103ss, 108s, 113s, 116s, 119, 123ss, 128, 130, 135s, 138s, 143ss, 150, 154, 156ss, 160, 173s, 177, 179, 182, 195, 201ss, 209, 217ss, 225
*Gorgias*: 123
gramática: 17, 21s, 30
guerra: 121, 143, 195s, 203s, 211

hábito: 56s, 95s, 147, 150, 153s, 157, 159s, 164, 170ss, 179ss, 225
*Hayy ibn Yaqzân*: 44
hermosura: 65ss, 71
*hikma*: 187
hombre bestial: 112s, 172
honor: 73, 99, 113, 115ss, 120ss, 124s, 127ss, 136, 147, 149, 182s, 188, 194, 199, 208, 210
*Kitâb al-hurûf*: 22, 26, 142

*iŷmâ'*: 14
*iŷtimâ'*: 92
*ibâdât*: 14
ignorancia: 14, 102s, 131, 135s, 138, 149s, 154, 228
*Ihsâ' al-'ulûm*: 26, 30, 54, 57, 95, 142, 193, 222
*ijtiyâr*: 97
imagen: 29, 110s, 193ss
imaginación: 28, 30, 58, 62, 71, 76, 97, 107, 110, 114, 128s, 139s, 191, 193
*imâm*: 22, 105, 138s, 144, 196
imamato: 10
imitación: 33, 111s, 127, 139

imperfección: 64ss, 68, 75ss, 90, 101, 156, 205, 223
imposible: 81, 171, 174, 204, 206, 214, 222
Inmóvil: 33
inspiración: 136ss, 158
intelecto: 21, 33, 53, 55s, 58, 60, 62, 70, 76, 79, 89, 104, 110, 138, 169, 183ss, 188, 190, 212, 214s
– adquirido: 62, 67, 80, 104
– agente: 53ss, 59s, 62, 65, 67, 76, 79s, 85, 97ss, 104, 107, 110, 158, 222
– en acto: 58ss, 67, 77, 89, 185, 188
– en potencia: 60, 79, 185, 188
– pasivo: 104
– práctico: 184, 187
– teórico o especulativo: 183s, 212
inteligible: 58ss, 62, 70, 79, 97, 99s, 215s
ira: 57, 119, 126, 175s, 194
*irâda*: 57, 97
*ittasâla*: 103

jefe: 144, 182, 195ss, 203, 225
*Jitâba*: 30
Júpiter: 55
justicia: 33, 37, 88, 138, 169, 181, 198ss, 203, 207, 216, 225

*kâ'ina*: 79
*kalâm*: 42
*kamâl*: 63
*Kitâb al-kulliyyât fî l-tibb*: 152

legislador: 42, 56, 110, 128, 144ss, 198
legitimidad: 14
lengua, lenguaje: 9, 11, 13, 18, 22, 29s, 95, 138, 145, 194s
ley: *passim*
*Leyes*: 16, 58
libertad: 14, 113, 123, 125, 219
libre arbitrio: 72, 97
lógica: 17, 19s, 22, 26s, 29s
Luna: 55

*Kitâb al-Madîna al-fâdila*: *passim*
magistratura: 104
*mahabba*: 37, 198
*mâhiyya*: 64
mal: 23, 35, 92, 97ss, 109, 124, 163ss, 170ss, 181, 189, 192ss, 200s, 206ss, 216s, 220s, 224, 227
*malik fî l-haqîqa*: 104
*malik al-sunna*: 105, 150
*mantiq*: 29
Marte: 55
Marw: 21
matemáticas: 21, 31, 226
materia: 53ss, 58s, 61ss, 69s, 78ss, 89, 91s, 96, 98, 104, 166s, 204s, 207, 212s, 222
*mawŷûd*: 39, 53, 82
*mawdû'*: 58, 111
medicina: 21, 43, 48, 103, 150ss, 169, 175s, 179ss, 183
Medina: 13s
Mercurio: 55
metafísica: 26, 39s, 45, 54s, 70, 81, 187, 199, 205, 221, 223, 226
*Metafísica*: 17ss, 26, 39, 54, 70, 73, 78, 215
*Meteorológicos*: 96
*milla*: 42, 137, 139s
*Kitâb al-milla*: 23, 26, 33s, 38s, 42, 44s, 47, 94, 105, 137, 139s, 144, 165, 184, 187, 199

mineral: 54, 63, 90ss
moral: 123, 125, 127, 163s, 170ss, 176s, 179, 184, 215, 225
*Moralia*: 123
motor: 53, 55, 61, 79, 101, 156
movimiento: 53, 77s, 80, 86s, 89s, 168, 213, 216
*mu'âmalât*: 15, 30, 139
*Mu'tazila*: 18
*mu'tazilí*: 18
*muhâkât*: 111, 140
*muhassal*: 82
multiplicidad: 65ss, 156s, 159
mundo: 23, 47, 88, 192, 203, 205ss, 210, 221
música: 19, 21, 195, 222
*mutajayyalât*: 62

nación: 13, 32, 34, 42, 44s, 94ss, 105, 109ss, 117, 124, 135, 138, 145, 148ss, 152ss, 158ss, 203, 224
natural: 53, 57, 61s, 64, 72, 91, 96, 98, 101ss, 108ss, 146, 155s, 159s, 163, 166s, 170ss, 184s, 192, 198, 203, 207, 219, 222s, 226, 228
naturaleza: 17, 30, 34, 56, 59ss, 63s, 66s, 71, 75s, 78ss, 82, 85, 87ss, 98ss, 106, 112s, 122, 124, 130, 142, 148, 154, 157, 159, 163, 169ss, 184, 193, 198, 203s, 206ss, 213, 217s, 224ss
*nawâbit*: 112
necesario: 81s, 93, 113s, 121, 136, 143, 186, 204s
necesidad: 55, 61, 63, 65, 103s, 113ss, 119, 125, 142ss, 154, 211s, 223
nobleza: 63, 115ss, 121s, 219s
no-ser: 64, 81s
*nubuwwa*: 137
*nutq*: 29, 91

odio: 57, 168
oficio real: 40, 44, 136, 142, 148ss, 152ss, 158
opuesto: 81ss, 191
*Organon*: 30

pasión: 57, 168, 194, 208
percepción: 71s, 103, 131, 185
perfección: 26, 28, 31ss, 40, 45, 47, 55, 60, 63ss, 67, 69, 71ss, 89s, 99, 101, 104, 138, 156s, 180, 187, 192, 199, 211, 223, 225
*Picatrix*: 186s
placer: 37s, 65, 71ss, 77, 106s, 114ss, 120ss, 125s, 130s, 136, 147, 149, 173s, 180s, 183, 188, 194, 198s, 204, 207ss
planta: 54, 59, 63, 86, 91s, 96
poder: 12ss, 35, 85, 104, 106, 113, 118, 120ss, 125, 209, 212, 214
poética: 43, 193
*Poética*: 30
*polis*: 95, 113
*Politeia*: 38
política: *passim*
– virtuosa: 149, 217, 219
*Política*: 10, 16, 95, 163, 177, 190
*Político*: 136, 143
posibilidad: 79, 83, 88, 105, 169, 223s
posible: 81ss, 87s, 90ss, 99, 101, 109, 204, 207, 224
potencia: 58, 60s, 64, 79s, 85ss, 166, 185, 188, 219
Primer Principio: 53, 212, 223
principio: 14ss, 29, 33, 39s, 42,

45, 53ss, 61, 63, 81, 97s, 108ss, 127, 129, 143, 155, 163, 169, 184s, 191, 199, 203, 217, 219, 221ss
privación: 64s, 79, 82, 205s
profecía: 11, 24, 35, 137s
profeta: 11s, 14s, 35, 56, 110, 138ss, 158, 223
prudencia: 44, 152, 154, 184, 188ss, 195ss
psicología: 26, 39

*qawl*: 68
*qiwân*: 53
*quwwa*: 80

razón: *passim*
razonamiento: 68, 184
recompensa: 97, 208s
rectitud de opinión: 184, 190
régimen político: 12, 16, 38
religión: *passim*
– virtuosa: 42s, 135ss, 140ss
*República*: 16, 113, 115, 118, 123, 148, 195, 201, 220
retórica: 43, 142, 193, 218
*Retórica*: 30
revelación: 11s, 14, 24, 30, 35, 40, 56, 137, 223s
rey: 104s, 109, 116s, 119s, 127, 138s, 144, 149s, 154s, 157s, 165s, 172, 177, 182s, 195s, 216, 219s
*ri'âsa*: 104, 136
riqueza: 73, 114ss, 120ss, 128, 130, 136, 147, 149, 180ss, 188s, 194s, 199, 202, 209s

sabiduría: 15, 17, 33, 40, 71, 76, 136, 138, 169, 184, 186s, 192s, 195, 211, 225
*šarf*: 63
*šarî'a*: 15, 17, 33, 40, 71, 76, 140, 144
Saturno: 55
sensación: 57s, 71, 97
Ser Primero: 21, 40, 47, 54, 59, 65s, 68ss, 108, 157, 186s, 192s, 223
símbolo: 55, 110s
Siria: 22, 46
*al-Sîra al-fâdila*: 39
*siyâsa*: 12s, 38, 189, 217
*Kitâb al-Siyâsa al-madaniyya*: 23, 26, 29, 31s, 37ss, 41s, 44, 48, 55, 70, 131, 135ss, 140, 144, 148, 167ss, 180, 187, 204
Sol: 55
*Sublime invocación*: 139
subsistencia: 53, 59, 61, 68, 75, 113s
substancia: 21, 54, 57ss, 65ss, 71, 73ss, 98, 106, 178, 180, 185s, 206, 222
substrato: 58s, 61, 64ss, 77s, 89
sueño: 57, 90, 130, 168
*sunna*: 105, 140, 150, 173, 219

*ta'aqqul*: 152, 184, 189
*Tahsîl al-sa'âda*: 26, 32ss, 45, 56, 99, 102, 104, 130, 139, 147, 169, 195, 222, 224
*tajayyul*: 58
*tajyîl*: 111
*Taljîs nawâmis Aflâtûn*: 56, 104
*Tanbîh 'alà sabîl al-sa'âda*: 32, 147, 175
*tasawwur* : 212
*Teeteto*: 32
temor: 57, 168, 209
templanza: 169, 174
teocracia: 12
teología: 31, 42, 54, 142, 154
*tibâ'*: 66

tiempo: 72s, 75, 79, 84, 89, 101, 105, 117, 124, 130, 144s, 152, 154, 159, 176, 183, 185, 192, 202, 204ss, 214ss, 224
tierra: 56, 80s, 95s, 120, 177
timocracia: 115
tiranía: 118
*Tractatus de animae beatitudine*: 56
Transoxiana: 20
Trinidad: 56

*umma*: 12ss, 32, 135
Único: 11, 53, 69, 131, 186
unidad: 70, 156, 186s
universo: 13, 33s, 37, 40, 45s, 54, 58, 73, 78, 109, 199, 223
Uno: 11, 33, 53, 69s, 74ss, 156s, 186, 192
*ustuqusât*: 63

Venus: 55
verdad: 18, 22, 24, 26s, 29s, 43, 55s, 110ss, 128, 131, 138ss, 186, 191, 193, 195, 215, 217, 227s
Verdad Primera: 186
vicio: 163s, 166, 170ss, 192, 194, 209
virtud: 32, 37s, 46, 115, 128, 136ss, 145, 154, 159, 163s, 169ss, 180ss, 187, 189, 191s, 194, 197ss, 201, 209ss, 215, 217s, 220s, 224s, 227s
voluntad: 11, 13s, 57, 91, 97s, 101, 105, 123, 127, 137, 206

*wahy*: 137
*wuŷûd*: 54, 64, 79, 81

Yaṯrîb: 14
*ŷihâd*: 195, 211